国家级职业教育规划教材

全国中等职业学校会计专业教材

（第2版）

会计综合实训

人力资源社会保障部教材办公室　组织编写

曾永铭　主编

中国劳动社会保障出版社

简　介

本教材为国家级职业规划教材。

本教材以工业企业会计真实账务为例，进行会计岗位实训和会计综合实训，旨在通过会计综合训练，使学生熟悉和掌握会计核算程序和核算方法，加深对会计基础知识的理解，提高动手能力，进一步提升会计实践技能，适应会计工作岗位履职要求。

本教材配有实训答案，可通过职业教育教学资源和数字学习中心（http://zyjy.class.com.cn）免费下载。

本教材由曾永铭担任主编，陈霞担任副主编，杨丽娟、孙步鲜、万邦山参与编写。

图书在版编目（CIP）数据

会计综合实训 / 曾永铭主编. -- 2版. -- 北京：中国劳动社会保障出版社，2019
全国中等职业学校会计专业教材
ISBN 978-7-5167-3628-9

Ⅰ.①会…　Ⅱ.①曾…　Ⅲ.①会计学－中等专业学校－教材　Ⅳ.①F230

中国版本图书馆CIP数据核字（2019）第123432号

中国劳动社会保障出版社出版发行
（北京市惠新东街1号　邮政编码：100029）
*
北京市艺辉印刷有限公司印刷装订　新华书店经销
787毫米×1092毫米　16开本　16.25印张　270千字
2019年6月第2版　2022年12月第4次印刷
定价：31.00元

营销中心电话：400-606-6496
出版社网址：http://www.class.com.cn
http://jg.class.com.cn

前　言

全国中等职业学校会计专业教材自出版以来，在学校教学中发挥了重要作用。近年来随着会计行业的发展变化，企业对从业人员的知识水平和职业能力提出了更高的要求。为适应这一变化，满足学校培养人才的需求，我们组织一批教学经验丰富、实践能力强的教师与行业、企业专家，在充分调研的基础上，对现有教材进行了修订。

本次教材修订工作的重点主要体现在以下几个方面：

◆ 更新教材内容。根据近年来会计政策和法规的变化，调整、更新了企业会计准则以及增值税、营业税等税收法规的内容；补充了会计理论的最新知识，强调了互联网时代在会计记账、核算、报税过程中对新技术和新设备的应用；完善了最新会计软件的操作方法，使得教材内容更加具有前瞻性，符合时代发展特点。

◆ 强化职业技能和职业素质培养。教材进一步加大技能训练的比重，在涉及到记账、出纳、成本核算、纳税等主要会计技能的教材中，更多地加入实践题例和操作指导，方便教师开展一体化教学。同时，将与会计行业相关的职业道德、职业操守等内容融入到教学知识、课堂问答、课后训练等各环节，以加强对学生职业素质的培养。

◆ 提升教材表现力。通过设置案例分析、知识链接、能力提示等不同栏目，增加教材的亲和力，激发学生的学习兴趣。同时，尽可能多地以图表代替冗长的文字叙述，使教材更加生动，易于学习。

◆ 加强立体化资源建设。习题册修订和教材修订同步进行，同时补充开发配套的电子课件。习题册答案及电子课件可登录 zyjy.class.com.cn，搜索相应的书目，在相关资源中下载。

本套教材的编写得到了有关学校的大力支持，教材的编审人员做了大量的工作，在此，我们表示衷心的感谢！同时，恳切希望广大读者对教材提出宝贵的意见和建议。

人力资源社会保障部教材办公室

目　录

CONTENTS

实训说明

一、实训目标

熟悉和掌握会计核算程序和核算方法，加深对会计理论基础知识的理解，提高实际动手能力，进一步提升会计专业实践技能，适应会计工作岗位履职要求。

二、实训内容

本书以工业会计真实账务为例，分两个部分开展实训，分别是会计岗位实训和会计综合实训。

1. 会计岗位实训

会计岗位实训是以工业企业一个月发生的主要经济业务为背景，按照会计工作的内容设置出纳、往来核算、存货核算、薪酬核算、非流动资产核算、成本核算、财务成果核算、总账会计核算八个不同的会计岗位进行实训。在核算之前，首先要了解各岗位所应具备的基础知识、技能要求、核算流程以及具体职责。会计实践指导教师可在讲授具体课程时有针对性地选用相关内容进行实训，实训的形式既可采用统一组织、统一实习的方式，也可采用分组轮岗来完成。

2. 会计综合实训

开展会计综合实训能对会计核算全过程有一个较为系统、完整的认识。本部分是工业企业一个月完整的真实经济业务，要求完成从会计凭证的填制和审核、账簿的登记、成本核算、纳税申报与缴纳以及会计报表的编制等一系列实际工作岗位任务。

三、实训资料准备

1. 材料名称及数量（图表 0—1）

图表 0—1

材料名称	格式	数量（张）
通用记账凭证		240
科目汇总表		15
凭证封面		8
试算平衡表		6
总分类账	三栏式	130
库存现金日记账	三栏式	2
银行存款日记账	三栏式	6
明细分类账	三栏式	200
明细分类账	数量金额式	30
明细分类账	借方多栏式	10
增值税专用明细账	多栏式	4
资产负债表		2
利润表		2

2. 会计科目（图表 0—2）

图表 0—2

顺序号	编号	会计科目名称
		一、资产类
1	1001	库存现金
2	1002	银行存款

续表

顺序号	编号	会计科目名称
3	1012	其他货币资金
4	1101	短期投资
5	1121	应收票据
6	1122	应收账款
7	1123	预付账款
8	1131	应收股利
9	1132	应收利息
10	1221	其他应收款
11	1401	材料采购
12	1402	在途物资
13	1403	原材料
14	1404	材料成本差异
15	1405	库存商品
16	1407	商品进销差价
17	1408	委托加工物资
18	1411	周转材料
19	1421	消耗性生物资产
20	1501	长期债券投资
21	1511	长期股权投资
22	1601	固定资产
23	1602	累计折旧
24	1604	在建工程
25	1605	工程物资
26	1606	固定资产清理
27	1621	生产性生物资产
28	1622	生产性生物资产累计折旧
29	1701	无形资产
30	1702	累计摊销
31	1801	长期待摊费用
32	1901	待处理财产损溢

续表

顺序号	编号	会计科目名称
		二、负债类
33	2001	短期借款
34	2201	应付票据
35	2202	应付账款
36	2203	预收账款
37	2211	应付职工薪酬
38	2221	应交税费
39	2231	应付利息
40	2232	应付利润
41	2241	其他应付款
42	2401	递延收益
43	2501	长期借款
44	2701	长期应付款
		三、共同类
45	3002	货币兑换
46	3201	套期工具
		四、所有者权益类
47	4001	实收资本
48	4002	资本公积
49	4101	盈余公积
50	4103	本年利润
51	4104	利润分配
		五、成本类
52	5001	生产成本
53	5101	制造费用
54	5301	研发支出
55	5401	工程施工
56	5403	机械作业
		六、损益类
57	6001	主营业务收入

续表

顺序号	编号	会计科目名称
58	6051	其他业务收入
59	6111	投资收益
60	6301	营业外收入
61	6401	主营业务成本
62	6402	其他业务成本
63	6405	税金及附加
64	6601	销售费用
65	6602	管理费用
66	6603	财务费用
67	6711	营业外支出
68	6801	所得税费用

上篇

会计分岗实训

第一部分
分岗实训初始资料

一、实训企业概况

1. 基本情况

企业名称：江苏中瑞机电有限公司。
企业增值税类型：一般纳税人。
经营范围：生产和销售机电类检测仪器甲产品及相关配件。

2. 组织架构（图表 1—1）

图表 1—1

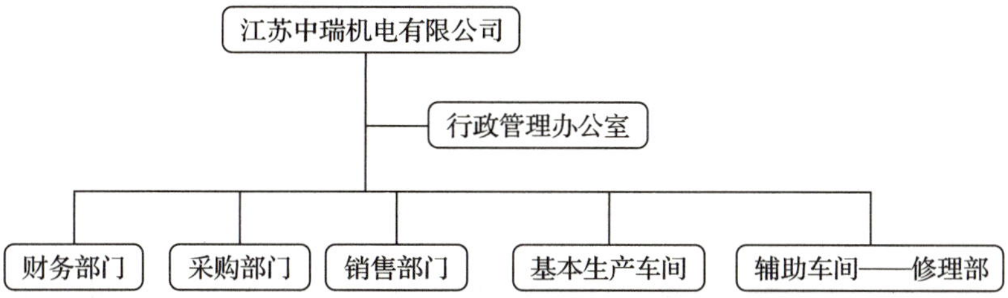

3. 生产流程（图表 1—2）

图表 1—2

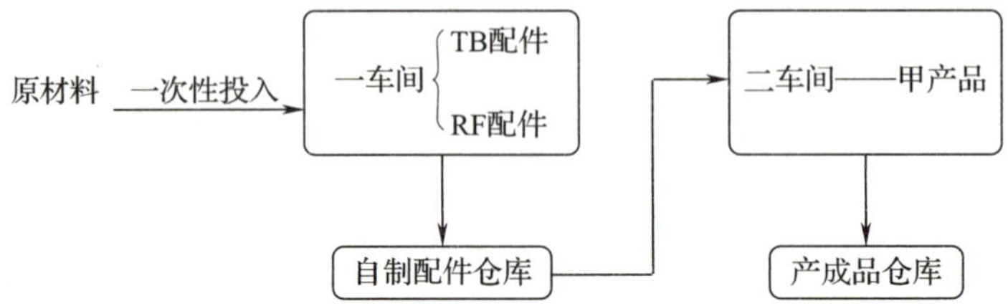

二、会计政策与核算要求

1. 执行《企业会计准则》。

2. 采用人民币作为记账本位币。

3. 以权责发生制作为记账基础。

4. 采用科目汇总表账务处理程序。

5. 采用通用记账凭证进行账务处理，为方便分岗实训，凭证要求按题目顺序进行编号。

6. 采用备抵法核算坏账损失，每年末按应收款余额百分比法计提坏账准备，应收账款的计提比例为 3%，其他应收款的计提比例为 1%。

7. 存货核算要求：

（1）购入存货按实际成本法核算，共同运费按数量分配，分配率保留 4 位小数，分配额保留 2 位小数，尾差计入最后一个对象。

（2）发出原材料、自制半成品以及库存商品均采用月末一次加权平均法进行成本结转，发出存货单位成本保留 2 位小数，如有尾差计入结存材料成本。周转材料发出时采用先进先出法，并实行一次摊销法。

8. 金融资产采用公允价值计量，按年调整公允价值变动。

9. 固定资产折旧采用年限平均法，净残值率为 5%，折旧年限分别为：房屋及建筑物 30 年，生产设备 10 年，运输工具 4 年，电子设备 3 年，工具器具及家具 5 年。折旧率保留 4 位小数（采用小数点的形式），月折旧额保留 2 位小数。

10. 无形资产采用直线法进行摊销。

11. 生产费用及产品生产成本方面的核算要求：

（1）企业生产甲产品，需经过三道工序加工完成，原材料在生产开始时一次投入。本月投产产品均按照生产耗用数量领用原材料，未发生损耗。

（2）工资及五险一金分配采用实际生产工时进行分配，分配率保留4位小数，尾差计入最后一个对象。计提工会经费和职工教育经费时，根据不同部门分别计入相应的会计科目。企业发生的福利费能分清部门的则根据部门计入相应的科目，如果不能分清的则全部计入管理费用。

五险一金以及各项经费的计提基数和计提比例见图表1—3。

图表1—3

<table>
<tr><th rowspan="2">项目</th><th rowspan="2">计提基数</th><th colspan="2">计提比例</th><th rowspan="2">社保及住房公积金缴费基数上下限额</th></tr>
<tr><th>企业承担比例</th><th>个人承担比例</th></tr>
<tr><td>养老保险</td><td></td><td>20%</td><td>8%</td><td rowspan="5">社保缴费基数范围：
2 100 ~ 10 500（元）</td></tr>
<tr><td>医疗保险</td><td></td><td>10%</td><td>2%</td></tr>
<tr><td>失业保险</td><td></td><td>1.5%</td><td>0.5%</td></tr>
<tr><td>工伤保险</td><td></td><td>1%</td><td></td></tr>
<tr><td>生育保险</td><td></td><td>1%</td><td></td></tr>
<tr><td>住房公积金</td><td></td><td>12%</td><td>12%</td><td>住房公积金缴费基数范围：
1 650 ~ 8 250（元）</td></tr>
<tr><td>工会经费</td><td></td><td>2%</td><td></td><td></td></tr>
<tr><td>职工教育经费</td><td></td><td>2.5%</td><td></td><td></td></tr>
</table>

提示：个人承担的三险一金以及个人所得税在计提工资时代扣。

（3）按车间设置辅助生产成本明细账，辅助生产车间不设制造费用，对外采用直接分配法进行成本分配。

（4）基本生产车间按车间设置制造费用明细账，并按生产工时比例在各种产品之间分配，分配率保留4位小数，分配额保留2位小数，尾差计入最后一个对象。

（5）产品成本计算采用品种法，按产品品种分设基本生产成本明细账，设置直接材料、直接人工、制造费用三个成本项目。各成本项目在完工产品与在产品之间的分配采用约当产量法，分配率保留4位小数，尾差计入月末在产品成本。各工序在产品完工程序均为50%。

（6）采用综合结转分步法计算完工产品成本，自制半成品通过仓库收发。

12. 企业每月末按照实际天数计提贷款利息，银行于每月20日收取贷款利息，涉及同一银行同日扣取多笔利息支出的，编制一张复合记账凭证。

13. 如涉及销货与购货退回和销售折让的，所有冲销业务均编写红字记账凭证。

14. 企业适用的增值税税率为 16%，假设增值税专用发票符合抵扣规定的均已抵扣并取得认证清单。

15. 城市维护建设税税率为 7%，教育费附加征收率为 3%，地方教育费附加征收率为 2%。

16. 企业所得税率为 25%, 月度按照实际利润额计算预缴企业所得税。以前各年度应纳税所得额均大于零，不存在不征税收入、免税收入、减免所得税额，且截至 20×× 年 11 月 30 日无欠缴及多缴所得税情况。

三、实训资料

1. 总账和明细账

20×× 年 12 月初有关总账、明细账余额见图表 1—4。

图表 1—4　　单位：元

总账科目	明细账科目	数量	单位	借方余额	贷方余额	明细账页
一、资产类账户						
库存现金				3 620.00		三栏式日记账
银行存款	中行镇江市丹徒区支行			3 840 250.43		
其他货币资金	存出投资款			50 000.00		三栏式
交易性金融资产	股票－鑫益股份－成本	20 000	股	400 000.00		
	股票－鑫益股份－公允价值变动				30 000.00	
应收票据	浙江余陵家电有限公司			585 000.00		
应收账款	江苏恒益家电有限公司			936 000.00		
	天津新佳家电有限公司			70 200.00		
	湖北益兴机电有限公司			362 000.00		
	安瑞金属制造有限公司			454 000.00		
预付账款	江苏平安保险公司－财产保险			4 000.00		
	江苏平安保险公司－汽车保险			1 864.00		
其他应收款	钟国钊			4 000.00		
坏账准备	应收账款坏账准备				24 200.00	
	其他应收款坏账准备				440.00	

续表

总账科目	明细账科目	数量	单位	借方余额	贷方余额	明细账页
原材料	A	6 000	千克	145 500.00		数量金额式
	B	5 000	千克	52 500.00		
	C	4 000	千克	18 000.00		
库存商品	甲	1 500	件	382 500.00		
自制半成品	TB 配件	4 000	件	450 000.00		
	RF 配件	3 500	件	280 000.00		
周转材料	包装物－木箱	600	个	7 500.00		
	低值易耗品－套装工具	200	套	16 000.00		
	低值易耗品－润滑油	1 500	升	14 250.00		
	低值易耗品－手套	200	副	500.00		
待处理财产损溢						三栏式
可供出售金融资产	股票－上海东旭汽配－成本	40 000	股	1 040 000.00		
	股票－上海东旭汽配－公允价值变动			64 000.00		
固定资产				4 850 500.00		
累计折旧					2 317 348.43	
无形资产				630 000.00		
累计摊销					344 500.00	
二、成本类账户						
制造费用						借方多栏式
生产成本	基本生产成本－甲－直接材料			307 200.00		
	基本生产成本－甲－直接人工			14 030.00		
	基本生产成本－甲－制造费用			8 460.00		
	基本生产成本－TB 配件－直接材料			117 600.00		
	基本生产成本－TB 配件－直接人工			7 925.00		

续表

总账科目	明细账科目	数量	单位	借方余额	贷方余额	明细账页
生产成本	基本生产成本－TB 配件－制造费用			6 720.00		借方多栏式
	基本生产成本－RF 配件－直接材料			70 200.00		
	基本生产成本－RF 配件－直接人工			3 645.00		
	基本生产成本－RF 配件－制造费用			3 120.00		
三、负债类账户						
短期借款	交行镇江市丹徒区支行				300 000.00	三栏式
应付账款	北京宜鸿线材有限公司				905 000.00	
	暂估－武汉三江金属制造有限公司				37 500.00	
应付职工薪酬	工资				153 000.00	
	社会保险费－医疗保险				15 300.00	
	社会保险费－养老保险				30 600.00	
	社会保险费－失业保险				2 295.00	
	社会保险费－生育保险				1 530.00	
	社会保险费－工伤保险				1 530.00	
	住房公积金				18 330.00	
	工会经费				3 060.00	
	职工教育经费				3 825.00	
其他应付款	社会保险费－医疗保险				3 060.00	
	社会保险费－养老保险				12 240.00	
	社会保险费－失业保险				765.00	
	住房公积金				18 330.00	
应交税费	应交增值税					专用多栏式
	未交增值税				25 300.00	三栏式
	应交所得税				41 320.00	
	应交城市维护建设税				1 771.00	
	应交教育费附加				759.00	
	应交地方教育费附加				506.00	
	应交个人所得税				415.23	

续表

总账科目	明细账科目	数量	单位	借方余额	贷方余额	明细账页
应付利息	短期借款－交行镇江市丹徒区支行				550.00	三栏式
应付股利	江苏正元电子有限公司				400 000.00	
	江苏诚和机电有限公司				400 000.00	
	张智诚				100 000.00	
	陈益军				100 000.00	
长期借款	长期借款－交行镇江市丹徒区支行				10 000.00	
	交行镇江市丹徒区支行－本金				1 000 000.00	
四、所有者权益类						
实收资本	江苏正元电子有限公司				2 000 000.00	三栏式
	江苏诚和机电有限公司				2 000 000.00	
	张智诚				500 000.00	
	陈益军				500 000.00	
资本公积	资本溢价				45 000.00	
盈余公积	法定盈余公积				53 000.00	
本年利润					2 750 000.00	
利润分配	未分配利润				605 520.00	
五、损益类账户						
主营业务收入						三栏式
其他业务收入						
投资收益						
公允价值变动损益						
营业外收入						
主营业务成本						

续表

<table>
<tr><th>总账科目</th><th>明细账科目</th><th>数量</th><th>单位</th><th>借方
余额</th><th>贷方
余额</th><th>明细
账页</th></tr>
<tr><td>其他业务
成本</td><td></td><td></td><td></td><td></td><td></td><td rowspan="3">三栏式</td></tr>
<tr><td>税金及
附加</td><td></td><td></td><td></td><td></td><td></td></tr>
<tr><td>资产减值
损失</td><td></td><td></td><td></td><td></td><td></td></tr>
<tr><td>销售费用</td><td></td><td></td><td></td><td></td><td></td><td rowspan="2">借方多
栏式</td></tr>
<tr><td>管理费用</td><td></td><td></td><td></td><td></td><td></td></tr>
<tr><td>财务费用</td><td></td><td></td><td></td><td></td><td></td><td rowspan="3">三栏式</td></tr>
<tr><td>所得税
费用</td><td></td><td></td><td></td><td></td><td></td></tr>
<tr><td>营业外
支出</td><td></td><td></td><td></td><td></td><td></td></tr>
</table>

2. 成本计算的其他相关资料

（1）产品生产工时记录表（图表 1—5）

图表 1—5

产品名称	工时（小时）
TB 配件	3 000
RF 配件	3 200
甲产品	4 400

（2）产量记录（图表 1—6）

图表 1—6

项目	TB 配件	RF 配件	甲产品
月初在产品（件）	1 400	1 300	1 600
本月投产（件）	1 600	2 000	1 500
本月完工（件）	2 000	2 200	2 000
月末在产品（件）	1 000	1 100	1 100
月末在产品完工程度	50%	50%	50%

（3）期初在产品成本资料（图表 1—7）

图表 1—7　　单位：元

项目	数量（件）	直接材料	直接人工	制造费用	合计
TB 配件	1 400	117 600	7 925	6 720	132 245
RF 配件	1 300	70 200	3 645	3 120	76 965
甲产品	1 600	307 200	14 030	8 460	329 690
合计		495 000	25 600	18 300	538 900

3. 20×× 年 12 月发生的经济业务

（1）1 日，采购 A 材料 4 000 千克，增值税专用发票中注明材料不含税价 94 000 元，增值税 15 040 元，材料已验收入库，款项已通过银行支付。（存货岗）

（2）1 日，购买办公用品一批，增值税专用发票中注明不含税价 12 475 元，增值税 1 996 元，其中：办公室领用 1 847.5 元，财务部领用 2 012.5 元，采购部领用 1 472.5 元，销售门市部领用 1 595 元，一生产车间领用 2 332.5 元，二生产车间领用 2 420 元，修理部领用 795 元，款项已通过银行支付。（成本岗）

（3）1 日，上月向武汉三江金属有限公司购进的 A 材料 1 500 千克的发票账单收到，增值税专用发票中注明材料不含税价 37 500 元，增值税 6 000 元，款项尚未支付。（存货岗）

（4）1 日，收到上述 A 材料的采购运费的增值税专用发票，发票注明运费 2 000 元，增值税 220 元。（存货岗）

（5）2 日，销售部钟国钊报销差旅费 4 120 元，冲销原借款 4 000 元后，余款 120 元用现金支付。（往来岗）

（6）2 日，采购 C 材料 4 000 千克，增值税专用发票中注明材料不含税价 14 000 元，增值税 2 240 元，无运费，材料已验收入库，款项已支付。（存货岗）

（7）3 日，申请一张面额为 100 000 元的银行汇票，用于向安源钢铁有限公司采购材料 B。（出纳岗）

（8）3 日，销售门市部向吉达维修服务有限公司支付汽车维修费，增值税专用发票中注明不含税维修费 3 600 元，增值税 576 元。（财务成果岗）

（9）3 日，提现 3 000 元备用。（出纳岗）

（10）4 日，购入欧赛得斯汽车一辆，增值税专用发票注明汽车不含税价 280 000 元，增值税 44 800 元，预付交强险 960 元，增值税款 57.6 元，预付车辆综合险 6 500 元，增值税款 390 元，另支付车船税费 360 元，印花税 84 元，工本费 125 元，车辆购置税 28 000 元，上述款项均已支付，车辆交行政办公室使用。（非流动资产岗）

（11）4 日，收到销售给江苏恒益家电有限公司 1 000 件甲产品款项，价税合计为 936 000 元，因其在 10 天内付款，可享受含税价款 1% 的现金折扣，因而共收取款项 926 640 元。（往来岗）

（12）4 日，一生产车间领用 A 材料 4 000 千克、B 材料 6 000 千克、C 材料 2 000 千克用于生产 TB 配件。（存货岗）

（13）5 日，向安源钢铁有限公司购入 B 材料 8 000 千克，增值税专用发票中注明材料不含税价 72 000 元，增值税 11 520 元。用面额为 100 000 元的银行汇票办理结算，多余款退回。（存货岗）

（14）5 日，支付各项社保费共计 67 320 元，支付上月应交住房公积金 36 660 元。（薪酬岗）

（15）6 日，销售给徐州利勃机械制造有限公司甲产品 600 件，收到开出的增值税专用发票中注明不含税价 390 000 元，增值税 62 400 元，收到为期 6 个月的银行承兑汇票一张，江苏中瑞机电有限公司将银行承兑汇票背书转让给北京宜鸿线材有限公司，用于抵付前欠材料款。（财务成果岗）

（16）6 日，支付上月工资，扣除个人代扣款项 34 810.23 元，实际发放 118 189.77 元，代扣款项上月已计提。（薪酬岗）

（17）6 日，用现金支付修理部工人王彦伟困难补助金 1 500 元。（成本岗）

（18）6 日，缴纳上月应交税费 70 071.23 元，其中企业所得税 41 320 元，未交增值税 25 300 元，代扣代缴个人所得税 415.23 元，城建税 1 771 元，以及教育费附加 1 265 元。（往来岗）

（19）6 日，一生产车间领用 A 材料 2 500 千克、B 材料 5 000 千克、C 材料 3 000 千克用于生产 RF 配件。（存货岗）

（20）7 日，向银行借入短期借款 500 000 元用于资金周转。（往来岗）

（21）7 日，收到南京塑业化工有限公司包装箱租金收入，开出的增值税专用发票中注明不含税租金收入 800 元，增值税 128 元，通过网银收取款项 928 元。（财务成果岗）

（22）8 日，用银行存款支付业务招待费 10 000 元。（财务成果岗）

（23）8 日，支付给广元培训教育服务有限公司员工培训费，收到的增值税专用发票中注明不含税培训费 2 000 元，增值税 120 元，款项已通过银行支付。（薪酬岗）

（24）8 日，采用商业折扣方式销售给长安机电有限公司 TB 配件 500 件，TB 配件的不含税售价为 200 元 / 件，可享受不含税价的 1% 的商业折扣，开出增值税专用发票中注明不含税销售价 99 000 元，增值税 15 840 元，款项已存入银行。（财务成果岗）

（25）9 日，向本单位工会独立账户拨付工会经费 3 060 元。（薪酬岗）

（26）9 日，预付下一年度财产保险费，收到的增值税专用发票中注明不含税保险费为 50 000 元，增值税 3 000 元。（往来岗）

（27）10 日，从基本户向本单位证券资金账户划拨款项 200 000 元。（出纳岗）

（28）10 日，收到本市自来水公司开具的增值税专用发票，其中注明水费不含税价 8 800 元，增值税 1 408 元，款项已通过银行支付，水费按使用数量在各受益部门之间进行分配。（成本岗）

（29）10 日，二生产车间领用 TB 配件 1 000 件、RF 配件 2 000 件，用于生产甲产品。（存货岗）

（30）11 日，办公室向欧赛维修服务有限公司支付汽车保养费，收到的增值税发票中注明不含税保养费 4 600 元，增值税 676 元，其中办公室分摊 2 200 元，采购部分摊 1 000 元，销售部分摊 1 400 元。（财务成果岗）

（31）11 日，收到本市供电公司开来的增值税专用发票，其中注明电费不含税价 9 000 元，增值税 1 440 元，款项已通过银行支付，电费按使用数量在各受益部门之间进行分配。（成本岗）

（32）12 日，购买实用新型专利一套，增值税普通发票中注明价款为 108 000 元，款项已通过银行支付，交付给二车间使用。（非流动资产岗）

（33）12 日，接受长安机电有限公司捐赠的 M 设备一台，收到增值税专用发票中注明不含税价 80 000 元，增值税 12 800 元，交付给一车间使用。（非流动资产岗）

（34）12 日，二生产车间完工甲产品 800 件，由产成品仓库验收入库。（存货岗）

（35）13 日，天津新佳家电有限公司应收账款 70 200 元被确认为坏账。（往来岗）

（36）13 日，浙江余陵家电有限公司开出的为期 4 个月的银行承兑汇票 585 000 元到期，款项收回并存入银行。（往来岗）

（37）13 日，购入富阳股份 10 000 股作为交易性金融资产，其中成交价为 20.4 元 / 股，另支付含增值税手续费 43.25 元，所有款项均通过证券投资专用账户支付。（出纳岗）

（38）14 日，办公室购买汽油充值卡，收到增值税专用发票中注明不含税汽油费 12 600 元，增值税 2 016 元，其中办公室分摊 1 200 元，采购部分摊 1 600 元，销售门市部分摊 4 000 元，一车间分摊 2 200 元，二车间分摊 2 600 元，修理部分摊 1 000 元，汽油款项已通过银行支付。（成本岗）

（39）14 日，修理部领用 A 材料 600 千克、B 材料 300 千克、C 材料 250 千克。（存货岗）

（40）15 日，销售甲产品 500 件，开出的增值税专用发票中注明不含税销售价为 300 000 元，增值税 48 000 元，款项尚未收到。（财务成果岗）

（41）15 日，支付已宣告但尚未发放的股利 1000 000 元，按股东的投资比例进行分配，其中江苏正元电子有限公司和江苏诚和机电有限公司各占股 40%，自然人张智诚和陈益军各占 10%。（往来岗）

（42）15 日，领用套装工具 30 套、手套 60 副，按领用部门进行分配。（存货岗）

（43）16 日，一生产车间完工 TB 配件 900 件、RF 配件 1 400 件，交由半成品仓库验收入库。（存货岗）

（44）17 日，收到筷乐有限公司开具的增值税普通发票，其中注明员工午餐外包费 19 890 元，款项已通过银行支付。（财务成果岗）

（45）17 日，一生产车间领用 C 材料 200 千克用于机物料消耗。（存货岗）

（46）18 日，出售鑫益股份 5 000 股，该股票购入价为 20 元 / 股，目前的账面价值为 21.5 元 / 股，最终成交价为 25 元 / 股，出售股票时需承担印花税 125 元，另收到证券公司开具的手续费增值税专用发票中注明不含税手续费 25 元，增值税 1.5 元，出售股票净款已存入证券投资专用账户。（出纳岗）

（47）18 日，销售门市部领用 C 材料 350 千克，用于出售。（存货岗）

（48）18 日，销售 C 材料 350 千克，开出的增值税专用发票注明不含税售价 2 800 元，增值税 448 元，款项已收到。（财务成果岗）

（49）19 日，偿还短期借款本金 300 000 元，利息 1 540 元，该短期借款为按月计息并付息，每月的 21 日是利息起息日。（往来岗）

（50）20 日，领用润滑油 500 升，其中一车间领用 100 升，二车间领用 80 升，修理部领用 320 升。（存货岗）

（51）21 日，收到银行活期存款利息，其中基本户活期存款利息为 2 641.24 元，证券投资专用账户活期存款利息为 235.62 元。（财务成果岗）

（52）22 日，开出转账支票支付环保局噪声污染罚款 5 000 元。（财务成果岗）

（53）23 日，向美源传媒服务有限公司支付宣传册设计费，收到的增值税专用发票注明不含税价 8 490.57 元，增值税 509.43 元，款项通过银行支付。（财务成果岗）

（54）23 日，二生产车间领用 C 材料 350 千克用于机物料消耗。（存货岗）

（55）24 日，二生产车间领用 TB 配件 800 件、RF 配件 1 200 件用于甲产品生产。（存货岗）

（56）24 日，采用商业折扣方式销售给江苏协信五金制造有限公司 TB 配件 800 件、RF 配件 1 000 件，TB 配件不含税售价 200 元 / 件，RF 配件不含税售价 150 元 / 件，可享受不含税价的 3% 的商业折扣，开出增值税专用发票中注明不含税销售价为 300 700 元，增值税 48 112 元，收到为期 6 个月的银行承兑汇票一张，江苏中瑞机电有限公司将银行承兑汇票背书转让给北京宜鸿线材有限公司，用于抵付前欠材料款。（财务成果岗）

（57）24 日，一生产车间报废 G 设备一台，该设备原价 80 000 元，已提折旧 59 520 元，用现金支付不含税清理费 400 元，增值税 24 元，设备的残料出售取得现金 9 860 元，其中不含税收入 8 500 元，增值税 1 360 元，结转清理的净损失。（非流动资产岗）

（58）24 日，向银行基本户存入现金 9 860 元。（出纳岗）

（59）24 日，预付下一年度车辆的交强险和综合险，收到增值税专用发票中注明不含税交强险 2 880 元，增值税 172.8 元，不含税综合险 19 500 元，增值税 1 170 元。款项已通过银行支付。（往来岗）

（60）25 日，收到湖北益兴机电有限公司的欠款 362 000 元。（往来岗）

（61）25 日，一生产车间完工 TB 配件 1 100 件、RF 配件 800 件，交由半成品仓库验收入库。（存货岗）

（62）28 日，销售甲产品 150 件，开出的增值税专用发票中注明不含税价 97 500 元，增值税 15 600 元，款项已通过银行办理托收。（财务成果岗）

（63）28 日，向雅乐轩酒店支付会务费，收到增值税专用发票注明不含税会务费 4 000 元，增值税 240 元，其中办公室分摊 2 000 元，销售门市部分摊 2 000 元。（财务成果岗）

（64）29 日，向精诚润滑油有限公司采购 5 000 升润滑油，收到的增值税专用发票注明不含税价 46 000 元，增值税 7 360 元，款项尚未支付。（存货岗）

（65）30 日，二生产车间完工甲产品 1 000 件，由产成品仓库验收入库。（存货岗）

（66）31 日，完成工资结算汇总表的填制，计提本月应付工资总额，并代扣三险一金及个人所得税，计算出实发工资。（薪酬岗）

（67）31 日，根据应付工资总额计算出本月单位应承担的五险一金。（薪酬岗）

（68）31 日，根据应付工资总额计提本月的工会经费和职工教育经费。（薪酬岗）

（69）31 日，计提 12 月固定资产折旧费。（非流动资产岗）

（70）31 日，摊销 12 月无形资产账面价值。（非流动资产岗）

（71）31 日，计提 12 月短期借款利息，合同号 0093 的短期借款于 20×× 年 12 月 7 日借入，借款本金 500 000 元，借款期限 9 个月，借款年利率 6%。计提长期借款利息，合同号为 55313 的长期借款于 20×× 年 10 月 1 日借入，借款本金 1 000 000 元，借款期限 36 个月，借款年利率 10%，该借款按月计息，按年付息。（财务成果岗）

（72）31 日，对交易性金融资产、可供出售金融资产按期末公允价进行重新计量，调整其账面价值。其中持有的交易性金融资产鑫益股份 15 000 股，其期末公允价为 24.6 元 / 股，原账面价为 21.5 元 / 股，另持有的交易性金融资产富阳股份 10 000 股，其期末公允价为 22.5 元 / 股，原账面价为 20.4 元 / 股，持有的可供出售金融资产上海东旭汽配股份 40 000 股，其期末公允价为 25.2 元 / 股，原账面价为 27.6 元 / 股。（财务成果岗）

（73）31 日，汇总计算并结转本月发出材料的成本。（成本岗）

（74）31 日，进行现金盘点，库存现金账面结存数为 4 576 元，实存数为 4 000 元，短缺 576 元，系出纳员保管不善造成，由其负责赔偿。（出纳岗）

（75）31 日，对存货进行盘点，发现套装工具短缺 10 套，每套单位成本 80 元，劳保手套短缺 30 副，每副单位成本 2.5 元，记入“待处理财产损溢”账户，其购入时所含增值税进项税额不能抵扣，需转出。后经批准由保管责任人赔偿损失的 60%，其余损失转作费用核销。（存货岗）

（76）31 日，摊销财产保险费和汽车保险费。（财务成果岗）

（77）31 日，分配辅助车间修理部的生产费用，填制辅助生产费用分配表。（成本岗）

（78）31 日，分配生产车间制造费用，一车间按生产工时比例分配制造费用，二车间的制造费用直接转入甲产品生产成本。（成本岗）

（79）31 日，完成 TB 配件和 RF 配件成本计算单，结转本月完工入库的配件成本。（成本岗）

（80）31 日，计算并结转生产领用 TB 配件和 RF 配件成本。（成本岗）

（81）31 日，完成本月甲产品成本计算单，结转完工入库的产品成本。（成本岗）

（82）31 日，结转本月销售 TB 配件和 RF 配件以及甲产品成本。（财务成果岗）

（83）31 日，收到安瑞金属制造有限公司开具的面额为 300 000 元的转账支票一张用于偿还前欠货款。（往来岗）

（84）31 日，计提坏账准备。（财务成果岗）

（85）31 日，签发银行汇票支付润滑油材料款。（往来岗）

（86）31 日，计算并提取出售金融资产应交增值税。（财务成果岗）

（87）31 日，计算本月应交增值税，并计提城建税及教育费附加。（财务成果岗）

（88）31 日，将本月损益类账户结转到本年利润账户。（财务成果岗）

（89）31 日，计提本月应交所得税费用。（财务成果岗）

（90）31 日，结转所得税费用。（财务成果岗）

（91）31 日，结转全年净利。（财务成果岗）

（92）对全年净利进行分配，按 10% 提取法定盈余公积金，将可供分配利润的 20% 分配给投资者。（财务成果岗）

（93）31 日，结转已分配利润。（财务成果岗）

第二部分 岗位实训

单元一　出纳岗位实训

一、岗位知识和技能要求

1. 熟悉会计相关法律法规。

2. 掌握国家有关现金管理和银行结算制度的规定。

3. 了解各种票据结算知识，掌握结算凭证的填制方法，能熟练办理日常结算业务。

4. 掌握各类货币资金的收付及核算业务。

5. 熟悉各类账簿的登账、对账、结账及错账更正等方法。

6. 熟练掌握货币资金账户的核算程序，保证日清月结，掌握与银行对账及编制银行存款余额调节表的方法。

7. 掌握现金点钞技巧，能准确识别真假币。

二、岗位职责

1. 按照国家有关现金管理和银行结算制度的规定，依据审核后的合法收支凭证办理库存现金收付和银行存款结算业务，并能办理网上交易结算。

2. 负责保管库存现金和各种有价证券、印章、空白收据及支票，确保资金、印章、票据安全。

3. 负责签发支票和及时取回结算票据。

4. 负责库存现金与银行存款日记账的登记工作，每天负责现金盘点，保证日清月结。

5. 及时掌握银行存款余额，不签发空头支票，不出租、出借银行账户为其他单位办理结算。

6. 不私借、挪用公款，不用“白条”抵库，不为其他单位或个人套现。

7. 及时完成与银行的对账工作，及时查询未达账项，做到账款、账账相符。

三、核算流程（图表 1—8）

图表 1—8

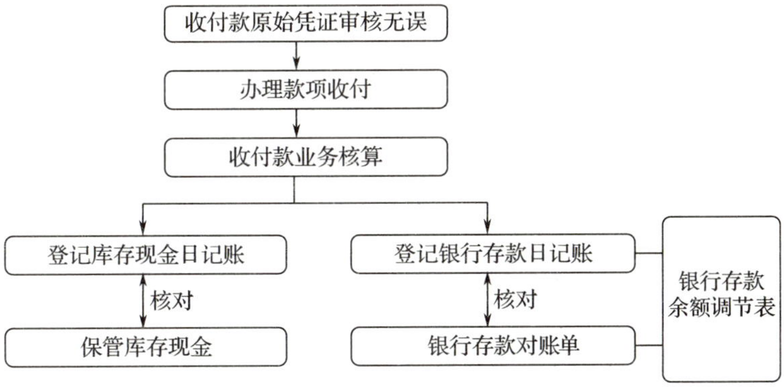

四、实训要求

1. 建立库存现金与银行存款日记账，并登记期初余额。
2. 填制相关结算凭证。
3. 根据本岗位给出的原始单据编制记账凭证，并交审核人员审核。
4. 按时间顺序登记库存现金与银行存款日记账。
5. 完成银行存款日记账与银行对账单的核对，并编制银行存款余额调节表。
6. 完成本岗位记账凭证科目汇总表的编制。

7. 期末将库存现金和银行存款日记账与总账进行核对，并完成期末结账。

五、实训项目

根据第一部分实训资料——20×× 年 12 月发生的经济业务（7）（9）（27）（37）（46）（58）（74）完成出纳岗位实训。

实训 1：根据业务（7），申请银行汇票（图表 1—9 至图表 1—12）。

要求：

（1）根据付款申请书填制银行汇票申请书。（付款方式：转账，支付密码：3829-1033-4234-8356，申请人银行：中国银行镇江市丹徒区支行，申请人账号：41235716891614，银行预留印鉴：江苏中瑞机电有限公司财务专用章 + 法定代表人私章：闫瑞）

（2）根据银行汇票申请书回单联进行账务处理。

图表 1—9

付款申请书

20×× 年 12 月 03 日

用途及情况	金额											收款单位（人）：安源钢铁有限公司
支付货款	亿	千	百	十	万	千	百	十	元	角	分	账号：41622124910914
			¥	1	0	0	0	0	0	0	0	开户行：中国建设银行马鞍山市博望区支行
金额（大写）合计：	人民币壹拾万元整											结算方式：银行汇票

总经理	李峰	财务部门	经理	朱胜利	业务部门	经理	王群忠
			会计	刘宁		经办人	李津

图表 1—10

中国银行银行汇（本）票申请书

币别：人民币　　20×× 年 12 月 03 日　　流水号：37444111

业务类型	□银行汇票　□银行本票	付款方式	☑转账　□现金
申请人		收款人	
账　号		账　号	
用　途		代理付款行	
金额	（大写）		亿 千 百 十 万 千 百 十 元 角 分
客户签章	江苏中瑞机电有限公司 财务专用章　闫瑞		

第一联　此联银作凭证

图表 1—11

中国银行银行汇（本）票申请书

币别：人民币　　　　20×× 年 12 月 03 日　　　　流水号：37444111

业务类型	□银行汇票 □银行本票	付款方式	☑转账 □现金
申请人		收款人	
账　号		账　号	
用　途		代理付款行	
金额	（大写）		亿 千 百 十 万 千 百 十 元 角 分
客户签章	江苏中瑞机电有限公司 财务专用章　闫瑞		

第二联　此联收款行记账凭证

图表 1—12

中国银行银行汇（本）票申请书

币别：人民币　　　　20×× 年 12 月 03 日　　　　流水号：37444111

业务类型	□银行汇票 □银行本票	付款方式	□转账 □现金
申请人		收款人	
账　号		账　号	
用　途		代理付款行	
金额	（大写）		亿 千 百 十 万 千 百 十 元 角 分
银行签章	中国银行 镇江市丹徒区支行 20××-12-03 办讫（01）		

第三联　客户（回单）

实训 2：根据业务（9），提现备用（图表 1—13、图表 1—14）。

要求：

（1）填制现金支票。（收款人：江苏中瑞机电有限公司，支付密码：7560-5690-0943-0527，付款银行：中国银行镇江市丹徒区支行，付款账号：41235716891614，银行预留印鉴：江苏中瑞机电有限公司财务专用章 + 法定代表人私章：闫瑞）

（2）根据支票存根联进行账务处理。

图表 1—13

中国银行
现金支票存根
10403215
00026523
附加信息

出票日期 年 月 日
收款人：
金 额：
用 途：
单位主管 会计

XXXXXXXX公司 · XXXX印制

中国银行 现金支票

10403215
00026523

出票日期（大写） 年 月 日 付款行名称：
收款人： 出票人账号：

付款期限自出票之日起十天

人民币（大写）	亿	千	百	十	万	千	百	十	元	角	分

用途 密码
上列款项请从
我账户内支付
出票人签章 复核 记账

图表 1—14

附加信息：

收款人签章
年 月 日

身份证件名称： 发证机关：
号码

（贴粘单处）

根据《中华人民共和国票据法》等法律法规的规定，签发空头支票由中国人民银行处以票面金额 5% 但不低于 1 000 元的罚款。

XXXXXXXX公司 · XXXX印制

实训 3：根据业务（27），由基本户向证券投资专户划拨款项（图表 1—15、图表 1—16）。

图表 1—15

中 国 银 行
证券保证金存取委托书

No. 8543687

20×× 年 12 月 10 日

证券保证金账号	2519589835	银行存款账号	41235716891614
转账金额	¥ 200 000.00	转账方式	支票
兹委托中国银行办理上述证券保证金存取业务，经核对银行打印内容正确无误。 银行签字 中国银行 镇江市丹徒区支行 20××-12-10 办讫（01）			

第二联 客户回执

流水号 3059562668487 操作员号 0718

图表 1—16

中国银行 转账支票存根 10403226 00001713
附加信息 付款行账号：
41235716891614
出票日期：20×× 年 12 月 10 日
收款人：江苏中瑞机电有限公司
金 额：¥200 000.00
用 途：第三方存管
单位主管 会计

××××××××公司 · ××××印制

实训 4：根据业务（37），购入金融资产（图表 1—17 至图表 1—21）。

图表 1—17

经理办公会议纪要

企业拟以不高于每股 20.4 元的价格买入富阳股份发行在外的 10 000 股股票，作为交易性金融资产。

参加人员：朱胜利 王群忠 李峰 王强

江苏中瑞机电有限公司

20×× 年 12 月 11 日

图表 1—18

交 割 单

营业部名：江苏华兴证券服务股份有限公司

股东姓名：江苏中瑞机电有限公司

资金账户：2519589835

当前币种：人民币

成交日期	操作	证券代码	证券名称	成交数量	成交均价	成交金额	手续费	印花税	其他费用	结算金额	账户	市场名称
20××-12-11	买入	600214	富阳股份	10 000	20.40	204 000.00	43.25	0.00	0.00	204 043.25	2519589835	上海A股

图表 1—19

3211163140

江苏增值税专用发票

抵 扣 联

№ 86015286

3211163140
86015286

开票日期：20×× 年 12 月 12 日

购买方	名　　　称：江苏中瑞机电有限公司 纳税人识别号：913211125255851838 地 址、电 话：江苏省镇江市丹徒区王乡街林达路 05 号 0511-88396542 开户行及账号：中国银行镇江市丹徒区支行 41235716891614	密码区	06*3187<4/+5517<+95-59+7<37 25163<0-->>-6>525<005788->7 *787*3187<4/+8490<+19866188 3863+<712/<1+9016>4762++>84

货物或应税劳务、服务名称	规格型号	单位	数量	单价	金额	税率	税额
直接收费金融服务			1	40.80	40.80	6%	2.45
合计					¥40.80		¥2.45
价税合计（大写）	⊗ 肆拾叁元贰角伍分				（小写）¥43.25		

销售方	名　　　称：江苏华兴证券服务股份有限公司 纳税人识别号：913211121602225343 地 址、电 话：江苏省镇江市丹徒区张秀街陈宝路 76 号 0511-23456121 开户行及账号：中国建设银行江苏省镇江市丹徒区支行 41671242428595	备注	江苏华兴证券服务股份有限公司 913211121602225343 发票专用章

收款人：　　复核：　　开票人：刘绍荣　　销售方：（章）

税总函【××××】×××号 ××××××××公司

第二联：抵扣联 购买方扣税凭证

图表 1—20

3211163140

江苏增值税专用发票

发 票 联

№ 86015286

3211163140
86015286

开票日期：20×× 年 12 月 12 日

购买方	名　　　称：江苏中瑞机电有限公司 纳税人识别号：913211125255851838 地 址、电 话：江苏省镇江市丹徒区王乡街林达路 05 号 0511-88396542 开户行及账号：中国银行镇江市丹徒区支行 41235716891614	密码区	06*3187<4/+5517<+95-59+7<37 25163<0-->>-6>525<005788->7 *787*3187<4/+8490<+19866188 3863+<712/<1+9016>4762++>84

货物或应税劳务、服务名称	规格型号	单位	数量	单价	金额	税率	税额
直接收费金融服务			1	40.80	40.80	6%	2.45
合计					¥40.80		¥2.45
价税合计（大写）	⊗ 肆拾叁元贰角伍分				（小写）¥43.25		

销售方	名　　　称：江苏华兴证券服务股份有限公司 纳税人识别号：913211121602225343 地 址、电 话：江苏省镇江市丹徒区张秀街陈宝路 76 号 0511-23456121 开户行及账号：中国建设银行江苏省镇江市丹徒区支行 41671242428595	备注	江苏华兴证券服务股份有限公司 913211121602225343 发票专用章

收款人：　　复核：　　开票人：刘绍荣　　销售方：（章）

税总函【××××】×××号 ××××××××公司

第三联：发票联 购买方记账凭证

图表 1—21

金融商品台账

证券代码及名称：600214 富阳股份

单位：元

购入日期	购入数量	单位买入价	买入价
20××-12-12	10 000	20.40	204 000.00

实训 5：根据业务（46），出售金融资产（图表 1—22 至图表 1—25）。

图表 1—22

经理办公会议纪要

企业拟以不低于每股 25.00 元的价格出售鑫益股份股票 5 000 股。

参加人员：朱胜利　王群忠　李峰　王强

江苏中瑞机电有限公司

20××年 12 月 16 日

图表 1—23

交　割　单

营业部名：江苏华兴证券服务股份有限公司

股东姓名：江苏中瑞机电有限公司

资金账户：2519589835

当前币种：人民币

成交日期	操作	证券代码	证券名称	成交数量	成交均价	成交金额	手续费	印花税	其他费用	结算金额	账户	市场名称
20××-12-17	卖出	600103	鑫益股份	5 000	25.00	125 000.00	26.50	125.00	0.00	124 848.50	2519589835	上海A股

图表 1—24

3211163140　　**江苏增值税专用发票**　　№ 48810082　　3211163140 48810082

抵扣联

开票日期：20×× 年 12 月 17 日

税总函【××××】×××号 ××××××××公司

购买方	名　　称：江苏中瑞机电有限公司 纳税人识别号：913211125255851838 地　址、电　话：江苏省镇江市丹徒区王乡街林达路 05 号 0511-88396542 开户行及账号：中国银行镇江市丹徒区支行 41235716891614	密码区	78*3187<4/+4421<+95-59+7<00 73221<0-->>-6>525<321028->7 *787*3187<4/+8490<+64255201 3904+<712/<1+9016>3392++>84

货物或应税劳务、服务名称	规格型号	单位	数量	单价	金额	税率	税额
直接收费金融服务			1	25.00	25.00	6%	1.50
合计					¥25.00		¥1.50
价税合计（大写）	⊗贰拾陆元伍角整				（小写）¥26.50		

销售方	名　　称：江苏华兴证券服务股份有限公司 纳税人识别号：913211121602225343 地　址、电　话：江苏省镇江市丹徒区张秀街陈宝路 76 号 0511-23456121 开户行及账号：中国建设银行江苏省镇江市丹徒区支行 41671242428595	备注	江苏华兴证券服务股份有限公司 913211121602225343 发票专用章

收款人：　　复核：　　开票人：吴继章　　销售方：（章）

第二联：抵扣联 购买方扣税凭证

图表 1—25

3211163140　　**江苏增值税专用发票**　　№ 48810082　　3211163140 48810082

发票联

开票日期：20×× 年 12 月 17 日

税总函【××××】×××号 ××××××××公司

购买方	名　　称：江苏中瑞机电有限公司 纳税人识别号：913211125255851838 地　址、电　话：江苏省镇江市丹徒区王乡街林达路 05 号 0511-88396542 开户行及账号：中国银行镇江市丹徒区支行 41235716891614	密码区	78*3187<4/+4421<+95-59+7<00 73221<0-->>-6>525<321028->7 *787*3187<4/+8490<+64255201 3904+<712/<1+9016>3392++>84

货物或应税劳务、服务名称	规格型号	单位	数量	单价	金额	税率	税额
直接收费金融服务			1	25.00	25.00	6%	1.50
合计					¥25.00		¥1.50
价税合计（大写）	⊗贰拾陆元伍角整				（小写）¥26.50		

销售方	名　　称：江苏华兴证券服务股份有限公司 纳税人识别号：913211121602225343 地　址、电　话：江苏省镇江市丹徒区张秀街陈宝路 76 号 0511-23456121 开户行及账号：中国建设银行江苏省镇江市丹徒区支行 41671242428595	备注	江苏华兴证券服务股份有限公司 913211121602225343 发票专用章

收款人：　　复核：　　开票人：吴继章　　销售方：（章）

第三联：发票联 购买方记账凭证

实训 6：根据业务（58），将收到的固定资产处置款 9 860.00 元存入银行（图表 1—26）。

要求：

（1）填制现金解款单。（收款银行：中国银行镇江市丹徒区支行，收款银行账号：41235716891614）

（2）根据现金解款单回单进行账务处理。

图表 1—26

中国银行　　现金解款单（回　单）①

年　月　日

此联由银行盖章后退回单位

收款单位	全称		款项来源	
	账号		解款部门	

人民币（大写）：	亿	千	百	十	万	千	百	十	元	角	分

票面	张数	种类	千	百	十	元	角	分	
壹佰元		一元							
五十元									
十元		角票							
五元		分币							（收款银行盖章）
二元		封包							

银行打印：

实训 7：根据业务（74），进行现金盘点（图表 1—27、图表 1—28）。

图表 1—27

库存现金盘点表

20×× 年 12 月 31 日　　　　编号 201602

账存金额	实存金额	盘盈	盘亏	备注
4 576.00	4 000.00		576.00	

监盘人（签章）：刘宁　　　　盘点人（签章）：苏建朝

图表 1—28

现金盘盈盘亏处置结果表

20×× 年 12 月 31 日

账存金额	实存金额	盘盈	盘亏
4 576.00	4 000.00		576.00
财务部门意见： 应由苏建朝赔偿　朱胜利		公司领导意见： 同意　李峰	

实训 8：江苏中瑞机电公司收到中国银行镇江市丹徒区支行 20×× 年 12 月的对账单（图表 1—29）。

要求：

（1）将基本户银行存款日记账余额与银行存款对账单余额进行核对，确定未达账项。

（2）编制银行存款余额调节表（图表 1—30）。

图表 1—29

中国银行镇江市丹徒区支行 业务公章

中国银行活期存款对账单

20××-12-31

单位：江苏中瑞机电有限公司　　账号：41235716891614　　单位：元

日期	凭证种类	凭证号	摘要	对方户名	借方发生额	贷方发生额	余额	交易流水号
20××-12-1	网银		支付货款	南通鸿运有限公司	109 980.00		3 185 280.66	321120027J0500810081
20××-12-1	网银		支付办公费	江苏晨兴办公用品有限公司	14 595.75		3 170 684.91	321120027J0500810068
20××-12-1	转支	00001705	支付运费	畅达物流有限公司	2 220.00		3 168 464.91	
20××-12-2	网银		支付货款	北京宜鸿线材有限公司	16 380.00		3 152 084.91	321120027J0500810087
20××-12-2	银汇		支付货款	安源钢铁有限公司	100 000.00		3 052 084.91	37444111
20××-12-3	网银		支付汽修费	吉达维修服务有限公司	4 212.00		3 047 872.91	321120027J0500810023
20××-12-3	现支	00026523	备用金		3 000.00		3 044 872.91	
20××-12-4	转支	00001707	支付购车款项	大众汽车销售有限公司	364 076.60		2 680 796.31	
20××-12-4	银汇	1050322605757140	收到货款	江苏恒益家电有限公司		928 000.00	3 608 796.31	
20××-12-5	转账	1050344100025809	银汇多余款退回			14 428.00	3 623 224.31	
20××-12-5	其他凭证	#79548875	支付社保费	镇江市丹徒区地方税务局	67 320.00		3 555 904.31	201612057915468
20××-12-5	其他凭证	00006328	支付住房公积金	镇江市住房公积金管理中心	36 660.00		3 519 244.31	321120027J0500810007
20××-12-6	转支	00001710	支付工资		118 189.77		3 401 054.54	
20××-12-6	特转	#35023066	支付税费	镇江市丹徒区国家税务局	41 320.00		3 359 734.54	201612066134231
20××-12-6	特转	#35023001	支付税费	镇江市丹徒区国家税务局	25 300.00		3 334 434.54	201612062853928
20××-12-6	特转	#35023052	支付税费	镇江市丹徒区地方税务局	415.23		3 334 019.31	201612067056775

续表

日期	凭证种类	凭证号	摘要	对方户名	借方发生额	贷方发生额	余额	交易流水号
20××-12-6	特转	#35023031	支付税费	镇江市丹徒区地方税务局	3 036.00		3 330 983.31	201612064814872
20××-12-7	特转	00093	收到贷款			500 000.00	3 830 983.31	
20××-12-7	网银		收到租金	南京塑业化工有限公司		936.00	3 831 919.31	321120027J0500810044
20××-12-8	网银		支付招待费	阿旺酒店有限公司	10 000.00		3 821 919.31	321120027J0500810026
20××-12-8	转支	00001712	支付教育经费	广元培训教育服务有限公司	2 120.00		3 819 799.31	
20××-12-8	网银		收到货款	长安机电有限公司		115 830.00	3 935 629.31	321120027J0500810025
20××-12-9	网银		拨付工会经费	江苏中瑞机电有限公司工会委员会	3 060.00		3 932 569.31	321120027J0500810062
20××-12-9	网银		预付财保费	江苏平安保险股份有限公司	53 000.00		3 879 569.31	321120027J0500810068
20××-12-10	转支	00001713	划款		200 000.00		3 679 569.31	
20××-12-10	网银		支付水费	江苏水务股份有限公司	16 296.00		3 663 273.31	321120027J0500810043
20××-12-11	网银		支付汽车费用	欧赛维修服务有限公司	5 316.00		3 657 957.31	321120027J0500810029
20××-12-11	网银		支付电费	江苏省电力股份有限公司镇江市分公司	10 530.00		3647 427.31	321120027J0500810057
20××-12-12	转支	00001714	购买专利	江苏海云电子科技有限公司	28 000.00		3 619 427.31	
20××-12-13	转账	1087655655622276	承兑汇票回款	浙江余陵家电有限公司		585 000.00	4 204 427.31	321120027J0500810019
20××-12-14	网银		支付汽油费	江苏石化有限公司	14 742.00		4 189 685.31	321120027J0500810021
20××-12-15	网银		支付股利	江苏正元电子有限公司	400 000.00		3 789 685.31	321120027J0500810042
20××-12-15	网银		支付股利	江苏诚和机电有限公司	400 000.00		3 389 685.31	321120027J0500810043
20××-12-15	网银		支付股利	张智诚	80 000.00		3 309 685.31	321120027J0500810044
20××-12-15	网银		支付股利	陈益军	80 000.00		3 229 685.31	321120027J0500810045
20××-12-17	网银		支付外包餐费	筷乐有限公司	19 890.00		3 209 795.31	2016121763487184
20××-12-18	网银		收到销售材料款	常州华美机电有限公司		3 276.00	3 213 071.31	321120027J0500810010
20××-12-19	特转	000091	还贷款本金		300 000.00		2 913 071.31	
20××-12-19	特转	000091	还贷款利息		1 540.00		2 911 531.31	

续表

日期	凭证种类	凭证号	摘要	对方户名	借方发生额	贷方发生额	余额	交易流水号
20××-12-21	转账		收到存款利息			2 641.24	2 914 172.55	321120027J05008100
20××-12-22	转支	00001715	支付罚款	镇江市环保局	5 000.00		2 909 172.55	
20××-12-23	网银		支付宣传费	美源传媒服务有限公司	9 000.00		2 900 172.55	321120027J0500810097
20××-12-24	解款		存现			9 945.00	2 910 117.55	
20××-12-24	网银		预付车险	江苏平安保险股份有限公司	23 722.80		2 886 394.75	321120027J0500810060
20××-12-25	网银		收到货款	湖北益兴机电有限公司		362 000.00	3 248 394.75	321120027J0500810038
20××-12-28	网银		支付会务费	雅乐轩酒店有限公司	4 240.00		3 244 154.75	321120027J0500810093
20××-12-31	托收	14544050	收到货款	海州家电有限公司		76 050.00	3 320 204.75	321120027J0500810084
20××-12-31	特转		转账手续费		550.00		3 319 654.75	
20××-12-31	网银		网络通信费	中国电信股份有限公司镇江分公司	4 750.00		3 314 904.75	321120027J0500810087

打印时间：20××-12-31 22:33:46　打印机构：41235716891614　打印柜员：3255398882　打印卡号：958923058537246

图表 1—30

银行存款余额调节表

20××-12-31

单位：江苏中瑞机电有限公司　　账号：41235716891614　　单位：元

<table>
<tr><th>项目</th><th>金额</th><th>项目</th><th>金额</th></tr>
<tr><td>企业银行存款日记账调节前余额</td><td></td><td>银行存款对账单调节前余额</td><td></td></tr>
<tr><td rowspan="6">加：银行已收企业未收款项</td><td></td><td rowspan="6">加：企业已收银行未收款项</td><td></td></tr>
<tr><td></td><td></td></tr>
<tr><td></td><td></td></tr>
<tr><td></td><td></td></tr>
<tr><td></td><td></td></tr>
<tr><td></td><td></td></tr>
<tr><td rowspan="6">减：银行已付企业未付款项</td><td></td><td rowspan="6">减：企业已付银行未付款项</td><td></td></tr>
<tr><td></td><td></td></tr>
<tr><td></td><td></td></tr>
<tr><td></td><td></td></tr>
<tr><td></td><td></td></tr>
<tr><td></td><td></td></tr>
<tr><td>企业银行存款日记账调节后余额</td><td></td><td>银行存款对账单调节后余额</td><td></td></tr>
</table>

单元二　往来核算岗位实训

一、岗位知识和技能要求

1. 了解企业信用政策及结算制度。

2. 了解债权债务的确认与计量方法和原则。

3. 掌握各类远期结算票据的特点、期限、贴现、背书转让等相关知识。

4. 熟悉坏账的确认原则，掌握坏账准备的计提方法。

5. 掌握债权债务的账务处理、登账、对账、结账等的核算方法。

6. 熟悉账龄分析法，会利用账龄分析表进行债权债务分析，为企业制定合适的信用政策提供参考。

二、岗位职责

1. 建立往来款项清算手续制度。

2. 办理往来款项的结算业务。

3. 负责往来款项结算的明细核算。

4. 配合采购、销售等部门定期完成与客户核对往来工作，及时做好其他往来款项的清收及核销工作。

5. 期末按规定方法和比例计提坏账准备金，并进行账务处理。

6. 办理企业应收票据贴现、转让等业务。

7. 负责保证金、押金、应收款项、预收款项的管理。

三、核算流程（图表 1—31）

图表 1—31

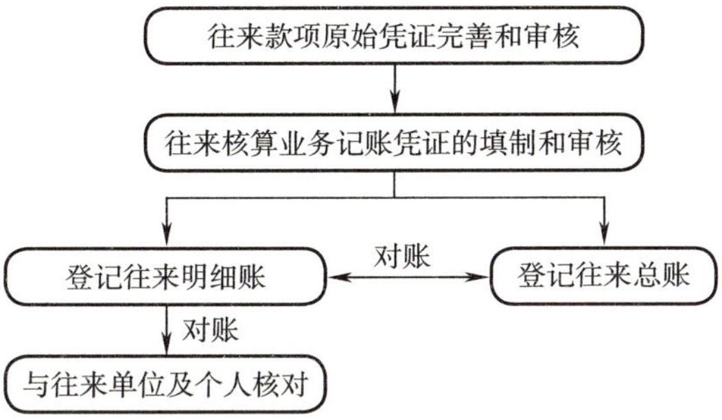

四、实训要求

1. 根据业务资料开设债权债务明细账，并登记期初余额。
2. 根据本岗位所提供的原始凭证，编制记账凭证，并交审核人员审核。
3. 逐笔登记债权债务明细账。
4. 按应收款项的期末余额和规定的百分比计算并提取坏账准备金。
5. 完成本岗位记账凭证科目汇总表的编制。
6. 期末将债权债务的明细账与总账进行核对，并完成期末结账。

五、实训项目

根据第一部分实训资料——20××年12月发生的经济业务（5）（11）（18）（20）（26）（35）（36）（41）（49）（59）（60）（83）（85），完成往来核算岗位实训。

实训9：根据业务（5），报销差旅费（图表1—32至图表1—38）。

图表1—32

差旅费报销单

20××年12月02日　　　　附原始单据5张

姓名	钟国钊				工作部门		销售门市			出差事由		洽谈商务				
日期		地点		车船费			深夜补贴	途中补贴	住勤费			住宿费	交通费			金额合计
起	讫	起	讫	车次或船名	时间	金额			地区	天数	补贴					
11月25日	12月01日	镇江市	北京市			1 530.00			北京市	7	770.00	1 680.00	140.00			4 120.00
						现金付讫										
报销金额（大写）人民币				肆仟壹佰贰拾元整								合计（小写）¥4 120.00				
补付金额：¥120.00								退回金额：								

领导批准 李峰　　会计主管 朱胜利　　部门负责人 王强　　审核 刘宁　　报销人 钟国钊

图表 1—33

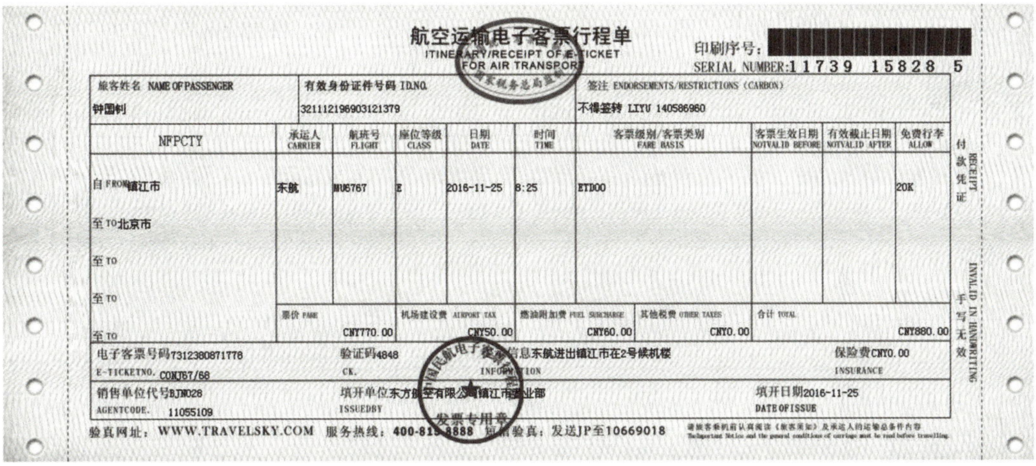

航空运输电子客票行程单
ITINERARY/RECEIPT OF E-TICKET FOR AIR TRANSPORT

印刷序号：[redacted]
SERIAL NUMBER:11739 15828 5

旅客姓名 NAME OF PASSENGER	有效身份证件号码 ID.NO.	签注 ENDORSEMENTS/RESTRICTIONS (CARBON)
钟国钊	321112196903121379	不得签转 LIYU 140586960

NFPCTY	承运人 CARRIER	航班号 FLIGHT	座位等级 CLASS	日期 DATE	时间 TIME	客票级别/客票类别 FARE BASIS	客票生效日期 NOTVALID BEFORE	有效截止日期 NOTVALID AFTER	免费行李 ALLOW
自 FROM 镇江市	东航	MU6767	E	2016-11-25	8:25	ETDOO			20K
至 TO 北京市									
至 TO									
至 TO									
至 TO	票价 FARE CNY770.00		机场建设费 AIRPORT TAX CNY50.00		燃油附加费 FUEL SURCHARGE CNY60.00		其他税费 OTHER TAXES CNY0.00	合计 TOTAL CNY880.00	

电子客票号码 7312380871778 E-TICKETNO. CONJ67/68　验证码 4848 CK.　提示信息 INFORMATION 东航进出镇江市在2号候机楼　保险费 CNY0.00 INSURANCE

销售单位代号 BJN028 AGENTCODE. 11055109　填开单位 ISSUEDBY 东方航空有限公司镇江市营业部　填开日期 DATE OF ISSUE 2016-11-25

验真网址：WWW.TRAVELSKY.COM　服务热线：400-815-8888　短信验真：发送JP至10669018

请旅客乘机前认真阅读《旅客须知》及承运人的运输总条件内容 The Important Notice and the general conditions of carriage must be read before travelling.

付款凭证 RECEIPT　手写无效 INVALID IN HANDWRITING

图表 1—34

D27E026696　北京市东站售
20×× 年12月01日 20:05 开　03车05E号
二等座
北京市 D5166次 镇江市
Beijing　Zhenjiang
¥650.00 元
限乘当日当次车
钟国钊
3211121969****1379
4241-4200-1811-06A0-8943-6　和谐号

图表 1—35

存根
镇江市出租汽车专用发票
代码 2321552008
号码 12160405
监督电话：
税务登记证号码：
流水号：8223240238652551
手写无效
车号 苏A-37676
证号 18562008
日期 20××年11月25日
上车 06:52:33
下车 07:22:18
单价 3元/公里
里程 26.33
等候 00:05:46
金额 80.00
含电调费
卡号　路桥费

图表 1—36

存根
北京市出租汽车专用发票
代码 21101011540190
号码 35026618
监督电话：
税务登记证号码：
流水号：7174247238652308
手写无效
车号 京A-01317
证号 12520068
日期 20××年12月01日
上车 16:38:19
下车 17:07:35
单价 3元/公里
里程 19.67
等候 00:08:31
金额 60.00
含电调费
卡号　路桥费

图表1—37

1101161320 **北京增值税普通发票** №79570299 1101161140 79570299

发票联

检验码 36203 26550 81212 34019 开票日期：20××年12月01日

购买方	名　　称：江苏中瑞机电有限公司 纳税人识别号：913211125255851838 地址、电话：江苏省镇江市丹徒区王乡街林达路05号 0511-88396542 开户行及账号：中国银行镇江市丹徒区支行 41235716891614	密码区	17*3187<4/+7833<+95-59+7<937 8188<0-->>-6>525<720752->7*7 87*3187<4/+8490<+22187381666 2+<712/<1+9016>3935++>84>219

货物或应税劳务、服务名称	规格型号	单位	数量	单价	金额	税率	税额
住宿费		天	6	280.00	1631.10	3%	48.90
合计					¥1631.10		¥48.90
价税合计（大写）	⊗陆佰叁拾陆元整				（小写）¥1680.00		

销货方	名　　称：好家酒店有限公司 纳税人识别号：911101013708552503 地址、电话：北京市东城区孔凡街曹志路64号 010-79830636 开户行及账号：中国建设银行北京市东城区支行 41622124488592	备注	好家酒店有限公司 911101013708552503 发票专用章

收款人：　　复核：　　开票人：张开凤　　销售方：

税总函【××××】×××号 ××××××××公司

第二联：发票联 购买方记账凭证

图表1—38

借　款　单

20××年11月24日　　№02856

借款人：钟国钊	所属部门：销售门市
借款用途：出差借款	
借款金额：人民币（大写）肆仟元整	¥4 000.00
部门负责人审批：同意王强 20××-11-24	借款人（签章）：钟国钊 20××-11-24
财务部门审核：同意朱胜利 20××-11-24	
单位负责人批示：同意	签字：李峰 20××-11-24
核销记录：补付 ¥120.00	

第二联 结算联（结算后记账）

实训10：根据业务（11），收到前欠销售款（图表1—39、图表1—40）。

图表1—39

中国银行（收账通知）　3

20××年12月04日

出票人	全称	江苏恒益家电有限公司	收款人	全称	江苏中瑞机电有限公司
	账号	41622124224957		账号	41235716891614
	开户银行	中国建设银行南通市通州区支行		开户银行	中国银行镇江市丹徒区支行
金额	人民币（大写）	玖拾贰万陆仟陆佰肆拾元整			

亿	千	百	十	万	千	百	十	元	角	分
		¥	9	2	6	6	4	0	0	0

票据种类	银行汇票	票据张数	2
票据号码	1050322605757140		

中国银行 镇江市丹徒区支行 20××-12-04 办讫（01）

复核　　记账　　开户银行签章

此联是收款人开户银行交给收款人的收账通知

图表 1—40

购 销 合 同

购方：江苏恒益家电有限公司　合同编号：20××010

销方：江苏中瑞机电有限公司　签订地点：镇江市

供需双方本着互利互惠、长期合作的原则，根据《中华人民共和国合同法》及双方的实际情况，就需方向供方采购事宜，订立本合同，以使双方在合同履行中共同遵守。

一、产品名称、数量、单价、金额：

产品名称	规格型号	计量单位	数量	单价	金额	备注
甲		件	1 000	936.00	936 000.00	含税
合计					¥936 000.00	
合计人民币（大写）：玖拾叁万陆仟元整						

二、质量要求、技术标准、供方对质量负责的条件和期限：按合同企业标准。

三、（1）交（提）货地点、方式：江苏省南通市通州区刘维街毕顺路 76 号。

（2）交货日期：20××–11–25。

四、付款时间与付款方式：现金折扣基数：含税价，现金折扣条件：5 天内付款折扣 2%、10 天内付款折扣 1%、20 天内付款折扣 0%，付款方式：转账。

五、运输方式及到站、港和费用负担：销售方承担。

六、合理损耗及计算方法：以实际数量验收。

七、包装标准、包装物的供应与回收：普通包装，不回收包装物。

八、验收标准、方法及提出异议期限：货到需方七天内提出质量异议，不包括运输过程中造成的质量问题。

九、违约责任：按《合同法》。

十、解决合同纠纷的方式：双方协商解决。

十一、其他约定事项：本合同一式两份，供需双方各一份，经双方盖章后即生效。

购方（盖章）：江苏恒益家电有限公司
单位地址：江苏省南通市通州区刘维街毕顺路 76 号
电　　话：0513–67500932
签订日期：20××–11–22
开户银行：中国建设银行南通市通州区支行
账　　号：41622124224957

（印章：江苏恒益家电有限公司）

销方（盖章）：江苏中瑞机电有限公司
单位地址：江苏省镇江市丹徒区工乡街林达路 05 号
电　　话：0511–38396542
签订日期：20××–11–22
开户银行：中国银行镇江市丹徒区支行
账　　号：41235716891614

（印章：江苏中瑞机电有限公司）

实训 11：根据业务（18），缴纳上月应交税费（图表 1—41 至图表 1—44）。

图表 1—41

中国银行客户专用回单

转账日期：20×× 年 12 月 06 日

凭证字号：20××120635023066

纳税人全称及纳税人识别号：江苏中瑞机电有限公司 913211125255851838

付款人全称：江苏中瑞机电有限公司

付款人账号：41235716891614　　征收机关名称：镇江市丹徒区国家税务局

付款人开户银行：中国银行镇江市丹徒区支行　　收缴国库（银行）名称：国家金库镇江市丹徒区支库

小写（合计）金额 ¥41 320.00　　缴款书交易流水号：20××12066134231

大写（合计）金额　人民币　肆万壹仟叁佰贰拾元整　　税票号码：0420××616808693442

税（费）种名称	所属时期	实缴金额
企业所得税	20××1101–20××1130	¥41 320.00

中国银行 电子回单 专用章

图表 1—42

中国银行客户专用回单

转账日期：20×× 年 12 月 06 日

凭证字号：20××120635023001

纳税人全称及纳税人识别号：江苏中瑞机电有限公司 913211125255851838

付款人全称：江苏中瑞机电有限公司

付款人账号：41235716891614　　征收机关名称：镇江市丹徒区国家税务局

付款人开户银行：中国银行镇江市丹徒区支行　　收缴国库（银行）名称：国家金库镇江市丹徒区支库

小写（合计）金额 ¥25 300.00　　缴款书交易流水号：20××12062853928

大写（合计）金额　人民币　贰万伍仟叁佰元整　　税票号码：0420××540730783018

税（费）种名称	所属时期	实缴金额
增值税	20××1101–20××1130	¥25 300.00

中国银行 电子回单 专用章

图表 1—43

中国银行客户专用回单

转账日期：20×× 年 12 月 06 日

凭证字号：20××120635023052

纳税人全称及纳税人识别号：江苏中瑞机电有限公司 913211125255851838

付款人全称：江苏中瑞机电有限公司

付款人账号：41235716891614　　征收机关名称：镇江市丹徒区地方税务局

付款人开户银行：中国银行镇江市丹徒区支行　　收缴国库（银行）名称：国家金库镇江市丹徒区支库

小写（合计）金额 ¥415.23　　缴款书交易流水号：20××12067056775

大写（合计）金额　人民币　肆佰壹拾伍元贰角叁分　　税票号码：042016266972761712

税（费）种名称	所属时期	实缴金额
个人所得税	20××1101–20××1130	¥415.23

中国银行 电子回单 专用章

图表 1—44

中国银行客户专用回单

转账日期：20×× 年 12 月 06 日

凭证字号：20××120635023031

纳税人全称及纳税人识别号：江苏中瑞机电有限公司 913211125255851838

付款人全称：江苏中瑞机电有限公司

付款人账号：41235716891614　　征收机关名称：镇江市丹徒区地方税务局

付款人开户银行：中国银行镇江市丹徒区支行　　收缴国库（银行）名称：国家金库镇江市丹徒区支库

小写（合计）金额 ¥3 036.00　　缴款书交易流水号：20××12064814872

大写（合计）金额 人民币 叁仟零叁拾陆元整　　税票号码：042016078301091745

税（费）种名称	所属时期	实缴金额
城市维护建设税	20××1101–20××1130	¥1 771.00
教育费附加	20××1101–20××1130	¥759.00
地方教育费附加	20××1101–20××1130	¥506.00

实训 12：根据业务（20），向银行借入短期借款（图表 1—45）。

图表 1—45

借款借据

单位编号：06182960　　借款日期 20×× 年 12 月 07 日　　合同编号：00093

收款单位	名称	江苏中瑞机电有限公司	借款单位	名称	江苏中瑞机电有限公司
	结算户账号	41924996568410		贷款户账号	41924996946215
	开户银行	交通银行镇江市丹徒区支行		开户银行	交通银行镇江市丹徒区支行

借款金额	亿	千	百	十	万	千	百	十	元	角	分
人民币伍拾万元整			¥	5	0	0	0	0	0	0	0

借款原因及用途：流动资金不足借款　　批准借款利率：年息 6.00%

借款期限

期次	计划还款日期	√	计划还款金额
1	20××-09-07		500 000.00 元
2			
3			

备注：

你单位上列借款，已转入你单位结算户内。借款到期时由我行按期自你单位结算户转还。

此致

借款单位　　（银行签章）

此联由银行退借款单位作入账通知

实训 13：根据业务（26），预付财产保险费（图表 1—46 至图表 1—48）。

图表 1—46

中国银行客户专用回单

币别：人民币　　20×× 年 12 月 09 日　　流水号：321120027J0500810068

付款人	全称	江苏中瑞机电有限公司	收款人	全称	江苏平安保险股份有限公司
	账号	41235716891614		账号	41671222228316
	开户行	中国银行镇江市丹徒区支行		开户行	中国建设银行江苏省镇江市丹徒区支行
金额	（大写）人民币 伍万叁仟元整			（小写）¥53 000.00	
凭证种类	网银		凭证号码		
结算方式	转账		用途	预付财产保险费	

汇划日期：20××-12-09　汇划款项编号：00401809

报文顺序号：56763214　汇出行行号：104002034155

汇出行行名：中国银行镇江市丹徒区支行

业务类型：0038　原凭证金额：53 000.00

原凭证种类：0702　原凭证号码：

附言：

打印柜员：321125584257

打印机构：中国银行镇江市丹徒区支行

打印卡号：41235716891614

打印时间：20××-12-09　交易柜员：321125584268　交易机构：321110466

第一联 借方（回单）

图表 1—47

3211161140　　**江苏增值税专用发票**　　№ 24920277　　3211161140 24920277

抵　扣　联

（全国统一发票监制章 国家税务总局监制）

开票日期：20×× 年 12 月 09 日

税总函【××××】×××号 ××××××× 公司

购买方	名　　　称：江苏中瑞机电有限公司 纳税人识别号：913211125255851838 地 址、电 话：江苏省镇江市丹徒区王乡街林达路 05 号 0511—88396542 开户行及账号：中国银行镇江市丹徒区支行 41235716891614				密码区	42*3187<4/+2573<+95—59+7<734 5695<0——>>—6>525<045637—>7*7 87*3187<4/+8490<+30337683814 3+<712/<1+9016>3206++>84>758	
货物或应税劳务、服务名称	规格型号	单位	数量	单价	金额	税率	税额
财产保险费		年	1	50 000.00	50 000.00	6%	3 000.00
合计					¥ 50 000.00		¥ 3 000.00
价税合计（大写）	⊗ 伍万叁仟元整				（小写）¥ 53 000.00		
销售方	名　　　称：江苏平安保险股份有限公司 纳税人识别号：913211121449279991 地 址、电 话：江苏省镇江市丹徒区李博街王军路 37 号 0511—89234561 开户行及账号：中国建设银行江苏省镇江市丹徒区支行 41671222228316				备注	20××—01—01 至 20××—12—31 （江苏平安保险股份有限公司 913211121449279991 发票专用章）	

收款人：　　复核：　　开票人：任玉敏　　销售方：（章）

第二联：抵扣联 购买方扣税凭证

图表 1—48

3211161140　　**江苏增值税专用发票**　　№ 24920277　　3211161140 24920277

发　票　联

（全国统一发票监制章 国家税务总局监制）

开票日期：20×× 年 12 月 09 日

税总函【××××】×××号 ××××××× 公司

购买方	名　　　称：江苏中瑞机电有限公司 纳税人识别号：913211125255851838 地 址、电 话：江苏省镇江市丹徒区王乡街林达路 05 号 0511—88396542 开户行及账号：中国银行镇江市丹徒区支行 41235716891614				密码区	42*3187<4/+2573<+95—59+7<734 5695<0——>>—6>525<045637—>7*7 87*3187<4/+8490<+30337683814 3+<712/<1+9016>3206++>84>758	
货物或应税劳务、服务名称	规格型号	单位	数量	单价	金额	税率	税额
财产保险费		年	1	50 000.00	50 000.00	6%	3 000.00
合计					¥ 50 000.00		¥ 3 000.00
价税合计（大写）	⊗ 伍万叁仟元整				（小写）¥ 53 000.00		
销售方	名　　　称：江苏平安保险股份有限公司 纳税人识别号：913211121449279991 地 址、电 话：江苏省镇江市丹徒区李博街王军路 37 号 0511—89234561 开户行及账号：中国建设银行江苏省镇江市丹徒区支行 41671222228316				备注	20××—01—01 至 20××—12—31 （江苏平安保险股份有限公司 913211121449279991 发票专用章）	

收款人：　　复核：　　开票人：任玉敏　　销售方：（章）

第三联：发票联 购买方记账凭证

实训 14：根据业务（35），确认坏账（图表 1—49、图表 1—50）。

图表 1—49

经理办公会议纪要

根据 ×× 市中级人民法院关于天津新佳家电有限公司破产终结公告，应收天津新佳家电有限公司款项 70 200.00 元（人民币：柒万零贰佰元整），已无法收回。

参加人员：李峰　朱胜利　王群忠

江苏中瑞机电有限公司

20×× 年 12 月 13 日

图表 1—50

×× 市中级人民法院破产终结公告

本院根据债务人天津新佳家电有限公司的申请，已于 20×× 年 05 月 27 日依法宣告上述单位破产还债。经破产清算组清算，天津新佳家电有限公司的破产财产在优先拨付破产费用和职工安置费用后，已无资金清偿二、三顺序破产债权，其他债权人的清偿率为零。现破产财产已分配完毕，本院根据清算组的申请，已于 20×× 年 12 月 08 日依法裁定终结本案的破产还债程序，未得到清偿的债权不再清偿。

特此公告。

××市中级人民法院

×× 市中级人民法院

20×× 年 12 月 08 日

实训 15：根据业务（36），银行承兑汇票到期收回款项（图表 1—51 至图表 1—53）。

图表 1—51

中国银行客户专用回单

币别：人民币　　20×× 年 12 月 13 日　　流水号 321120027J0500810019

付款人	全称	浙江余陵家电有限公司	收款人	全称	江苏中瑞机电有限公司
	账号	41622124121146		账号	41235716891614
	开户行	中国建设银行台州市黄岩区支行		开户行	中国银行镇江市丹徒区支行
金额		（大写）人民币　伍拾捌万伍仟元整			（小写）¥ 585 000.00
凭证种类		银行承兑汇票		凭证号码	1087655655622276
结算方式		转账		用途	转账存入
			打印柜员：321125584257 打印机构：中国银行镇江市丹徒区支行 打印卡号：41235716891614		

第二联　贷方（回单）

中国建设银行台州市黄岩区支行　回单专用章（01）

打印时间：20××-12-13　交易柜员：321125584268　　交易机构：321110495

图表 1—52

银行承兑汇票　2　10403251　73297982

出票日期（大写）　贰零××　年　捌　月　壹拾叁　日

出票人全称	浙江余陵家电有限公司	收款人	全　称	江苏中瑞机电有限公司
出票人账号	41622124121146		账　号	41235716891614
付款行名称	中国建设银行台州市黄岩区支行		开户银行	中国银行镇江市丹徒区支行
出票金额	人民币（大写）伍拾捌万伍仟元整		亿千百十万千百十元角分	￥58500000
汇票到期日（大写）	贰零××年壹拾贰月壹拾叁日	付款行	行号	105005411657
承兑协议编号	423675		地址	浙江省台州市黄岩区彭怀街孟立路29号
本汇票请你行承兑，到期无条件付款。 浙江余陵家电有限公司 财务专用章　崔福 出票人签章		本汇票已经承兑，到期日由本行付款。 中国建设银行台州市黄岩区支行 105005411657 汇票专用章　赵惠 承兑行签章 承兑日期 20××年08月13日 备注：		密押 复核　记账

此联收款人开户行随托收凭证寄付款行作借方凭证附件

图表 1—53

被背书人　中国银行镇江市丹徒区支行	被背书人	被背书人
委托收款 江苏中瑞机电有限公司 财务专用章　闫瑞 背书人签章 20××年 12 月 13 日	背书人签章 年　月　日	背书人签章 年　月　日

（贴粘单处）

（注：此为票据复印件）

实训 16：根据业务（41），支付股利（图表 1—54 至图表 1—58）。

图表 1—54

中国银行客户专用回单

币别：人民币　　20××年 12 月 15 日　　流水号 321120027J0500810042

付款人	全称	江苏中瑞机电有限公司	收款人	全称	江苏正元电子有限公司
	账号	41235716891614		账号	41387563018978
	开户行	中国银行镇江市丹徒区支行		开户行	中国银行镇江市丹徒区支行
金额	（大写）人民币　肆拾万元整			（小写）¥400 000.00	
凭证种类	网银		凭证号码		
结算方式	转账		用途	支付股利	
			打印柜员：321125584257 打印机构：中国银行镇江市丹徒区支行 打印卡号：41235716891614 中国银行 电子回单 专用章		

第一联　借方（回单）

打印时间：20××-12-15　　交易柜员：321125584268　　交易机构：321110400203415519

图表 1—55

中国银行客户专用回单

币别：人民币　　　　20×× 年 12 月 15 日　　　　流水号 321120027J0500810043

付款人	全称	江苏中瑞机电有限公司	收款人	全称	江苏诚和机电有限公司
	账号	41235716891614		账号	41070245465912
	开户行	中国银行镇江市丹徒区支行		开户行	中国银行镇江市丹徒区支行
金额		（大写）人民币　肆拾万元整			（小写）¥400 000.00
凭证种类		网银	凭证号码		
结算方式		转账	用途		支付股利
			打印柜员：321125584257 打印机构：中国银行镇江市丹徒区支行 打印卡号：41235716891614 中国银行 电子回单 专用章		

第一联 借方（回单）

打印时间：20××-12-15　交易柜员：321125584268　　交易机构：321110400203415519

图表 1—56

中国银行客户专用回单

币别：人民币　　　　20×× 年 12 月 15 日　　　　流水号 321120027J0500810044

付款人	全称	江苏中瑞机电有限公司	收款人	全称	张智诚
	账号	41235716891614		账号	41376652603527
	开户行	中国银行镇江市丹徒区支行		开户行	中国银行镇江市丹徒区支行
金额		（大写）人民币　捌万元整			（小写）¥80 000.00
凭证种类		网银	凭证号码		
结算方式		转账	用途		支付股利
			打印柜员：321125584257 打印机构：中国银行镇江市丹徒区支行 打印卡号：41235716891614 中国银行 电子回单 专用章		

第一联 借方（回单）

打印时间：20××-12-15　交易柜员：321125584268　　交易机构：321110400203415519

图表 1—57

中国银行客户专用回单

币别：人民币　　　　20×× 年 12 月 15 日　　　　流水号 321120027J0500810045

付款人	全称	江苏中瑞机电有限公司	收款人	全称	陈益军
	账号	41235716891614		账号	41847786222628
	开户行	中国银行镇江市丹徒区支行		开户行	中国银行镇江市丹徒区支行
金额		（大写）人民币　捌万元整			（小写）¥80 000.00
凭证种类		网银	凭证号码		
结算方式		转账	用途		支付股利
			打印柜员：321125584257 打印机构：中国银行镇江市丹徒区支行 打印卡号：41235716891614 中国银行 电子回单 专用章		

第一联 借方（回单）

打印时间：20××-12-15　交易柜员：321125584268　　交易机构：321110400203415519

图表 1—58

代扣个税计算表

20××-12-15　　单位：元

股东名称	计税金额	税率	代扣个税金额
张智诚	100 000.00	20%	20 000.00
陈益军	100 000.00	20%	20 000.00
合计			40 000.00

制表：刘宁　　审核：朱胜利

实训 17：根据业务（49），偿还借款（图表 1—59 至图表 1—61）。

图表 1—59

交通银行股份有限公司贷款还款凭证

打印日期　20××年 12 月 19 日

客户号：06182960 借款单位：江苏中瑞机电有限公司		机构代码：104	
贷款账号	归还金额	Osp 现有余额	备注
41924996946215	300 000.00 元		合同号：00091
金额合计	（大写）人民币　叁拾万元整 （小写）CNY****300 000.00		
付款账号：41924996568410			
合同编号：00091			
交易业务号：104LAA110091000			

交通银行 镇江市丹徒区支行 20××-12-19 转讫 （01）

开票：王晨　　记账　　复核

图表 1—60

交通银行股份有限公司贷款还息凭证

打印日期　20××年 12 月 19 日

客户号：06182960 借款单位：江苏中瑞机电有限公司		机构代码：104	
产生利息账号	还息金额	Osp 现有余额	备注
41924996946215	1 540.00 元		合同号：00091
金额合计	（大写）人民币　壹仟伍佰肆拾元整 （小写）CNY****1 540.00		
付款账号：41924996568410			
合同编号：00091			
交易业务号：104LAA110089008			

交通银行 镇江市丹徒区支行 20××-12-19 转讫 （01）

开票：杨秋青　　记账　　复核　　（盖章）

图表 1—61

321168120 **江苏增值税普通发票** № 49897039 321168120 49897039

发 票 联

校验码 54944 85788 74078 38296　　　　开票日期：20×× 年 12 月 19 日

购买方	名　　称：江苏中瑞机电有限公司 纳税人识别号：913211125255851838 地 址、电 话：江苏省镇江市丹徒区王乡街林达路 05 号 0511–88396542 开户行及账号：中国银行镇江市丹徒区支行 41235716891614				密码区	02*3187<4/+9199<+95–59+7<950 8761<0-->>–6>525<688184–>7*7 87*3187<4/+8490<+57010064842 3+<712/<1+9016>1979++>84>288		
货物或应税劳务、服务名称	规格型号	单位	数量	单价	金额	税率	税额	
贷款服务			1	1 452.83	1 452.83	6%	87.17	
合计					¥1 452.83		¥87.17	
价税合计（大写）	⊗ 壹仟伍佰肆拾元整				（小写）¥1 540.00			
销售方	名　　称：交通银行股份有限公司镇江市分行 纳税人识别号：913211126005494699 地 址、电 话：江苏省镇江市丹徒区宋春街文志路 34 号 0511–625687764 开户行及账号：交通银行股份有限公司镇江市营业部 32111272883680472606				备注	交通银行股份有限公司镇江市分行 913211126005494699 发票专用章		

收款人：　　复核：　　开票人：张梅平　　销售方：（章）

税总函【××××】×××号 ××××××××公司

第二联：发票联 购买方记账凭证

实训 18：根据业务（59），预付车辆交强险和综合险（图表 1—62 至图表 1—66）。

图表 1—62

中国银行客户专用回单

币别：人民币　　20×× 年 12 月 24 日　　流水号 321120027J0500810060

付款人	全称	江苏中瑞机电有限公司	收款人	全称	江苏平安保险股份有限公司
	账号	41235716891614		账号	41671222228316
	开户行	中国银行镇江市丹徒区支行		开户行	中国建设银行江苏省镇江市丹徒区支行
金额		（大写）人民币 贰万叁仟柒佰贰拾贰元捌角整		（小写）¥23 722.80	
凭证种类		网银	凭证号码		
结算方式		转账	用途		预付交强险、机动车辆综合险
汇划日期：20××-12-24 汇划款项编号：00400563 报文顺序号：56763211 汇出行行号：104002034155 汇出行名：中国银行镇江市丹徒区支行 业务类型：0039 原凭证金额：23722.80 原凭证种类：0701 原凭证号码： 附言：			打印柜员：321125584257 打印机构：中国银行镇江市丹徒区支行 打印卡号：41235716891614 中国银行 电子回单专用章		

第一联 借方（回单）

打印时间：20××-12-24　交易柜员：321125584268　交易机构：321110443

图表 1—63

3211161140

江苏增值税专用发票

抵 扣 联

№ 5151527

3211161140
5151527

开票日期：20×× 年 12 月 24 日

税总函【××××】×××号 ××××××××公司

购买方	名　　称：江苏中瑞机电有限公司 纳税人识别号：913211125255851838 地 址、电 话：江苏省镇江市丹徒区王乡街林达路 05 号 0511-88396542 开户行及账号：中国银行镇江市丹徒区支行 41235716891614				密码区	51*3187<4/+8647<+95-59+7<866 6019<0-->>-6>525<018251->7*7 87*3187<4/+8490<+49949387762 4+<712/<1+9016>4556++>84>556		
货物或应税劳务、服务名称		规格型号	单位	数量	单价	金额	税率	税额
交强险			年	1	2 880.00	2 880.00	6%	172.80
合计						¥ 2 880.00		¥ 172.80
价税合计（大写）		⊗ 叁仟零伍拾贰元捌角整				（小写）¥ 3 052.80		
销售方	名　　称：江苏平安保险股份有限公司 纳税人识别号：913211121449279991 地 址、电 话：江苏省镇江市丹徒区李博街王军路 37 号 0511-89234561 开户行及账号：中国建设银行江苏省镇江市丹徒区支行 41671222228316				备注	保单号：1754757350351201660350 车牌号：车船税：0 受益期限：20×× 年 01 月 01 日至 20×× 年 12 月 31 日		

收款人：　　复核：　　开票人：王睿　　销售方：（章）

江苏平安保险股份有限公司 913211121449279991 发票专用章

第二联：抵扣联 购买方扣税凭证

图表 1—64

3211161140

江苏增值税专用发票

发 票 联

№ 5151527

3211161140
5151527

开票日期：20×× 年 12 月 24 日

税总函【××××】×××号 ××××××××公司

购买方	名　　称：江苏中瑞机电有限公司 纳税人识别号：913211125255851838 地 址、电 话：江苏省镇江市丹徒区王乡街林达路 05 号 0511-88396542 开户行及账号：中国银行镇江市丹徒区支行 41235716891614				密码区	51*3187<4/+8647<+95-59+7<866 6019<0-->>-6>525<018251->7*7 87*3187<4/+8490<+49949387762 4+<712/<1+9016>4556++>84>556		
货物或应税劳务、服务名称		规格型号	单位	数量	单价	金额	税率	税额
交强险			年	1	2 880.00	2 880.00	6%	172.80
合计						¥ 2 880.00		¥ 172.80
价税合计（大写）		⊗ 叁仟零伍拾贰元捌角整				（小写）¥ 3 052.80		
销售方	名　　称：江苏平安保险股份有限公司 纳税人识别号：913211121449279991 地 址、电 话：江苏省镇江市丹徒区李博街王军路 37 号 0511-89234561 开户行及账号：中国建设银行江苏省镇江市丹徒区支行 41671222228316				备注	保单号：1754757350351201660350 车牌号： 车船税：0 受益期限：20×× 年 01 月 01 日至 20×× 年 12 月 31 日		

收款人：　　复核：　　开票人：王睿　　销售方：（章）

江苏平安保险股份有限公司 913211121449279991 发票专用章

第三联：发票联 购买方记账凭证

图表 1—65

3211161140　　**江苏增值税专用发票**　　№ 5151528　　3211161140 5151528

抵扣联

开票日期：20×× 年 12 月 24 日

购买方	名称：江苏中瑞机电有限公司 纳税人识别号：913211125255851838 地址、电话：江苏省镇江市丹徒区王乡街林达路 05 号 0511–88396542 开户行及账号：中国银行镇江市丹徒区支行 41235716891614				密码区	63*3187<4/+3835<+95–59+7<421 7463<0-–>>–6>525<241390–>7*7 87*3187<4/+8490<+97639021499 5+<712/<1+9016>6725++>84>024	
货物或应税劳务、服务名称	规格型号	单位	数量	单价	金额	税率	税额
机动车辆综合险		年	1	19 500.00	19 500.00	6%	1 170.00
合计					¥ 19 500.00		¥ 1 170.00
价税合计（大写）	⊗ 贰万零陆佰柒拾元整					（小写）¥ 20 670.00	
销售方	名称：江苏平安保险股份有限公司 纳税人识别号：913211121449279991 地址、电话：江苏省镇江市丹徒区李博街王军路 37 号 0511–89234561 开户行及账号：中国建设银行江苏省镇江市丹徒区支行 41671222228316				备注	江苏平安保险股份有限公司 913211121449279991 发票专用章	

收款人：　　复核：　　开票人：孟立新　　销售方：（章）

税总函【××××】×××号 ××××××××公司

第二联：抵扣联 购买方扣税凭证

图表 1—66

3211161140　　**江苏增值税专用发票**　　№ 5151528　　3211161140 5151528

发票联

开票日期：20×× 年 12 月 24 日

购买方	名称：江苏中瑞机电有限公司 纳税人识别号：913211125255851838 地址、电话：江苏省镇江市丹徒区王乡街林达路 05 号 0511–88396542 开户行及账号：中国银行镇江市丹徒区支行 41235716891614				密码区	63*3187<4/+3835<+95–59+7<421 7463<0-–>>–6>525<241390–>7*7 87*3187<4/+8490<+97639021499 5+<712/<1+9016>6725++>84>024	
货物或应税劳务、服务名称	规格型号	单位	数量	单价	金额	税率	税额
机动车辆综合险		年	1	19 500.00	19 500.00	6%	1 170.00
合计					¥ 19 500.00		¥ 1 170.00
价税合计（大写）	⊗ 贰万零陆佰柒拾元整					（小写）¥ 20 670.00	
销售方	名称：江苏平安保险股份有限公司 纳税人识别号：913211121449279991 地址、电话：江苏省镇江市丹徒区李博街王军路 37 号 0511–89234561 开户行及账号：中国建设银行江苏省镇江市丹徒区支行 41671222228316				备注	江苏平安保险股份有限公司 913211121449279991 发票专用章	

收款人：　　复核：　　开票人：孟立新　　销售方：（章）

税总函【××××】×××号 ××××××××公司

第三联：发票联 购买方记账凭证

实训 19：根据业务（60），收到欠款（图表 1—67）。

图表 1—67

中国银行客户专用回单

币别：人民币　　　　20××年 12 月 25 日　　　　流水号 321120027J0500810038

付款人	全称	湖北益兴机电有限公司	收款人	全称	江苏中瑞机电有限公司
	账号	41622124565367		账号	41235716891614
	开户行	中国建设银行宜昌市西陵区支行		开户行	中国银行镇江市丹徒区支行
金额		（大写）人民币　叁拾陆万贰仟元整		（小写）¥362 000.00	
凭证种类		网银	凭证号码		
结算方式		转账	用途	支付货款	
汇划日期：20××-12-25　汇划款项编号：62423058 报文顺序号：74160376　汇出行行号：105005411244 汇出行行名：中国建设银行宜昌市西陵区支行 业务类型：0655　原凭证金额：362 000.00 原始凭证种类：4213　原凭证号码： 附言：			打印柜员：321125584257 打印机构：中国银行镇江市丹徒区支行 打印卡号：41235716891614 （中国银行 电子回单 专用章）		

第二联　贷方（回单）

打印时间：20××-12-25　交易柜员：321125584268　　交易机构：321195617

实训 20：根据业务（83），收到前欠货款（图表 1—68）。

图表 1—68

中国银行　　　　（收账通知）　　3

20××年 12 月 31 日

出票人	全称	安瑞金属制造有限公司	收款人	全称	江苏中瑞机电有限公司
	账号	41622124327412		账号	41235716891614
	开户银行	中国建设银行芜湖市三山区支行		开户银行	中国银行镇江市丹徒区支行

金额	人民币（大写）　叁拾万元整	亿	千	百	十	万	千	百	十	元	角	分
				¥	3	0	0	0	0	0	0	0

票据种类	转账支票	票据张数	1	中国银行 镇江市丹徒区支行 20××-12-31 办讫章 （01） 开户银行签章
票据号码	1050342629391192			

此联是收款人开户银行交给收款人的收账通知

复核：　　　　记账：

实训 21：根据业务（85），支付前欠材料款（图表 1—69、图表 1—70）。

图表 1—69

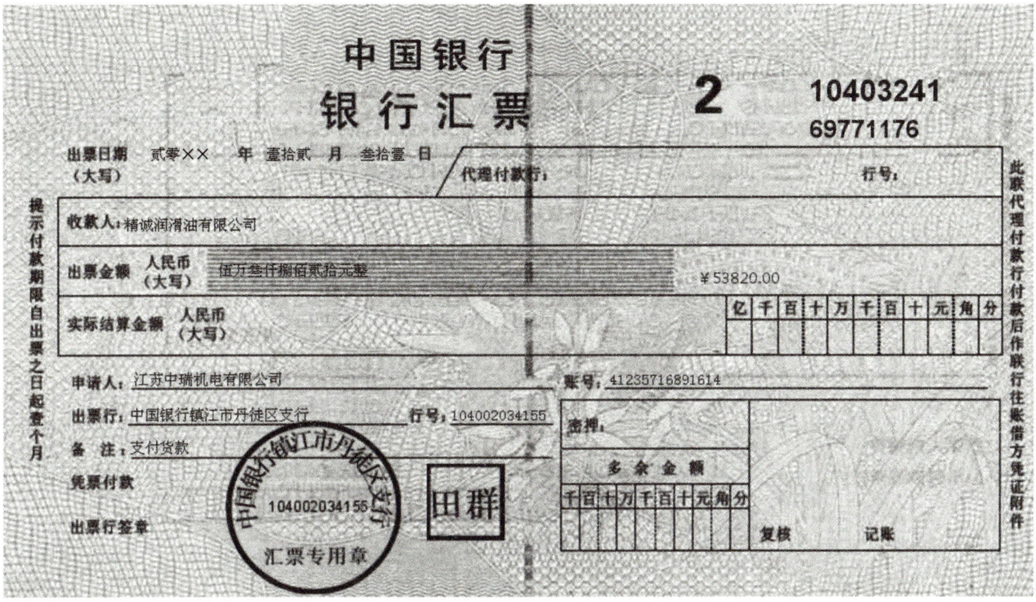
中国银行
银行汇票　2　10403241　69771176

出票日期（大写）　贰零××　年　壹拾贰　月　叁拾壹　日　代理付款行：　行号：

提示付款期限自出票之日起壹个月

收款人：精诚润滑油有限公司	
出票金额　人民币（大写）伍万叁仟捌佰贰拾元整	¥53820.00
实际结算金额　人民币（大写）	亿 千 百 十 万 千 百 十 元 角 分

申请人：江苏中瑞机电有限公司　账号：41235716891614

出票行：中国银行镇江市丹徒区支行　行号：104002034155

备　注：支付货款

凭票付款　密押：

出票行签章　多余金额　千 百 十 万 千 百 十 元 角 分　复核　记账

中国银行镇江市丹徒区支行 104002034155 汇票专用章　田群

此联代理付款行付款后作联行往账借方凭证附件

图表 1—70

被背书人	被背书人
背书人签章 年　月　日	背书人签章 年　月　日
持票人向银行 提示付款签章：	身份证件名称：　　发证机关： 号码

注：此为票据复印件。

单元三　存货核算岗位实训

一、岗位知识与技能要求

1. 熟悉取得存货时的各类单据及填制方法，能正确理解不同途径取得存货的成本构成。

2. 了解发出存货的不同计价方法及适用情形，掌握不同计价方法下发出存货成本计算。

3. 能正确运用实际成本法或计划成本法进行存货的核算。

4. 熟悉存货明细账的设置与使用，能正确填制和登记数量金额式、多栏式、三栏式等多种账页。

二、岗位职责

1. 会同有关部门拟定材料物资管理与核算实施办法。

2. 审查采购计划，控制采购成本，防止盲目采购。

3. 负责存货明细核算，通过账簿资料了解存货收、发、结存情况。

4. 配合有关部门制定材料消耗定额，编制材料计划成本目录。

5. 配合有关部门进行库存盘点清查，分析存货的储备情况，防止呆滞积压；对于超过正常储备和长期呆滞积压的存货，要分析原因，提出处理意见和建议，督促有关部门及时处理，并及时进行账务处理。

三、核算流程（图表 1—71）

图表 1—71

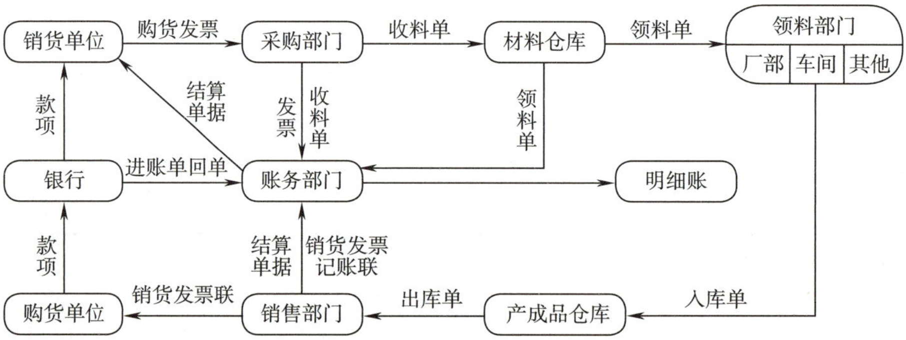

四、实训要求

1. 根据业务资料开设存货明细账，并登记期初余额。

2. 根据本岗位给出的原始凭证编制记账凭证，购入存货按实际成本法核算。发出存货平时只记数量不结转成本，月末按一次加权平均法进行成本结转。发出存货单位成本保留 2 位小数，如有尾差计入结存存货成本。周转材料发出时采用一次摊销法。

3. 根据业务资料登记存货明细账。

4. 期末对存货进行盘点，若原材料及周转材料发生盘盈时，按最近一次不含税买价作为入账价值；若库存商品发生盘盈时，按当月完工入库的该库存商品的单位成本作为入账价值。

5. 完成本岗位记账凭证科目汇总表的编制。

6. 期末将存货的明细账与总账进行核对，并完成期末结账。

五、实训项目

根据第一部分实训资料——20×× 年 12 月发生的经济业务（1）（3）（4）（6）（12）（13）（19）（29）（34）（39）（42）（43）（45）（47）（50）（54）（55）（61）（64）（65）（75），完成存货核算岗位实训。

实训 22：根据业务（1），购入材料（图表 1—72 至图表 1—75）。

图表 1—72

3206161140　　江苏增值税专用发票　　№ 03905012　　3206161140 03905012

抵扣联

开票日期：20×× 年 12 月 01 日

购买方	名　　称：江苏中瑞机电有限公司 纳税人识别号：913211125255851838 地 址、电 话：江苏省镇江市丹徒区王乡街林达路 05 号 0511–88396542 开户行及账号：中国银行镇江市丹徒区支行 41235716891614				密码区	60*3187<4/+1356<+95–59+7<018 7895<0-->>–6>525<922998–>7*7 87*3187<4/+8490<+58137353851 1+<712/<1+9016>4436++>84>015	
货物或应税劳务、服务名称	规格型号	单位	数量	单价	金额	税率	税额
A		千克	4 000	23.5	94 000.00	16%	15 040.00
合计					¥ 94 000.00		¥ 15 040.00
价税合计（大写）	⊗ 壹拾万玖仟零肆拾元整				（小写）¥ 109 040.00		
销售方	名　　称：南通鸿运有限公司 纳税人识别号：913206118312460825 地 址、电 话：江苏省南通市港闸区 18 街 93 路 53 号 0513–41412075 开户行及账号：中国建设银行南通市港闸区支行 41622124712496				备注	南通鸿运有限公司 913206118312460825 发票专用章	

收款人：　　复核：　　开票人：刘宗利　　销售方：（章）

税总函【××××】×××号 ×××××××× 公司

第二联：抵扣联 购买方扣税凭证

图表 1—73

3206161140　　**江苏增值税专用发票**　　No 03905012　　3206161140 03905012

发　票　联

开票日期：20×× 年 12 月 01 日

购买方	名　称：江苏中瑞机电有限公司 纳税人识别号：913211125255851838 地　址、电　话：江苏省镇江市丹徒区王乡街林达路 05 号 0511-88396542 开户行及账号：中国银行镇江市丹徒区支行 41235716891614				密码区	60*3187<4/+1356<+95-59+7<018 7895<0-->>-6>525<922998->7*7 87*3187<4/+8490<+58137353851 1+<712/<1+9016>4436++>84>015		
货物或应税劳务、服务名称	规格型号	单位	数量	单价	金额	税率	税额	
A		千克	4 000	23.5	94 000.00	16%	15 040.00	
合计					¥94 000.00		¥15 040.00	
价税合计（大写）	⊗ 壹拾万玖仟零肆拾元整				（小写）¥109 040.00			
销售方	名　称：南通鸿运有限公司 纳税人识别号：913206118312460825 地　址、电　话：江苏省南通市港闸区 18 街 93 路 53 号 0513-41412075 开户行及账号：中国建设银行南通市港闸区支行 41622124712496				备注	南通鸿运有限公司 913206118312460825 发票专用章		

收款人：　　复核：　　开票人：刘宗利　　销售方：（章）

税总函【××××】×××号 ××××××××公司

第三联：发票联 购买方记账凭证

图表 1—74

收　料　单

供应单位：南通鸿运有限公司　　20×× 年 12 月 01 日　　编号 SL089

材料编号	名称	单位	规格	数量		实际成本			
				应收	实收	单价	发票价格	运杂费	总价
	A	千克		4 000	4 000				
备注：									

收料人：　　交料人：伊翔

第二联 记账联

图表 1—75

中国银行客户专用回单

币别：人民币　　20×× 年 12 月 01 日　　流水号 321120027J0500810081

付款人	全称	江苏中瑞机电有限公司	收款人	全称	南通鸿运有限公司
	账号	41235716891614		账号	41622124712496
	开户行	中国银行镇江市丹徒区支行		开户行	中国建设银行南通市港闸区支行
金额		（大写）人民币　壹拾万玖仟零肆拾元整		（小写）¥109 040.00	
凭证种类		网银	凭证号码		
结算方式		转账	用途		支付货款
汇划日期：20××-12-01 汇划款项编号：63112815 报文顺序号：39183057　汇出行行号：104002034155 汇出行行名：中国银行镇江市丹徒区支行 业务类型：0060　原凭证金额：109 040.00 原凭证种类：0703　原凭证号码： 附言：			打印柜员：321125584257 打印机构：中国银行镇江市丹徒区支行 打印卡号：104743505295 中国银行 电子回单 专用章		

打印时间：20××-12-01　交易柜员：321125584268　　交易机构：321110400203415527

第一联 借方（回单）

实训23：根据业务（3），上月购入材料，本月入库（图表1—76至图表1—79）。

图表1—76

材料暂估入库清单

20××-11-30

单位：元

材料名称	合同号	供货单位	数量	合同单价（不含税）	合同金额	入库日期
A	20××120045	武汉三江金属制造有限公司	1 500	25	37 500.00	20××-11-30
合计					37 500.00	

审核：朱胜利　　　　制单：刘宁

注：冲销上月末暂估入账材料。

图表1—77

4201161140　　**湖北增值税专用发票**　　№ 26863285　　4201161140 26863285

抵　扣　联

开票日期：20××年12月01日

购买方	名称：江苏中瑞机电有限公司 纳税人识别号：913211125255851838 地址、电话：江苏省镇江市丹徒区王乡街林达路05号 0511-88396542 开户行及账号：中国银行镇江市丹徒区支行 41235716891614					密码区	20*3187<4/+7112<+95-59+7<227 2728<0-->>-6>525<909547->7*7 87*3187<4/+8490<+45792272657 4+<712/<1+9016>4179++>84>174	
货物或应税劳务、服务名称	规格型号	单位	数量	单价	金额		税率	税额
A		千克	1 500	25	37 500.00		16%	6 000.00
合计					¥37 500.00			¥6 000.00
价税合计（大写）	⊗肆万叁仟伍佰元整						（小写）¥43 500.00	
销售方	名称：武汉三江金属制造有限公司 纳税人识别号：914201036044533907 地址、电话：湖北省武汉市江汉区朱秀街赵小路15号 027-63126775 开户行及账号：中国建设银行武汉市江汉区支行 41622124926594					备注	武汉三江金属制造有限公司 914201036044533907 发票专用章	

收款人：　　复核：　　开票人：胡俊刚　　销售方：（章）

税总函【××××】×××号 ××××××××公司

第二联：抵扣联 购买方扣税凭证

图表 1—78

4201161140　　**湖北增值税专用发票**　　№ 26863285　　4201161140 26863285

发 票 联

（印章：全国统一发票监制章 国家税务总局监制）

开票日期：20×× 年 12 月 01 日

购买方	名　称：江苏中瑞机电有限公司 纳税人识别号：913211125255851838 地 址、电 话：江苏省镇江市丹徒区王乡街林达路 05 号 0511–88396542 开户行及账号：中国银行镇江市丹徒区支行 41235716891614				密码区	20*3187<4/+7112<+95–59+7<227 2728<0-–>>–6>525<909547–>7*7 87*3187<4/+8490<+45792272657 4+<712/<1+9016>4179++>84>174	
货物或应税劳务、服务名称	规格型号	单位	数量	单价	金额	税率	税额
A		千克	1 500	25	37 500.00	16%	6 000.00
合计					¥ 37 500.00		¥ 6 000.00
价税合计（大写）	⊗ 肆万叁仟伍佰元整					（小写）¥ 43 500.00	
销售方	名　称：武汉三江金属制造有限公司 纳税人识别号：914201036044533907 地 址、电 话：湖北省武汉市江汉区朱秀街赵小路 15 号 027–63126775 开户行及账号：中国建设银行武汉市江汉区支行 41622124926594				备注	（印章：武汉三江金属制造有限公司 914201036044533907 发票专用章）	

收款人：　　复核：　　开票人：胡俊刚　　销售方：（章）

（左侧：税总函【××××】×××号 ×××××××× 公司）

（右侧：第三联：发票联 购买方记账凭证）

图表 1—79

收　料　单

供应单位：武汉三江金属制造有限公司　　20×× 年 12 月 01 日　　编号 SL082

材料编号	名称	单位	规格	数量		实际成本			
				应收	实收	单价	发票价格	运杂费	总价
TrCL001	A	千克		1 500	1 500				
备注：									

收料人：　　交料人：王宁

（右侧：第二联 记账联）

实训 24：根据业务（4），支付上述购入材料的采购运费（图表 1—80 至图表 1—82）。

图表1—80

4201161140

湖北增值税专用发票

抵 扣 联

No 04725455

4201161140
04725455

开票日期：20×× 年 12 月 01 日

税总函【××××】×××号 ××××××××公司

购买方	名 称：江苏中瑞机电有限公司 纳税人识别号：913211125255851838 地 址、电 话：江苏省镇江市丹徒区王乡街林达路05号 0511–88396542 开户行及账号：中国银行镇江市丹徒区支行 41235716891614				密码区	10*3187<4/+6903<+95–59+7<613 9367<0-–>>–6>525<597306–>7*7 87*3187<4/+8490<+92466991809 6+<712/<1+9016>5426++>84>281	
货物或应税劳务、服务名称	规格型号	单位	数量	单价	金额	税率	税额
运费			1	2 000.00	2 000.00	10%	200.00
合计					¥2 000.00		¥200.00
价税合计（大写）	⊗ 贰仟贰佰元整					（小写）¥2 200.00	
销售方	名 称：畅达物流有限公司 纳税人识别号：914201031258317341 地 址、电 话：湖北省武汉市江汉区张秀街张艳路90号 027–68812388 开户行及账号：中国建设银行武汉市江汉区支行 41622124661448				备注	车种车号：鄂A43628 货物名称：A 畅达物流有限公司 914201031258317341 发票专用章	

收款人： 复核： 开票人：刘景阳 销售方：（章）

第二联：抵扣联 购买方扣税凭证

图表1—81

4201161140

湖北增值税专用发票

发 票 联

No 04725455

4201161140
04725455

开票日期：20×× 年 12 月 01 日

税总函【××××】×××号 ××××××××公司

购买方	名 称：江苏中瑞机电有限公司 纳税人识别号：913211125255851838 地 址、电 话：江苏省镇江市丹徒区王乡街林达路05号 0511–88396542 开户行及账号：中国银行镇江市丹徒区支行 41235716891614				密码区	10*3187<4/+6903<+95–59+7<613 9367<0-–>>–6>525<597306–>7*7 87*3187<4/+8490<+92466991809 6+<712/<1+9016>5426++>84>281	
货物或应税劳务、服务名称	规格型号	单位	数量	单价	金额	税率	税额
运费			1	2 000.00	2 000.00	10%	200.00
合计					¥2 000.00		¥200.00
价税合计（大写）	⊗ 贰仟贰佰元整					（小写）¥2 200.00	
销售方	名 称：畅达物流有限公司 纳税人识别号：914201031258317341 地 址、电 话：湖北省武汉市江汉区张秀街张艳路90号 027–68812388 开户行及账号：中国建设银行武汉市江汉区支行 41622124661448				备注	车种车号：鄂A43628 货物名称：A 畅达物流有限公司 914201031258317341 发票专用章	

收款人： 复核： 开票人：刘景阳 销售方：（章）

第三联：发票联 购买方记账凭证

图表 1—82

中国银行
转账支票存根
10403226
00001705

附加信息　付款行账号：
41235716891614

出票日期　20×× 年 12 月 01 日

收款人：	畅达物流有限公司
金　额：	¥2 200.00
用　途：	运费

单位主管　　　会计

××××××××公司・××××年印制

实训 25：根据业务（6），采购材料（图表 1—83 至图表 1—86）。

图表 1—83

1101151140　　**北京增值税专用发票**　　№ 11268799　　1101151140 11268799

抵　扣　联

（全国统一发票监制章 国家税务总局监制）

开票日期：20×× 年 12 月 02 日

购买方	名　　称：江苏中瑞机电有限公司 纳税人识别号：913211125255851838 地 址、电 话：江苏省镇江市丹徒区王乡街林达路 05 号 0511-88396542 开户行及账号：中国银行镇江市丹徒区支行 41235716891614				密码区	71*3187<4/+7122<+95-59+7<118 4207<0-->>-6>525<709928->7*7 87*3187<4/+8490<+53092116821 9+<712/<1+9016>4744++>84>701	
货物或应税劳务、服务名称	规格型号	单位	数量	单价	金额	税率	税额
C		千克	4 000	3.5	14 000.00	16%	2 240.00
合计					¥14 000.00		¥2 240.00
价税合计（大写）	⊗壹万陆仟贰佰肆拾元整				（小写）¥16 240.00		
销售方	名　　称：北京宜鸿线材有限公司 纳税人识别号：911101014106781544 地 址、电 话：北京市东城区 07 街 65 路 38 号 010-39442749 开户行及账号：中国建设银行北京市东城区支行 41622124510916				备注	（北京宜鸿线材有限公司 911101014106781544 发票专用章）	

收款人：　　　复核：　　　开票人：张勇　　　销售方：（章）

第二联：抵扣联　购买方扣税凭证

税总函【××××】×××号　××××××××公司

图表 1—84

1101151140 **北京增值税专用发票** № 11268799 1101151140 11268799

发 票 联

开票日期：20×× 年 12 月 02 日

购买方	名　　称：江苏中瑞机电有限公司 纳税人识别号：913211125255851838 地　址、电　话：江苏省镇江市丹徒区王乡街林达路 05 号 0511–88396542 开户行及账号：中国银行镇江市丹徒区支行 41235716891614				密码区	71*3187<4/+7122<+95–59+7<118 4207<0-->>-6>525<709928->7*7 87*3187<4/+8490<+53092116821 9+<712/<1+9016>4744++>84>701		
货物或应税劳务、服务名称	规格型号	单位	数量	单价	金额	税率	税额	
C		千克	4 000	3.5	14 000.00	16%	2 240.00	
合计					¥ 14 000.00		¥ 2 240.00	
价税合计（大写）	⊗ 壹万陆仟贰佰肆拾元整					（小写）¥ 16 240.00		
销售方	名　　称：北京宜鸿线材有限公司 纳税人识别号：911101014106781544 地　址、电　话：北京市东城区 07 街 65 路 38 号 010–39442749 开户行及账号：中国建设银行北京市东城区支行 41622124510916				备注	北京宜鸿线材有限公司 911101014106781544 发票专用章		

收款人：　　复核：　　开票人：张勇　　销售方：（章）

第三联：发票联　购买方记账凭证

税总函【××××】××××号 ×××××××× 公司

图表 1—85

收 料 单

供应单位：北京宜鸿线材有限公司　　20×× 年 12 月 02 日　　编号 SL084

材料编号	名称	单位	规格	数量		实际成本			
				应收	实收	单价	发票价格	运杂费	总价
	C	千克		4 000	4 000				
备注：									

收料人：　　交料人：彭亚青

第二联　记账联

图表 1—86

中国银行客户专用回单

币别：人民币　　20×× 年 12 月 02 日　　流水号 321120027J0500810087

付款人	全称	江苏中瑞机电有限公司	收款人	全称	北京宜鸿线材有限公司
	账号	41235716891614		账号	41622124510916
	开户行	中国银行镇江市丹徒区支行		开户行	中国建设银行北京市东城区支行
金额		（大写）人民币　壹万陆仟贰佰肆拾元整　　（小写）¥ 16 240.00			
凭证种类		网银	凭证号码		
结算方式		转账	用途		支付货款
汇划日期：20××-12-02　汇划款项编号：22677515 报文顺序号：44603171　汇出行行号：104002034155 汇出行行名：中国银行镇江市丹徒区支行 业务类型：0060　原凭证金额：16 240.00 原凭证种类：0703　原凭证号码： 附言：			打印柜员：321125584257 打印机构：中国银行镇江市丹徒区支行 打印卡号：104298286131 （印章：中国银行 电子回单 专用章）		

第一联借方（回单）

打印时间：20××-12-02　交易柜员：321125584268　　交易机构：321110400203415506

实训 26：根据业务（12），生产车间领用材料（图表 1—87）。

图表 1—87

领　料　单

领料部门：一生产车间

用　　途：生产 TB 配件　　　　领料日期：20××-12-04

材料编号	名称	规格	计量单位	请领数量	实发数量	备注
	A		千克	4 000	4 000	
	B		千克	6 000	6 000	
	C		千克	2 000	2 000	

第三联　记账联

领料人：张广兴　　　　　　发料人：黄梅

实训 27：根据业务（13），购入材料（图表 1—88 至图表 1—95）。

图表 1—88

3405161140

安徽增值税专用发票

抵 扣 联

№ 10176729

3405161140
10176729

开票日期：20×× 年 12 月 05 日

购买方	名 称：江苏中瑞机电有限公司 纳税人识别号：913211125255851838 地 址、电 话：江苏省镇江市丹徒区王乡街林达路 05 号 0511-88396542 开户行及账号：中国银行镇江市丹徒区支行 41235716891614				密码区	64*3187<4/+9867<+95-59+7<244 9775<0-->>-6>525<121663->7*7 87*3187<4/+8490<+85937775889 8+<712/<1+9016>4360++>84>461	
货物或应税劳务、服务名称	规格型号	单位	数量	单价	金额	税率	税额
B		千克	8 000	9.00	72 000.00	16%	11 520.00
合计					¥72 000.00		¥11 520.00
价税合计（大写）	⊗ 捌万叁仟伍佰贰拾元整					（小写）	¥83 520.00
销售方	名 称：安源钢铁有限公司 纳税人识别号：913405068165727352 地 址、电 话：安徽省马鞍山市博望区底苗街李红路 69 号 0555-64594583 开户行及账号：中国建设银行马鞍山市博望区支行 41622124910914				备注	安源钢铁有限公司 913405068165727352 发票专用章	

收款人： 复核： 开票人：孙志华 销售方：（章）

税总函【××××】×××号 ××××××××公司

第二联：抵扣联 购买方扣税凭证

图表 1—89

3405161140

安徽增值税专用发票

发 票 联

№ 10176729

3405161140
10176729

开票日期：20×× 年 12 月 05 日

购买方	名 称：江苏中瑞机电有限公司 纳税人识别号：913211125255851838 地 址、电 话：江苏省镇江市丹徒区王乡街林达路 05 号 0511-88396542 开户行及账号：中国银行镇江市丹徒区支行 41235716891614				密码区	64*3187<4/+9867<+95-59+7<244 9775<0-->>-6>525<121663->7*7 87*3187<4/+8490<+85937775889 8+<712/<1+9016>4360++>84>461	
货物或应税劳务、服务名称	规格型号	单位	数量	单价	金额	税率	税额
B		千克	8 000	9.00	72 000.00	16%	11 520.00
合计					¥72 000.00		¥11 520.00
价税合计（大写）	⊗ 捌万叁仟伍佰贰拾元整					（小写）	¥83 520.00
销售方	名 称：安源钢铁有限公司 纳税人识别号：913405068165727352 地 址、电 话：安徽省马鞍山市博望区底苗街李红路 69 号 0555-64594583 开户行及账号：中国建设银行马鞍山市博望区支行 41622124910914				备注	安源钢铁有限公司 913405068165727352 发票专用章	

收款人： 复核： 开票人：孙志华 销售方：（章）

税总函【××××】×××号 ××××××××公司

第三联：发票联 购买方记账凭证

图表 1—90

中国银行
银行汇票 2　　10503441
　　00025809

提示付款期限自出票之日起壹个月

出票日期（大写）：贰零××年壹拾贰月零伍日　　代理付款行：　　行号：

收款人：	安源钢铁有限公司
出票金额 人民币（大写）	壹拾万元整　　¥100000.00
实际结算金额 人民币（大写）	捌万肆仟捌佰肆拾元整

亿	千	百	十	万	千	百	十	元	角	分
			¥	8	4	8	4	0	0	0

申请人：江苏中瑞机电有限公司　　账号：41235716891614

出票行：中国银行镇江市丹徒区支行　　行号：104002034155

备注：

凭票付款

出票行签章　（印章：中国银行镇江市丹徒区支行 104002034155 汇票专用章）（印章：田群）

密押：

多余金额

千	百	十	万	千	百	十	元	角	分
		¥	1	5	1	6	0	0	0

复核　　记账

此联代理付款行付款后作联行往账借方凭证附件

图表 1—91

被背书人	被背书人
背书人签章 年　月　日	背书人签章 年　月　日
持票人向银行 提示付款签章：	身份证件名称：　　发证机关： 号码

注：此为票据复印件。

图表 1—92

中国银行　　　　（收账通知）　　3

20××年12月05日

出票人			收款人		
出票人	全称	中国银行镇江市丹徒区支行	收款人	全称	江苏中瑞机电有限公司
	账号	32111259586278128154		账号	41235716891614
	开户银行	中国银行镇江市丹徒区支行		开户银行	中国银行镇江市丹徒区支行

金额	人民币（大写）	亿	千	百	十	万	千	百	十	元	角	分
	壹万伍仟壹佰陆拾元整				¥	1	5	1	6	0	0	0

票据种类	银行汇票	票据张数	1
票据号码	1050344100025809		

复核　　记账

（印章：中国银行 镇江市丹徒区支行 20××-12-05 办讫（01））

开户银行签章

此联是收款人开户银行交给收款人的收账通知

图表 1—93

收 料 单

供应单位：安源钢铁有限公司　　　　20×× 年 12 月 05 日　　　　编号 SL087

材料编号	名称	单位	规格	数量		实际成本			
				应收	实收	单价	发票价格	运杂费	总价
TrCL002	B	千克		8 000	8 000				
备注：									

第二联 记账联

收料人：　　　　　　　　交料人：郑伏

图表 1—94

3405161140　　安徽增值税专用发票　　№ 02069734　　3405161140 02069734

抵 扣 联

开票日期：20×× 年 12 月 05 日

购买方	名　　称：江苏中瑞机电有限公司 纳税人识别号：913211125255851838 地 址、电 话：江苏省镇江市丹徒区王乡街林达路 05 号 0511-88396542 开户行及账号：中国银行镇江市丹徒区支行 41235716891614	密码区	26*3187<4/+0250<+95-59+7<463 5727<0-->>-6>525<631855->7*7 87*3187<4/+8490<+09147469996 9+<712/<1+9016>6475++>84>075

货物或应税劳务、服务名称	规格型号	单位	数量	单价	金额	税率	税额
运费	供应商垫付		1	1 200.00	1 200.00	10%	120.00
合计					¥ 1 200.00		¥ 120.00
价税合计（大写）	⊗ 壹仟叁佰贰拾元整				（小写）¥ 1 320.00		

销售方	名　　称：捷达物流有限公司 纳税人识别号：913405063207335403 地 址、电 话：安徽省马鞍山市博望区史继街程海路 89 号 0555-46394344 开户行及账号：中国建设银行马鞍山市博望区支行 41622124789346	备注	车种车号：皖 L35857 货物名称：B 捷达物流有限公司 913405063207335403 发票专用章

收款人：　　　　复核：　　　　开票人：韩亚楠　　　　销售方：（章）

第二联：抵扣联 购买方扣税凭证

税总函【××××】×××号 ×××××××× 公司

图表 1—95

3405161140

安徽增值税专用发票

发票联

№ 02069734

3405161140
02069734

开票日期：20×× 年 12 月 05 日

购买方	名　　　称：江苏中瑞机电有限公司 纳税人识别号：913211125255851838 地　址、电　话：江苏省镇江市丹徒区王乡街林达路 05 号 0511-88396542 开户行及账号：中国银行镇江市丹徒区支行 41235716891614	密码区	26*3187<4/+0250<+95-59+7<463 5727<0-->>-6>525<631855->7*7 87*3187<4/+8490<+09147469996 9+<712/<1+9016>6475++>84>075

货物或应税劳务、服务名称	规格型号	单位	数量	单价	金额	税率	税额
运费	供应商垫付		1	1 200.00	1 200.00	10%	120.00
合计					¥ 1 200.00		¥ 120.00
价税合计（大写）	⊗ 壹仟叁佰贰拾元整				（小写）¥ 1 320.00		

销售方	名　　　称：捷达物流有限公司 纳税人识别号：913405063207335403 地　址、电　话：安徽省马鞍山市博望区史继街程海路 89 号 0555-46394344 开户行及账号：中国建设银行马鞍山市博望区支行 41622124789346	备注	车种车号：皖A35857 货物名称：B （印章：捷达物流有限公司 913405063207335403 发票专用章）

收款人：　　复核：　　开票人：韩亚楠　　销售方：（章）

税总函【××××】×××号 ××××××××公司

第三联：发票联 购买方记账凭证

实训 28：根据业务（19），生产车间领用材料（图表 1—96）。

图表 1—96

领　料　单

领料部门：一生产车间

用　　途：生产 RF 配件　　　　领料日期：20××-12-06

材料编号	名称	规格	计量单位	请领数量	实发数量	备注
	A		千克	2 500	2 500	
	B		千克	5 000	5 000	
	C		千克	3 000	3 000	

领料人：张广兴　　　　发料人：黄梅

第三联 记账联

实训 29：根据业务（29），生产车间领用自制半成品用于生产产成品（图表 1—97）。

图表 1—97

领　料　单

领料部门：二生产车间

用　　途：生产甲产品　　　　领料日期：20××-12-10

材料编号	名称	规格	计量单位	请领数量	实发数量	备注
	TB 配件		件	1 000	1 000	
	RF 配件		件	2 000	2 000	

第三联　记账联

领料人：张广兴　　　　发料人：黄梅

实训 30：根据业务（34），产成品完工入库（图表 1—98）。

图表 1—98

产品入库单

入库单位：二生产车间　　　　入库日期：20××-12-12　　　　仓库：

产品名称	规格	计量单位	交库数量	备注
甲产品		件	800	

第二联　记账联

制表：刘宁　　　　车间负责人：姜志忠　　　　仓库保管人：宋春燕

实训 31：根据业务（39），修理部领用材料（图表 1—99）。

图表 1—99

领　料　单

领料部门：修理部

用　　途：辅助生产　　　　领料日期：20××-12-14

材料编号	名称	规格	计量单位	请领数量	实发数量	备注
	A		千克	600	600	
	B		千克	300	300	
	C		千克	250	250	

第三联　记账联

领料人：张广兴　　　　发料人：黄梅

实训 32：根据业务（42），领用低值易耗品，并进行费用分摊（图表 1—100）。

图表 1—100

低值易耗品发料汇总表

20××-12-31

单位：元

领用部门	套装工具		手套		领用人	合计
	数量	金额	数量	金额		
销售门市部			10	25.00	钟国钊	25.00
一生产车间	12	960.00	20	50.00	姜志忠	1 010.00
二生产车间	14	1 120.00	20	50.00	张文霞	1 170.00
修理部	4	320.00	10	25.00	童玉军	345.00
合计		2 400.00		150.00		2 550.00

制表：刘宁　　审核：朱胜利

实训 33：根据业务（43），自制半成品完工入库（图表 1—101）。

图表 1—101

产品入库单

交库单位：一生产车间　　交库日期：20××-12-16　　仓库：

产品名称	规格	计量单位	交库数量	备注
TB 配件		件	900	
RF 配件		件	1 400	

第二联 记账联

制表：刘宁　　车间负责人：姜志忠　　仓库保管人：宋春燕

实训 34：根据业务（45），生产车间领用机物料（图表 1—102）。

图表 1—102

领　料　单

领料部门：一生产车间

用　　途：机物料消耗　　领料日期：20××-12-17

材料编号	名称	规格	计量单位	请领数量	实发数量	备注
	C		千克	200	200	

第三联 记账联

领料人：张广兴　　发料人：黄梅

实训 35：根据业务（47），销售门市部领用材料（图表 1—103）。

图表 1—103

领　料　单

领料部门：销售门市部
用　　途：销　　售　　　　　　领料日期：20××-12-18

材料编号	名称	规格	计量单位	请领数量	实发数量	备注
	C		千克	350	350	

第三联　记账联

领料人：张广兴　　　　　　　　发料人：黄梅

实训 36：根据业务（50），领用低值易耗品（图表 1—104）。

图表 1—104

低值易耗品发料汇总表

20××-12-31　　　　　　单位：元

领用部门	润滑油		领用人	合计
	数量	金额		
一生产车间	100	950.00	姜志忠	950.00
二生产车间	80	760.00	张文霞	760.00
修理部	320	3 040.00	童玉军	3 040.00
合计		4 750.00		4 750.00

制表：刘宁　　　　　　　　审核：朱胜利

实训 37：根据业务（54），生产车间领用机物料（图表 1—105）。

图表 1—105

领　料　单

领料部门：二生产车间
用　　途：机物料消耗　　　　　领料日期：20××-12-23

材料编号	名称	规格	计量单位	请领数量	实发数量	备注
	C		千克	350	350	

第三联　记账联

领料人：张广兴　　　　　　　　发料人：黄梅

实训 38：根据业务（55），生产车间领用自制半成品用于产成品生产（图表 1—106）。

图表 1—106

领　料　单

领料部门：二生产车间

用　　途：生产甲产品　　　　领料日期：20××-12-24

材料编号	名称	规格	计量单位	请领数量	实发数量	备注
	TB 配件		件	800	800	
	RF 配件		件	1 200	1 200	

第三联　记账联

领料人：张广兴　　　　发料人：黄梅

实训 39：根据业务（61），自制半成品完工入库（图表 1—107）。

图表 1—107

产品入库单

交库单位：一生产车间　　　　交库日期：20××-12-25　　　　仓库：

产品名称	规格	计量单位	交库数量	备注
TB 配件		件	1 100	
RF 配件		件	800	

第二联　记账联

车间负责人：姜志忠　　　　仓库保管人：宋春燕

实训 40：根据业务（64），购入低值易耗品（图表 1—108 至图表 1—110）。

图表 1—108

3204161140 **江苏增值税专用发票** No 01983337 3204161140 01983337

抵 扣 联

开票日期：20×× 年 12 月 29 日

购买方	名 称：江苏中瑞机电有限公司 纳税人识别号：913211125255851838 地 址、电 话：江苏省镇江市丹徒区王乡街林达路 05 号 0511-88396542 开户行及账号：中国银行镇江市丹徒区支行 41235716891614				密码区	69*3187<4/+0722<+95-59+7<02 38202<0-->>-6>525<608413->7 *787*3187<4/+8490<+40141076 6445+<712/<1+9016>4998++>84	
货物或应税劳务、服务名称	规格型号	单位	数量	单价	金额	税率	税额
润滑油		升	5 000	9.2	46 000.00	16%	7 360.00
合计					¥46 000.00		¥7 360.00
价税合计（大写）	⊗ 伍万叁仟叁佰陆拾元整					（小写）	¥53 360.00
销售方	名 称：精诚润滑油有限公司 纳税人识别号：913204049516507578 地 址、电 话：江苏省常州市钟楼区周国街肖宝路 22 号 0519-13623812 开户行及账号：中国建设银行常州市钟楼区支行 41622124059266				备注	精诚润滑油有限公司 913204049516507578 发票专用章	

收款人： 复核： 开票人：刘英利 销售方：（章）

税总函【××××】×××号 ××××××××公司

第二联：抵扣联 购买方扣税凭证

图表 1—109

3204161140 **江苏增值税专用发票** No 01983337 3204161140 01983337

发 票 联

开票日期：20×× 年 12 月 29 日

购买方	名 称：江苏中瑞机电有限公司 纳税人识别号：913211125255851838 地 址、电 话：江苏省镇江市丹徒区王乡街林达路 05 号 0511-88396542 开户行及账号：中国银行镇江市丹徒区支行 41235716891614				密码区	69*3187<4/+0722<+95-59+7<02 38202<0-->>-6>525<608413->7 *787*3187<4/+8490<+40141076 6445+<712/<1+9016>4998++>84	
货物或应税劳务、服务名称	规格型号	单位	数量	单价	金额	税率	税额
润滑油		升	5 000	9.2	46 000.00	16%	7 360.00
合计					¥46 000.00		¥7 360.00
价税合计（大写）	⊗ 伍万叁仟叁佰陆拾元整					（小写）	¥53 360.00
销售方	名 称：精诚润滑油有限公司 纳税人识别号：913204049516507578 地 址、电 话：江苏省常州市钟楼区周国街肖宝路 22 号 0519-13623812 开户行及账号：中国建设银行常州市钟楼区支行 41622124059266				备注	精诚润滑油有限公司 913204049516507578 发票专用章	

收款人： 复核： 开票人：刘英利 销售方：（章）

税总函【××××】×××号 ××××××××公司

第三联：发票联 购买方记账凭证

图表 1—110

收 料 单

供应单位：精诚润滑油有限公司　　20×× 年 12 月 29 日　　编号 SL108

材料编号	名称	单位	规格	数量		实际成本			
				应收	实收	单价	发票价格	运杂费	总价
	润滑油	升		5 000	5 000				
备注：									

第二联 记账联

收料人：　　交料人：申金红

实训 41：根据业务（65），产成品完工入库（图表 1—111）。

图表 1—111

产品入库单

交库单位：二生产车间　　交库日期：20××-12-30　　仓库：

产品名称	规格	计量单位	交库数量	备注
甲产品		件	1 000	

第二联 记账联

车间负责人：姜志忠　　仓库保管人：宋春燕

实训 42：根据业务（75），对存货进行盘点，对盘点结果进行账务处理（图表 1—112、图表 1—113）。

图表 1—112

存货盘盈盘亏报告表

20××-12-31

单位：元

编号	品名	单位	账面数量	实存数量	盘盈		盘亏				原因
					数量	金额	数量	金额	转出的进项税额	合计金额	
ZZCL003	套装工具	副	170	160			10	800.00	128.00	928.00	管理不善损失
ZZCL003	手套	副	140	110			30	75.00	12.00	87.00	管理不善损失
合计								875.00		1015.00	

制表：刘宁　　审核：朱胜利

图表 1—113

存货盘盈盘亏核销报告表

20××-12-31

编号	品名	单位	账面数量	实存数量	盘盈		盘亏				原因
					数量	金额	数量	金额	转出的进项税额	合计金额	
ZZCL003	套装工具	副	170	160			10	800.00	128.00	928.00	管理不善损失
ZZCL003	手套	副	140	110			30	75.00	12.00	87.00	管理不善损失
合计						0		875		1 015.00	

财务部门意见：	保管部门意见：	公司领导意见：
盘亏由保管员赔偿60%，其余部分按企业会计准则规定进行处理。 朱胜利 20××年12月31日	同意 20××年12月31日	同意 李峰 20××年12月31日

单元四　薪酬核算岗位实训

一、岗位知识与技能要求

1. 了解职工薪酬方面的政策、法规，熟悉职工薪酬包含的内容。

2. 熟悉工资核算的程序和方法，能计算工资结算表及编制工资分配表。

3. 能够完成工资的计提、代扣款项、工资的发放、工资分配等环节的会计核算。

4. 能进行五险一金、职工福利费、职工教育经费以及工会经费的计提和账务处理。

5. 熟悉非货币性福利、辞退福利以及短期带薪缺勤福利的确认与发放等账务处理。

二、岗位职责

1. 认真贯彻执行国家有关职工薪酬方面的政策、法规，会同企业有关部门制定本单位各项职工薪酬的计算、发放、交纳的具体标准、程序和方法。

2. 配合劳资部门做好职工工资调整、五险一金提取等工作。

3. 审核职工薪酬的发放内容并编制发放表，配合相关单位做好薪酬的发放、缴付等工作。

4. 按照会计准则规定，设置“应付职工薪酬”账户，进行职工薪酬的计提（分配）和结算的明细核算，并及时编制有关报表。

三、核算流程（图表 1—114）

图表 1—114

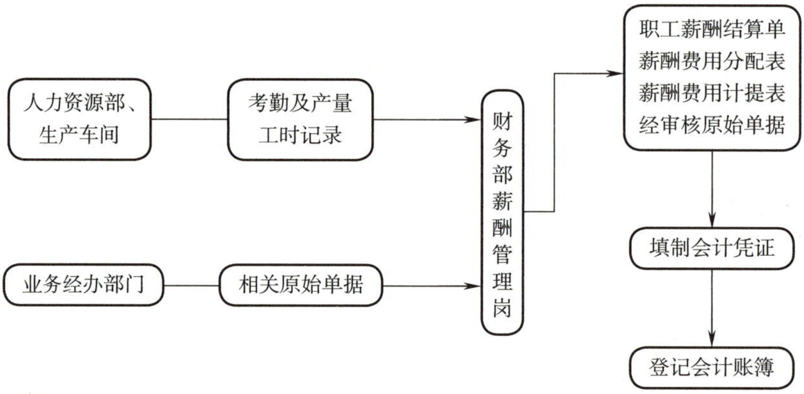

四、实训要求

1. 根据经济业务涉及的职工薪酬项目开设明细账，并登记期初余额。

2. 计算和填列本月职工薪酬结算汇总表中相应项目，完成工资费用分配的填制。

3. 计算并填列本月应计提的五险一金、职工教育经费、工会经费。

4. 根据本岗位提供的业务资料作相应账务处理。

5. 编制本岗位科目汇总表。

提示：个人承担的三险一金以及个人所得税在计提工资环节代扣。

五、实训项目

根据第一部分实训资料——20×× 年 12 月发生的经济业务（14）（16）（23）（25）（66）（67）（68），完成薪酬核算岗位实训。

实训 43：根据业务（14），支付上月计提社保费和住房公积金（图表 1—115、图表 1—116）。

图表 1—115

中国银行客户专用回单

转账日期：20×× 年 12 月 05 日

凭证字号：20××12479548875

纳税人全称及纳税人识别号：江苏中瑞机电有限公司 913211125255851838

付款人全称：江苏中瑞机电有限公司

付款人账号：41235716891614　　征收机关名称：镇江市丹徒区地方税务局

付款人开户银行：中国银行镇江市丹徒区支行　　收缴国库（银行）名称：国家金库镇江市丹徒区支库

小写（合计）金额 ¥67 320.00　　缴款书交易流水号：20××12057915468

大写（合计）金额　人民币　陆万柒仟叁佰贰拾元整　　税票号码：042016120575749054872

税（费）种名称	所属时期	实缴金额
医疗保险本金	20××-12-01 至 20××-12-31	¥18 360.00
养老保险本金	20××-12-01 至 20××-12-31	¥42 840.00
失业保险本金	20××-12-01 至 20××-12-31	¥3 060.00
生育保险本金	20××-12-01 至 20××-12-31	¥1 530.00
工伤保险本金	20××-12-01 至 20××-12-31	¥1 530.00

（印章：中国银行 电子回单 专用章）

图表 1—116

中国银行客户专用回单

币别：人民币　　20×× 年 12 月 05 日　　流水号 321120027J0500810007

付款人	全称	江苏中瑞机电有限公司	收款人	全称	镇江市住房公积金管理中心
	账号	41235716891614		账号	41235716676251
	开户行	中国银行镇江市丹徒区支行		开户行	同城实时借记业务
金额		（大写）人民币　叁万陆仟陆佰陆拾元整	（小写）¥36 660.00		
凭证种类		其他凭证	凭证号码		00006328
结算方式		转账	用途		WFP 公积金：000051255：20161205
			打印柜员：321125584257 打印机构：中国银行镇江市丹徒区支行 打印卡号：104766150723		

第一联　借方（回单）

（印章：中国银行 电子回单 专用章）

打印时间：20××-12-05　　交易柜员：321125584268　　交易机构：321110400203415582

实训 44：根据业务（16），支付上月工资（代扣款项上月已计提）（图表 1—117、图表 1—118）。

图表 1—117

中瑞机电公司 11 月份工资发放汇总表（简）

单位：元

姓名	性别	计时工资												计件工资						月奖金	应付工资	代扣三险一金				计税工资	代扣个税	实发工资
		日工资额	月标准工资额	加班				缺勤						单件工资标准	合格品数量	计件工资额	废品					代扣医疗保险	代扣养老保险	代扣失业保险	代扣住房公积金			
				夜加班次数	休息日加班天数	法定节假日加班天数	加班费小计	事假天数	病假天数	婚假天数	产假天数	丧假天数	缺勤扣款小计				工废品件数	料废品件数	扣款小计									
厂部行政管理人员																												
闫瑞	男	300	9 000			1	900		2				180							200	9 920	198.4	793.6	49.6	1 190.4	7 688	80.64	7 374.20
朱胜利	男	180	5 400	2	3		1 180	2					360								6 220	124.4	497.6	31.1	746.4	4 820.5	0	4 780.88
略																												
行管人员工资小计																					47 900	略						36 808.22
专设销售部门人员																												
钟国钊	男	160	4 800	3		1	630					3	0							200	5 430	108.6	434.4	27.15	651.6	4 208.25	0	4 187.00
略																												
专设销售部门人员工资小计																					12 700	略						9 821.95
一车间人员																												
姜志忠	男	170	5 100	14		1		3			10		510								5 800	116	464	29	696	4 495	0	4 465.15
管理人员工资小计																					5 800	略						4 465.15

续表

姓名	性别	计时工资												计件工资						月奖金	应付工资	代扣三险一金				计税工资	代扣个税	实发工资
		日工资额	月标准工资额	加班				缺勤						单件工资标准	合格品数量	计件工资额	废品					代扣医疗保险	代扣养老保险	代扣失业保险	代扣住房公积金			
				夜加班次数	休息日加班天数	法定节假日加班天数	加班费小计	事假天数	病假天数	婚假天数	产假天数	丧假天数	缺勤扣款小计				工废品件数	料废品件数	扣款小计									
刘泽军	男													8	460			2		150	3 830	76.6	306.4	19.15	459.6	2 968.25	0	2 968.25
略																												
生产人员工资小计																					32 800	略						25 420.00
二车间人员																												
杨彬	女	200	6 000								23		600								5 400	108	432	27	648	4 185	0	4 164.45
管理人员工资小计																					5 400	略						4 164.45
王宝林	男													12	520		2	1			6 216	124.32	497.28	31.08	745.92	4 817.4	0	4 777.88
略																												
生产人员工资小计																					37 100	略						28 752.50
辅助车间人员																												
童玉军	男	150	4 500	5			250	2		6			300								4 450	89	356	22.25	534	3 448.75	0	3 448.75
略																												
辅导车间工资合计																					11 300	略						8 757.50
总　计																					153 000							118 189.77

制表：刘宁　　　　审核：朱胜利

注：杨彬自 20×× 年 8 月 23 日开始休产假。

图表 1—118

中国银行

转账支票存根

10403226

00001710

附加信息　付款行账号：

41235716891614

出票日期：20×× 年 12 月 06 日

收款人：	江苏中瑞机电有限公司
金　额：	¥118 189.77
用　途：	支付工资

单位主管　　会计

××××××××公司·××××年印制

实训 45：根据业务（23），支付职工培训费（图表 1—119 至图表 1—121）。

图表 1—119

3201161140　　**江苏增值税专用发票**　　№ 39936384　　3201161140 39936384

抵　扣　联

开票日期：20×× 年 12 月 08 日

购买方	名　　称：江苏中瑞机电有限公司 纳税人识别号：913211125255851838 地　址、电　话：江苏省镇江市丹徒区王乡街林达路 05 号 0511-88396542 开户行及账号：中国银行镇江市丹徒区支行 41235716891614				密码区	39*3187<4/+0403<+95-59+7<59 92999<0-->>-6>525<673632->7 *787*3187<4/+8490<+98315514 1280+<712/<1+9016>2545++>84	
货物或应税劳务、服务名称	规格型号	单位	数量	单价	金额	税率	税额
培训费		次	1	2 000.00	2 000.00	6%	120.00
合计					¥2 000.00		¥120.00
价税合计（大写）	⊗ 贰仟壹佰贰拾元整				（小写）¥2 120.00		
销售方	名　　称：广元培训教育服务有限公司 纳税人识别号：913201022144661353 地　址、电　话：江苏省南京市玄武区何彦街马杰路 88 号 025-48150683 开户行及账号：中国建设银行南京市玄武区支行 41622124608746				备注	广元培训教育服务有限公司 913201022144661353 发票专用章	

收款人：　　复核：　　开票人：周实荣　　销售方：（章）

第二联：抵扣联　购买方扣税凭证

税总函【××××】×××号 ××××××××公司

图表 1—120

3201161140

江苏增值税专用发票

发 票 联

№ 39936384

3201161140
39936384

开票日期：20×× 年 12 月 08 日

税总函【××××】××××号 ××××××××公司

购买方	名 称：江苏中瑞机电有限公司 纳税人识别号：913211125255851838 地 址、电 话：江苏省镇江市丹徒区王乡街林达路 05 号 0511–88396542 开户行及账号：中国银行镇江市丹徒区支行 41235716891614				密码区	39*3187<4/+0403<+95–59+7<59 92999<0-->>–6>525<673632–>7 *787*3187<4/+8490<+98315514 1280+<712/<1+9016>2545++>84	
货物或应税劳务、服务名称	规格型号	单位	数量	单价	金额	税率	税额
培训费		次	1	2 000.00	2 000.00	6%	120.00
合计					¥ 2 000.00		¥ 120.00
价税合计（大写）	⊗ 贰仟壹佰贰拾元整				（小写）¥ 2 120.00		
销售方	名 称：广元培训教育服务有限公司 纳税人识别号：913201022144661353 地 址、电 话：江苏省南京市玄武区何彦街马杰路 88 号 025–48150683 开户行及账号：中国建设银行南京市玄武区支行 41622124608746				备注	广元培训教育服务有限公司 913201022144661353 发票专用章	

第三联：发票联 购买方记账凭证

收款人： 复核： 开票人：周实荣 销售方：（章）

图表 1—121

中国银行

转账支票存根

10403226

00001712

附加信息 付款行账号：

41235716891614

××××××××公司·××××年印制

出票日期：20×× 年 12 月 08 日

收款人：	广元培训教育服务有限公司
金 额：	¥ 2 120.00
用 途：	支付职工教育经费

单位主管 会计

实训 46：根据业务（25），向本单位工会独立账户拨付工会经费（图表 1—122、图表 1—123）。

图表 1—122

收 款 收 据

NO.79625

20××年 12 月 09 日

今收到 江苏中瑞机电有限公司

交来：工会经费款

金额（大写）零佰　零拾　零万　叁仟　零佰　陆拾　零元　零角　零分

¥3 060.00　□现金　□转账支票　☑其他　　收款单位（盖章）

第二联 交对方

核准　　会计　　记账　　出纳 韩亚楠　经手人 苏建朝

图表 1—123

中国银行客户专用回单

币别：人民币　　20××年 12 月 09 日　　流水号 321120027J0500810062

付款人	全称	江苏中瑞机电有限公司	收款人	全称	江苏中瑞机电有限公司工会委员会
	账号	41235716891614		账号	41061273499749
	开户行	中国银行镇江市丹徒区支行		开户行	中国建设银行江苏省镇江市丹徒区支行
金额		（大写）人民币　叁仟零陆拾元整			（小写）¥3 060.00
凭证种类		网银	凭证号码		
结算方式		转账	用途		拨付基层工会经费
汇划日期：20××-12-09　汇划款项编号：12986425 报文顺序号：25070600　汇出行行号：104002034155 汇出行行名：中国银行镇江市丹徒区支行 业务类型：0060　原凭证金额：3 060.00 原凭证种类：0703　原凭证号码： 附言：			打印柜员：321125584257 打印机构：中国银行镇江市丹徒区支行 打印卡号：104130244562		

第一联 借方（回单）

打印时间：20××-12-09　交易柜员：321125584268　交易机构：321110400203415573

实训 47：根据业务（66），完成以下工作：

（1）完成图表 1—124 中所列人员应付工资总额、代扣三险一金和代扣个税的计算，将图表中涉及栏目填写完整。

（2）根据工资结算汇总表中的汇总数完成代扣三险一金及代扣个税的计提，并进行相关账务处理。

（3）编制工资费用分配表（图表 1—125），并完成账务处理。

图表 1—124

中瑞机电公司 12 月份工资结算汇总表（简）

20××-12-31　　　　单位：元

姓名	性别	计时工资												计件工资						月奖金	应付工资总额	代扣三险一金				计税工资	代扣个税	实发工资总额
		日工资额	月标准工资额	加班				缺勤						单件工资标准	合格品数量	计件工资额	废品					代扣医疗保险	代扣养老保险	代扣失业保险	代扣住房公积金			
				夜加班次数	休息日加班天数	法定假日加班天数	加班费小计	事假天数	病假天数	婚假天数	产假天数	丧假天数	缺勤扣款小计				工废品件数	料废品件数	废品扣款小计									
厂部办公室人员																												
闫瑞	男	300	9 000		2							2																
略																												
财务部人员																												
朱胜利	男	180	5 400	2	1	1			3																			
略																												
采购部人员																												
李津	男	120	3 600	3				2																				
略																												
行管人员工资小计																					54 100	略						
专设销售部门人员																												
赵爱东	男	140	4 200		2	1				5																		
略																												
专设销售部门人员小计																					14 000	略						

续表

姓名	性别	计时工资												计件工资						月奖金	应付工资总额	代扣三险一金				计税工资	代扣个税	实发工资总额
		日工资额	月标准工资额	加班				缺勤						单件工资标准	合格品数量	计件工资额	废品					代扣医疗保险	代扣养老保险	代扣失业保险	代扣住房公积金			
				夜加班次数	休息日加班天数	法定假日加班天数	加班费小计	事假天数	病假天数	婚假天数	产假天数	丧假天数	缺勤扣款小计				工废品件数	料废品件数	废品扣款小计									
一车间人员																												
姜志忠	男	170	5 100	3	1	1			2																			
管理人员工资小计																					5 998	略						
刘泽军	男													8	500			2										
张广兴	男													8	550		1											
略																												
生产人员工资小计																					34 100	略						
二车间人员																												
张彤	男	210	6 300								10																	
管理人员工资小计																					6 300	略						
王宝林	男													12	400		2	1										
杨秀成	男													12	420													
略																												
生产人员工资小计																					37 602	略						
辅助车间人员																												
童玉军	男	150	4 500	5				1																				
略																												
辅导车间工资小计																					12 100	略						
总计																					164 200	3 278	13 112	819.5	19 398	127 592.5	839.95	126 752.55

制表：刘宁　　审核：朱胜利

图表 1—125

工资费用分配表

20××-12-31　　　　单位：元

部门车间			直接计入	分配计入			合计
				生产工时（小时）	分配率	分配额	
企业管理部门							
销售门市部							
一车间	管理人员						
	生产工人	TB 配件					
		RF 配件					
		小计					
二车间	管理人员						
	生产工人	甲产品					
辅助车间——修理部							
合计							

编制：刘宁　　　　审核：朱胜利

所需补充资料：

- 上表中除了生产工人按计件工资计算工资外，其余人员均按计时工资计算。
- 计时工资中，月工资全勤按 30 天计算，缺勤扣款根据日工资标准与缺勤天数计算而来，其中事假工资全扣，病假工资按日工资标准的 30% 扣除，符合规定的婚假（7 天）、产假（男职工 10 天，女职工 90 天）、丧假（3 天）一律不扣工资。超过规定天数按事假处理。加班薪酬规定：夜班按次计算，每次 50 元，休息日加班按双倍日工资计算，法定节假日加班按 3 倍日工资计算。
- 计件工资，按单件工资与生产件数计算而来，废品扣款规定：工废品按单件工资与废品数计算扣除，料废品不扣款。
- 月资金计算，采用计时工资的人员，全月出满勤且无责任事故，发满勤奖 200 元，如请事假，则不享受月奖金，其他原因请假，3 天（含 3 天）以内，减半发放，超过 3 天，不享受月奖金。采用计件工资的人员，全月无任何废品则加发 300 元奖金，出现工废品，取消月奖金，出现料废品，2 件以内扣发 50% 月奖金，超过 2 件取消月奖金。
- 一车间生产工人工资按生产工时比例进行分配。其中，一车间 TB 配件耗用 3 000 工时，RF 配件耗用 3 200 工时。
- 社保及住房公积金计提比例及限额标准见图表 1—126，个人所得税税率见图表 1—127。

图表 1—126

项目	计提比例		社保及住房公积金缴费基数上下限额
	企业承担比例	个人承担比例	
养老保险	20%	8%	社保缴费基数范围：2 100 ~ 10 500 元
医疗保险	10%	2%	
失业保险	1.5%	0.5%	
工伤保险	1%		
生育保险	1%		
住房公积金	12%	12%	住房公积金缴费基数范围：1 650 ~ 8 250 元
工会经费	2%		
职工教育经费	2.5%		

图表 1—127

级数	累计预扣预缴应纳税所得额	预扣率（%）	速算扣除数
1	不超过 36 000 元的部分	3	0
2	超过 36 000 元至 144 000 元的部分	10	2 520
3	超过 144 000 元至 300 000 元的部分	20	16 920
4	超过 300 000 元至 420 000 元的部分	25	31 920
5	超过 420 000 元至 660 000 元的部分	30	52 920
6	超过 660 000 元至 960 000 元的部分	35	85 920
7	超过 960 000 元的部分	45	181 920

2019 年 1 月 1 日起，个人所得税收入专项附加扣除包括子女教育、继续教育、大病医疗、住房贷款利息或住房租金、赡养老人等 6 项专项附加费用税前扣除。

实训 48：根据业务（67），从 12 月应付工资总额计算出单位应承担的五险一金，并完成账务处理（图表 1—128）。

图表 1—128

五险一金计算表

20××-12-31　　　　单位：元

部门车间			应付工资总额	医疗保险	养老保险	失业保险	生育保险	工伤保险	住房公积金	合计
企业管理部门										
销售门市部										
一车间	管理人员									
	生产工人	TB 配件								
		RF 配件								
二车间	管理人员									
	生产工人	甲产品								
辅助车间——修理部										
合计										

编制：刘宁　　　　审核：朱胜利

实训 49：根据业务（68），从 12 月应付工资总额计算出应计提的工会经费和职工教育经费，并完成账务处理（图表 1—129）。

图表 1—129

工会经费和职工教育经费计算表

20××-12-31　　　　单位：元

部门车间			应付工资总额	工会经费	职工教育经费	合计
企业管理部门						
销售门市部						
一车间	管理人员					
	生产工人	TB 配件				
		RF 配件				
二车间	管理人员					
	生产工人	甲产品				
辅助车间——修理部						
合计						

编制：刘宁　　　　审核：朱胜利

单元五　非流动资产核算岗位实训

一、岗位知识与技能要求

1. 正确理解非流动资产的概念、特点及其内容。

2. 能准确判断长期股权投资应采用的核算方法，掌握成本法和权益法的核算。

3. 掌握固定资产和无形资产的确认、初始和后续计量及处置等环节的会计核算方法。

4. 了解投资性房地产的确认、计量、转换及处置问题的会计处理方法。

5. 能准确判断非流动资产发生减值的情形，会对发生减值的非流动资产进行期末计量与核算。

二、岗位职责

1. 会同有关部门建立、健全固定资产管理制度。

2. 及时取得并严格审核有关原始凭证及计划、合同、批件等，参与编制固定资产更新改造及大修理计划。

3. 负责固定资产明细核算，建立固定资产台账，监督并参与固定资产的购建、保管、使用、修理、处置、报废等情况的处理。

4. 定期计提固定资产折旧和大修理基金。

5. 协同有关部门定期对固定资产进行清查盘点。

6. 期末对固定资产进行价值检查，重估使用年限，按规定计提固定资产减值准备。

7. 负责无形资产的申请、确认、初始计量、后续计量、处置等各项工作。

8. 负责其他长期投资的相关核算工作。

三、核算流程（图表 1—130）

图表 1—130

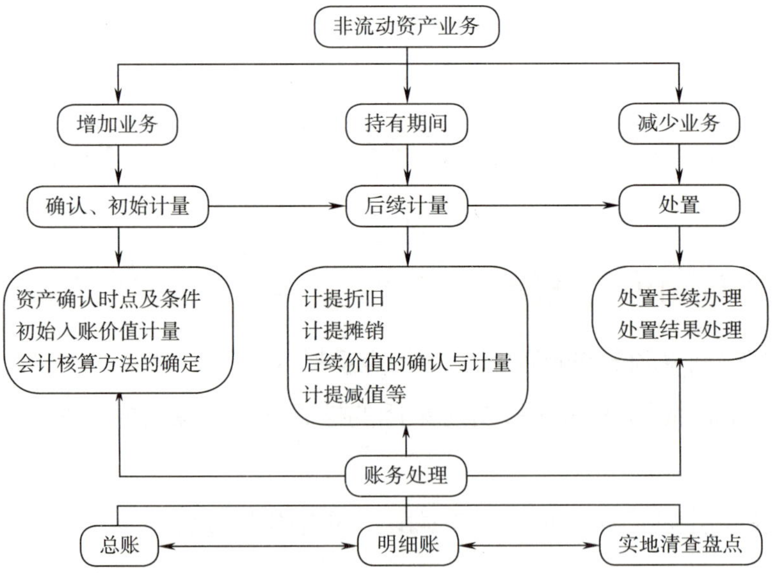

四、实训要求

1. 根据业务资料开设固定资产、无形资产明细账，并登记期初余额。

2. 根据本岗位给出的原始凭证编制相关记账凭证。

3. 根据业务资料，采用平均年限法计算并填制固定资产折旧计算表，采用直线法计算并填制无形资产摊销表。

4. 根据业务资料登记固定资产、无形资产明细账。

5. 完成本岗位记账凭证科目汇总表的编制。

6. 期末将固定资产和无形资产的明细账与总账进行核对，并完成期末结账。

五、实训项目

根据第一部分实训资料——2016 年 12 月发生的经济业务（10）（32）（33）（57）（69）（70），完成非流动资产核算岗位实训。

实训 50：根据业务（10），购入固定资产（图表 1—131 至图表 1—141）。

图表 1—131

新增固定资产登记表

20×× 年 12 月 04 日

资产名称	种类	单位	数量	购入日期	投入使用日期	使用部门
欧塞德斯	运输工具	辆	1	20××-12-04	20××-12-04	办公室

制表人：刘宁　　　　复核人：朱胜利

图表 1—132

机动车销售统一发票

发票联

开票日期：20×× 年 12 月 04 日　　　　发票代码 132111620002　发票号码 04262582

机打代码 机打号码 机器编号	132111620002 04262582		税控码				
购买方名称及身份证号码/组织机构代码	江苏中瑞机电有限公司 525585183			纳税人识别号		913211125255851838	
车辆类型	欧塞德斯		厂牌型号			产地	镇江市
合格证号	GWD098647183076		进口证明书号			商检单号	
发动机号码	P450785			车辆识别代号/车架号码	LVGBM51K6FG630031		
价税合计	⊗ 叁拾贰万肆仟捌佰元整					小写 ¥324 800.00	
销货单位名称	大众汽车销售有限公司				电话	0511-15607909	
纳税人识别号	913211027890874012				账号	41622124434223	
地址	江苏省镇江市京口区李翠街晋保路 18 号			开户银行	中国建设银行镇江市京口区支行		
增值税税率或征收率	16%	增值税税额	¥44 800.00	主管税务机关及代码	镇江市京口区国家税务局 1321102		
不含税价	小写 ¥280 000.00		完税凭证号码		吨位 0	限乘人数	5

第一联 发票联（购货单位付款凭证）（手开无效）

销货单位盖章　　开票人：张勇　　备注：一车一票

图表 1—133

机动车销售统一发票

抵扣联

发票代码 132111620002

开票日期：20×× 年 12 月 04 日　　　　发票号码 04262582

机打代码 机打号码 机器编号	132111620002 04262582		税控码				
购买方名称及身份证号码/组织机构代码	江苏中瑞机电有限公司 525585183			纳税人识别号	913211125255851838		
车辆类型	欧塞德斯	厂牌型号			产地	镇江市	
合格证号	GWD098647183076	进口证明书号			商检单号		
发动机号码	P450785		车辆识别代号/车架号码	LVGBM51K6FG630031			
价税合计	⊗ 叁拾贰万肆仟捌佰元整				小写 ¥324 800.00		
销货单位名称	大众汽车销售有限公司			电话	0511-15607909		
纳税人识别号	913211027890874012			账号	41622124434223		
地址	江苏省镇江市京口区李翠街晋保路 18 号		开户银行	中国建设银行镇江市京口区支行			
增值税税率或征收率	16%	增值税税额	¥44 800.00	主管税务机关及代码	镇江市京口区国家税务局 1321102		
不含税价	小写 ¥280 000.00	完税凭证号码		吨位	0	限乘人数	5

销货单位盖章　　　　开票人：张勇　　　　备注：一车一票

第二联 抵扣联（购货单位扣税凭证）（手开无效）

大众汽车销售有限公司 913211027890874012 发票专用章

图表 1—134

镇江市政府非税收入一般缴款书

No 16725471

执收单位代码：044776　　　　财准印 20×× 号

执收单位名称：镇江市公安局交通巡逻警察支队　　　　收款日期 20×× 年 12 月 04 日

缴款人	全称	江苏中瑞机电有限公司	收款人	全称	镇江市政府非税收入专户		流水号	00002293
	账号	41235716891614		账号	41001432100111			
	开户银行	中国银行镇江市丹徒区支行		开户银行	中国建设银行镇江市丹徒区支行			
代理银行网点代码		开票方式			缴款方式			
项目执行码	收费项目名称	单位	标准	数量	金额（小写）		复核	
0675	机动车号牌工本费		汽车号牌（反光）100.00 元	1	100.00		记账	
0677	机动车行驶证工本费		机动车行驶证 15.00 元	1	15.00			
0684	机动车登记证书工本费		机动车证书工本费 10.00 元	1	10.00			
合计人民币（大写）壹佰贰拾伍元整					¥125.00		开户行签章	
备注：								

镇江市非税收入管理中心监制

第二联 收据联

执收单位（盖章）：　　　　经办人：甄彦青

镇江市非税收入 征收专用章

图表 1—135

中华人民共和国
印花税票销售凭证

地

填发日期：20×× 年 12 月 04 日　　地印字 29659127 号

购买单位	江苏中瑞机电有限公司		购买人		
购买印花税票					
面值种类	数量	金额	面值种类	数量	金额
壹角票			伍元票		
贰角票			拾元票	3	30.00
伍角票			伍拾元票	1	50.00
壹元票			壹百元票		
贰元票	2	4.00	总计		84.00
金额总计（大写）：零佰 零拾 零万 零仟 零佰 捌拾 肆元 零角 零分					
销售单位（盖章）	售票人 刘宏伟（盖章）		备注		

撕毁、涂改号码无效

第二联（收据）购票单位作报销凭证

图表 1—136

中华人民共和国
税收通用缴款书

国

纳税人编码：525585183　　检验码：0618321
隶属关系：区　　国税缴电：No17928248
注册类型：有限责任公司　　征收机关：镇江市国家税务局车辆购置税征收管理分局

填发日期：20×× 年 12 月 04 日

缴款单位（人）	代码	913211125255851838	预算科目	编码	1011601
	全称	江苏中瑞机电有限公司		名称	车辆购置税
	开户银行	中国银行镇江市丹徒区支行		级次	中央 100%
	账号	41235716891614	收款国库		国家金库镇江市丹徒区支库

税款所属时期 20×× 年 12 月 04 日至 20×× 年 12 月 31 日　　税款限缴日期 20×× 年 02 月 02 日

品目名称	课税数量	计税金额或销售收入	税率或单位税额	已缴或扣除额	实缴金额
车辆购置税		280 000.00	10%		28 000.00
金额合计	（大写）人民币贰万捌仟元整				￥28 000.00

缴款单位（人）（盖章）经办人（章）	税务机关（盖章）填票人（章）	上列款项已收妥并划转收款单位账户。国库（银行）盖章 年 月 日	备注

无银行收讫章无效

第一联（收据）国库（经收处）收款盖章后退缴款单位（人）作完税凭证

逾期不缴按税法规定加收滞纳金。

（印章：镇江市丹徒区地方税务局 征税专用章；镇江市丹徒区国家税务局 征税专用章；中国建设银行镇江市丹徒区支行 20××-12-04 办讫（01））

图表 1—137

3211161140

江苏增值税专用发票

抵扣联

No 01322216

3211161140
01322216

开票日期：20×× 年 12 月 04 日

购买方	名　　称：江苏中瑞机电有限公司 纳税人识别号：913211125255851838 地 址、电 话：江苏省镇江市丹徒区王乡街林达路 05 号 0511-88396542 开户行及账号：中国银行镇江市丹徒区支行 41235716891614					密码区	60*3187<4/+5295<+95-59+7<360 1185<0-->>-6>525<069773->7*7 87*3187<4/+8490<+14008170459 6+<712/<1+9016>3295++>84>140	
货物或应税劳务、服务名称	规格型号	单位	数量	单价	金额	税率	税额	
交强险		年	1	960.00	960.00	6%	57.60	
合计					¥960.00		¥57.60	
价税合计（大写）	⊗ 壹仟零壹拾柒元陆角整				（小写）¥1 017.60			
销售方	名　　称：江苏平安保险股份有限公司 纳税人识别号：913211121449279991 地 址、电 话：江苏省镇江市丹徒区李博街王军路 37 号 0511-89234561 开户行及账号：中国建设银行江苏省镇江市丹徒区支行 41671222228316					备注	保单号：114985921035120166899２ 车牌号：苏 A39596 车船税：360 受益期限：20×× 年 01 月 01 日 至 20×× 年 12 月 31 日	

收款人：　　复核：　　开票人：王卫华　　销售方：（章）

税总函【××××】×××号 ××××××××公司

第二联：抵扣联 购买方扣税凭证

图表 1—138

3211161140

江苏增值税专用发票

发票联

No 01322216

3211161140
01322216

开票日期：20×× 年 12 月 04 日

购买方	名　　称：江苏中瑞机电有限公司 纳税人识别号：913211125255851838 地 址、电 话：江苏省镇江市丹徒区王乡街林达路 05 号 0511-88396542 开户行及账号：中国银行镇江市丹徒区支行 41235716891614					密码区	60*3187<4/+5295<+95-59+7<360 1185<0-->>-6>525<069773->7*7 87*3187<4/+8490<+14008170459 6+<712/<1+9016>3295++>84>140	
货物或应税劳务、服务名称	规格型号	单位	数量	单价	金额	税率	税额	
交强险		年	1	960.00	960.00	6%	57.60	
合计					¥960.00		¥57.60	
价税合计（大写）	⊗ 壹仟零壹拾柒元陆角整				（小写）¥1 017.60			
销售方	名　　称：江苏平安保险股份有限公司 纳税人识别号：913211121449279991 地 址、电 话：江苏省镇江市丹徒区李博街王军路 37 号 0511-89234561 开户行及账号：中国建设银行江苏省镇江市丹徒区支行 41671222228316					备注	保单号：114985921035120166899２ 车牌号：苏 A39596 车船税：160 受益期限：20×× 年 01 月 01 日 至 20×× 年 12 月 31 日	

收款人：　　复核：　　开票人：王卫华　　销售方：（章）

税总函【××××】×××号 ××××××××公司

第三联：发票联 购买方记账凭证

图表 1—139

3211161140

江苏增值税专用发票

抵扣联

（印章：全国统一发票监制章 国家税务总局监制）

№ 1322217

3211161140
1322217

开票日期：20×× 年 12 月 04 日

税总函【××××】×××号 ×××××××× 公司

购买方	名 称：江苏中瑞机电有限公司 纳税人识别号：913211125255851838 地 址、电 话：江苏省镇江市丹徒区王乡街林达路 05 号 0511-88396542 开户行及账号：中国银行镇江市丹徒区支行 41235716891614			密码区	61*3187<4/+3018<+95-59+7<374 8540<0-->>-6>525<433861->7*7 87*3187<4/+8490<+23489939794 8+<712/<1+9016>2773++>84>209		
货物或应税劳务、服务名称	规格型号	单位	数量	单价	金额	税率	税额
机动车辆综合险		年	1	6 500.00	6 500.00	6%	390.00
合计					¥6 500.00		¥390.00
价税合计（大写）	⊗ 陆仟捌佰玖拾元整				（小写）¥6 890.00		
销售方	名 称：江苏平安保险股份有限公司 纳税人识别号：913211121449279991 地 址、电 话：江苏省镇江市丹徒区李博街王军路 37 号 0511-89234561 开户行及账号：中国建设银行江苏省镇江市丹徒区支行 41671222228316			备注	（印章：江苏平安保险股份有限公司 913211121449279991 发票专用章）		

收款人： 复核： 开票人：周景卫 销售方：（章）

第二联：抵扣联 购买方扣税凭证

图表 1—140

3211161140

江苏增值税专用发票

发票联

（印章：全国统一发票监制章 国家税务总局监制）

№ 1322217

3211161140
1322217

开票日期：20×× 年 12 月 04 日

税总函【××××】×××号 ×××××××× 公司

购买方	名 称：江苏中瑞机电有限公司 纳税人识别号：913211125255851838 地 址、电 话：江苏省镇江市丹徒区王乡街林达路 05 号 0511-88396542 开户行及账号：中国银行镇江市丹徒区支行 41235716891614			密码区	61*3187<4/+3018<+95-59+7<374 8540<0-->>-6>525<433861->7*7 87*3187<4/+8490<+23489939794 8+<712/<1+9016>2773++>84>209		
货物或应税劳务、服务名称	规格型号	单位	数量	单价	金额	税率	税额
机动车辆综合险		年	1	6 500.00	6 500.00	6%	390.00
合计					¥6 500.00		¥390.00
价税合计（大写）	⊗ 陆仟捌佰玖拾元整				（小写）¥6 890.00		
销售方	名 称：江苏平安保险股份有限公司 纳税人识别号：913211121449279991 地 址、电 话：江苏省镇江市丹徒区李博街王军路 37 号 0511-89234561 开户行及账号：中国建设银行江苏省镇江市丹徒区支行 41671222228316			备注	（印章：江苏平安保险股份有限公司 913211121449279991 发票专用章）		

收款人： 复核： 开票人：周景卫 销售方：（章）

第三联：发票联 购买方记账凭证

图表 1—141

中国银行

转账支票存根

10403226

00001707

附加信息　付款行账号：

41235716891614

出票日期：20×× 年 12 月 04 日

收款人：	大众汽车销售有限公司
金　额：	¥361 276.60
用　途：	支付购车相关款项

单位主管　　　会计

××××××××公司・××××年印制

实训 51：根据业务（32），购入无形资产（图表 1—142 至图表 1—144）。

图表 1—142

3201161140　　**江苏增值税普通发票**　　№ 32861641　　3201161140 32861641

发　票　联

（全国统一发票监制章 国家税务总局监制）

检验码 58640　23144　56502　19382　　开票日期：20×× 年 12 月 12 日

购买方	名　　称：江苏中瑞机电有限公司 纳税人识别号：913211125255851838 地 址、电 话：江苏省镇江市丹徒区王乡街林达路 05 号 0511-88396542 开户行及账号：中国银行镇江市丹徒区支行 41235716891614				密码区	01*3187<4/+2651<+95-59+7<581 5248<0-->>-6>525<529812->7*7 87*3187<4/+8490<+64756409445 0+<712/<1+9016>2559++>84>257	
货物或应税劳务、服务名称	规格型号	单位	数量	单价	金额	税率	税额
实用新型专利		套	1	108 000.00	108 000.00	0%	***
合计					¥108 000.00		¥0
价税合计（大写）	⊗ 壹拾万捌仟元整				（小写）¥108 000.00		
销售方	名　　称：江苏海云电子科技有限公司 纳税人识别号：913201057250898091 地 址、电 话：江苏省南京市建邺区潘瑞街白永路 66 号 025-29983666 开户行及账号：中国建设银行南京市建邺区支行 41622124080279				备注	（江苏海云电子科技有限公司 913201057250898091 发票专用章）	

收款人：　　　复核：　　　开票人：陈思　　　销售方：（章）

第二联：发票联　购买方记账凭证

税总函【××××】×××号 ××××××××公司

图表 1—143

新增无形资产登记表

20×× 年 12 月 12 日

资产名称	种类	单位	数量	购入日期	投入使用日期	使用部门
实用新型专利	专利权	套	1	20××-12-12	20××-12-12	二生产车间

制表人：刘宁　　　　复核人：朱胜利

图表 1—144

中国银行

转账支票存根

10403226

00001714

附加信息　付款行账号：

41235716891614

××××××××公司 · ××××年印制

出票日期：20×× 年 12 月 12 日

收款人：	江苏海云电子科技有限公司
金　额：	￥108 000.00
用　途：	购入无形资产

单位主管　　　　会计

实训 52：根据业务（33），接受捐赠设备一台（图表 1—145 至图表 1—147）。

图表 1—145

新增固定资产登记表

20×× 年 12 月 12 日

资产名称	种类	单位	数量	接受捐赠日期	投入使用日期	使用部门
M 设备	生产设备	台	1	20××-12-12	20××-12-12	一生产车间

制表人：刘宁　　　　复核人：朱胜利

图表 1—146

2102161140　　**大连增值税专用发票**　　№ 10576071　　2102161140 10576071

抵　扣　联

（印章：全国统一发票监制章 国家税务总局监制）

开票日期：20×× 年 12 月 12 日

购买方	名称：江苏中瑞机电有限公司 纳税人识别号：913211125255851838 地址、电话：江苏省镇江市丹徒区王乡街林达路 05 号 0511-88396542 开户行及账号：中国银行镇江市丹徒区支行 41235716891614	密码区	06*3187<4/+4288<+95-59+7<662 0293<0-->>-6>525<513664->7*7 87*3187<4/+8490<+00514788393 5+<712/<1+9016>0150++>84>628

货物或应税劳务、服务名称	规格型号	单位	数量	单价	金额	税率	税额
M 设备		台	1	80 000	80 000.00	16%	12 800.00
合计					¥ 80 000.00		¥ 12 800.00
价税合计（大写）	⊗ 玖万贰仟捌佰元整				（小写）¥ 92 800.00		

销售方	名称：长安机电有限公司 纳税人识别号：912102025790442268 地址、电话：辽宁省大连市中山区王滨街杨萱路 87 号 0411-77106096 开户行及账号：中国建设银行大连市中山区支行 41622124667275	备注	捐赠 （印章：长安机电有限公司 912102025790442268 发票专用章）

收款人：　　复核：　　开票人：张民强　　销售方：（章）

左侧：税总函【××××】×××号 ×××××××× 公司

右侧：第二联：抵扣联　购买方扣税凭证

图表 1—147

2102161140　　**大连增值税专用发票**　　№ 10576071　　2102161140 10576071

发　票　联

（印章：全国统一发票监制章 国家税务总局监制）

开票日期：20×× 年 12 月 12 日

购买方	名称：江苏中瑞机电有限公司 纳税人识别号：913211125255851838 地址、电话：江苏省镇江市丹徒区王乡街林达路 05 号 0511-88396542 开户行及账号：中国银行镇江市丹徒区支行 41235716891614	密码区	06*3187<4/+4288<+95-59+7<662 0293<0-->>-6>525<513664->7*7 87*3187<4/+8490<+00514788393 5+<712/<1+9016>0150++>84>628

货物或应税劳务、服务名称	规格型号	单位	数量	单价	金额	税率	税额
M 设备		台	1	80 000	80 000.00	16%	12 800.00
合计					¥ 80 000.00		¥ 12 800.00
价税合计（大写）	⊗ 玖万贰仟捌佰元整				（小写）¥ 92 800.00		

销售方	名称：长安机电有限公司 纳税人识别号：912102025790442268 地址、电话：辽宁省大连市中山区王滨街杨萱路 87 号 0411-77106096 开户行及账号：中国建设银行大连市中山区支行 41622124667275	备注	捐赠 （印章：长安机电有限公司 912102025790442268 发票专用章）

收款人：　　复核：　　开票人：张民强　　销售方：（章）

左侧：税总函【××××】×××号 ×××××××× 公司

右侧：第三联：发票联　购买方记账凭证

实训 53：根据业务（57），生产车间报废设备一台（图表 1—148 至图表 1—152）。

图表 1—148

固定资产处置申请单

20×× 年 12 月 24 日

固定资产名称	G 设备	单位	台	型号		数量	1
资产编号	GDZC012	停用时间	20××-12-24	投入使用时间	20××-11-12	使用部门	一生产车间
已提折旧月数	93	原值	80 000.00	累计折旧		59 520.00	
有效使用年限	10	月折旧额	640.00	净值		20 480.00	
处置原因：毁损报废							
财务部门意见： 同意报废 朱胜利 20×× 年 12 月 24 日				公司领导意见： 同意报废固定资产 李峰 20×× 年 12 月 24 日			

编制人：刘泽军　　　　使用部门负责人：姜志忠

图表 1—149

3211161140　　**江苏增值税专用发票**　　№ 04498053　　3211161140 04498053

抵扣联

开票日期：20×× 年 12 月 24 日

购买方	名称：江苏中瑞机电有限公司 纳税人识别号：913211125255851838 地址、电话：江苏省镇江市丹徒区王乡街林达路 05 号 0511-88396542 开户行及账号：中国银行镇江市丹徒区支行 41235716891614	密码区	43*3187<4/+9384<+95-59+7<960 0527<0--->>-6>525<477905->7*7 87*3187<4/+8490<+00709447777 8+<712/<1+9016>6461++>84>392

货物或应税劳务、服务名称	规格型号	单位	数量	单价	金额	税率	税额
G 设备装卸、搬运费		次	1	400.00	400.00	6%	24.00
合计					¥400.00		¥24.00
价税合计（大写）	⊗ 肆佰贰拾肆元整				（小写）¥424.00		

销售方	名称：江苏韵通物流有限公司 纳税人识别号：913211027830891823 地址、电话：江苏省镇江市京口区齐伟街刘玉路 68 号 0511-30143946 开户行及账号：中国建设银行镇江市京口区支行 41622124921612	备注	

收款人：　　复核：　　开票人：刘海洪　　销售方：（章）

税总函【××××】×××号 ×××××××× 公司

第二联：抵扣联 购买方扣税凭证

图表 1—150

3211161140

江苏增值税专用发票

发 票 联

№ 04498053

3211161140
04498053

开票日期：20×× 年 12 月 24 日

税总函【××××】×××号 ××××××××公司

购买方	名　　称：江苏中瑞机电有限公司 纳税人识别号：913211125255851838 地 址、电 话：江苏省镇江市丹徒区王乡街林达路 05 号 0511-88396542 开户行及账号：中国银行镇江市丹徒区支行 41235716891614	密码区	43*3187<4/+9384<+95-59+7<960 0527<0-->>-6>525<477905->7*7 87*3187<4/+8490<+00709447777 8+<712/<1+9016>6461++>84>392

货物或应税劳务、服务名称	规格型号	单位	数量	单价	金额	税率	税额
G 设备装卸、搬运费		次	1	400.00	400.00	6%	24.00
合计	现金付讫				¥400.00		¥24.00
价税合计（大写）	⊗ 肆佰贰拾肆元整				（小写）¥424.00		

销售方	名　　称：江苏韵通物流有限公司 纳税人识别号：913211027830891823 地 址、电 话：江苏省镇江市京口区齐伟街刘玉路 68 号 0511-30143946 开户行及账号：中国建设银行镇江市京口区支行 41622124921612	备注	江苏韵通物流有限公司 913211027830891823 发票专用章

收款人：　　复核：　　开票人：刘海洪　　销售方：（章）

第三联：发票联 购买方记账凭证

图表 1—151

3211161140

江苏增值税专用发票

此联不作报销、扣税凭证使用

№ 01794277

3211161140
01794277

开票日期：20×× 年 12 月 24 日

税总函【××××】×××号 ××××××××公司

购买方	名　　称：镇江市物资回收有限公司 纳税人识别号：913211125255851831 地 址、电 话：江苏省镇江市丹徒区王建街郝光路 97 号 0511-54056994 开户行及账号：中国银行镇江市丹徒区支行 41235734238368	密码区	25*3187<4/+6246<+95-59+7<897 3685<0-->>-6>525<254249->7*7 87*3187<4/+8490<+96951216996 0+<712/<1+9016>0120++>84>578

货物或应税劳务、服务名称	规格型号	单位	数量	单价	金额	税率	税额
G 设备		台	1	8 500.00	8 500.00	16%	1 360.00
合计			现金收讫		¥8 500.00		¥1 360.00
价税合计（大写）	⊗ 玖仟捌佰陆拾元整				（小写）¥9 860.00		

销售方	名　　称：江苏中瑞机电有限公司 纳税人识别号：91321125255851838 地 址、电 话：江苏省镇江市丹徒区王乡街林达路 05 号 0511-88396542 开户行及账号：中国银行镇江市丹徒区支行 41235716891614	备注	

收款人：　　复核：　　开票人：刘宁　　销售方：（章）

第一联：记账联 销售方记账凭证

图表 1—152

固定资产处置结果表

20×× 年 12 月 24 日

固定资产名称	G 设备	原价	80 000.00	已提折旧	59 520.00
净值	20 480.00	出售价格（不含税）	8 500.00	清理费用	400.00
出售净损益	-12 380.00				
财务部门意见： 净损益按《企业会计准则》处理 朱胜利 20×× 年 12 月 24 日			公司领导意见： 同意 李峰 20×× 年 12 月 24 日		

实训 54：根据业务（69），计算并提取固定资产月折旧额（图表 1—153）。

图表 1—153

固定资产折旧计算表

20××-12-31 单位：元

使用部门	固定资产类别	使用年限	残值率	固定资产原值	月折旧率	月折旧额
行政管理部门	房屋及建筑物	20	5%	600 000.00		
	电子设备	3	5%	49 000.00		
	家具及工具	5	5%	25 000.00		
	运输工具	4	5%	320 000.00		
销售门市部	电子设备	3	5%	18 000.00		
	家具及工具	5	5%	7 000.00		
	运输工具	4	5%	150 000.00		
一生产车间	房屋及建筑物	20	5%	800 000.00		
	电子设备	3	5%	10 000.00		
	家具及工具	5	5%	11 000.00		
	生产设备	10	5%	990 000.00		
二生产车间	房屋及建筑物	20	5%	1 100 000.00		
	电子设备	3	5%	16 500.00		
	家具及工具	5	5%	13 000.00		
	生产设备	10	5%	480 000.00		
修理部	家具及工具	5	5%	6 000.00		
	生产设备	10	5%	255 000.00		
合计				4 850 500.00		

制表：刘宁 审核：朱胜利

实训 55：根据业务（70），计算并摊销无形资产价值（图表 1—154）。

图表 1—154

无形资产摊销计算表

20×× -12-31　　　　单位：元

使用部门	资产名称	月初账面价值	本月增加额	摊销期	月摊销额
办公室	M 专利权	240 000.00		10	
一生产车间	S 非专利技术	210 000.00		10	
销售门市部	KV 商标权	180 000.00		10	
二生产车间	K 实用新型专利		108 000.00	10	
合　计		630 000.00	108 000.00		

制表：刘宁　　　　审核：朱胜利

单元六　成本核算岗位实训

一、岗位知识与技能要求

1. 熟悉成本核算业务的流程。
2. 了解不同工艺技术与生产组织下的成本计算方法。具体方法见图表 1—155。

图表 1—155

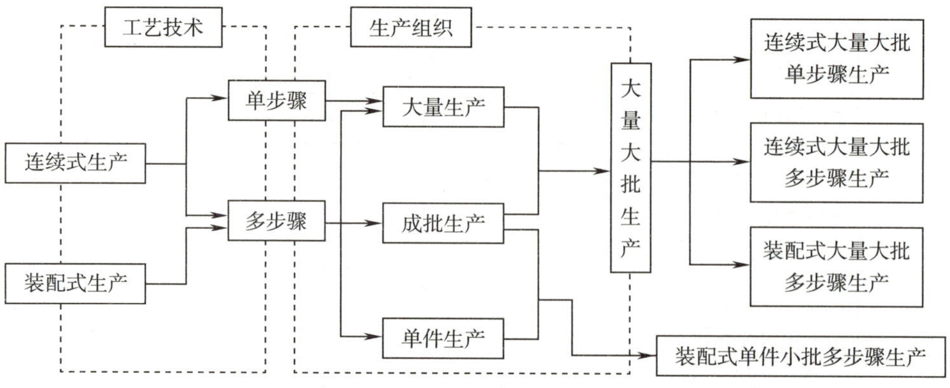

3. 能正确认识生产费用要素和产品成本项目的关系，掌握成本开支范围。
4. 会进行生产费用归集、分配的账务处理，能正确计算产品成本。
5. 熟悉成本核算账户的设置与使用，能正确登记相关成本账簿。

二、岗位职责

1. 审核公司各项成本支出，进行成本核算、费用管理、成本分析，并定期编制成本分析报表。

2. 负责对生产成本进行监督和管理，督导成本控制及清点存货，审查原材料的采购。

3. 收集有关信息和数据，进行有关盈亏预测工作，协助各部门进行成本经济核算，并分解下达成本、费用、计划指标。

4. 评估成本方案，及时改进成本核算方法。

5. 做好成本资料的整理、归档工作，建立数据库，方便查询和及时更新成本资料。

三、核算流程（图表 1—156）

图表 1—156

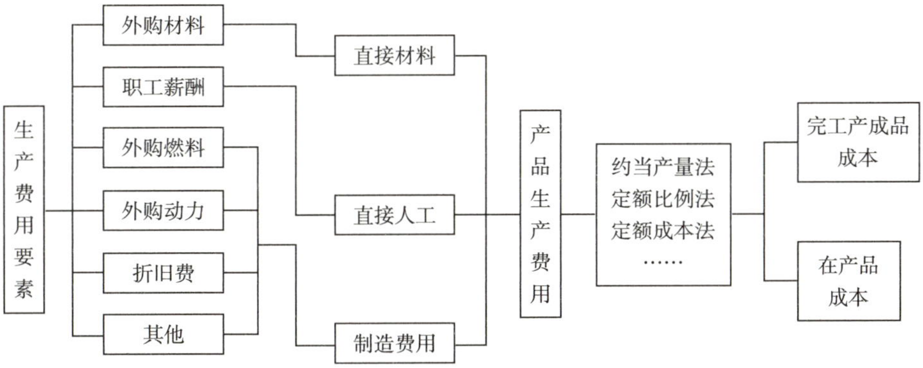

四、实训要求

1. 根据业务资料设置产品成本明细账，并登记期初余额。

2. 审核本期与成本业务有关的原始凭证。

3. 设置各车间制造费用明细账，根据业务资料归集制造费用，辅助车间和二车间制造费用直接转入生产成本，一车间发生的制造费用根据生产工时在不同半成品之间进行分配。

4. 设置辅助生产成本明细账，归集辅助车间发生的生产费用，并采用直接分配法对外分配生产费用。

5. 根据业务资料登记产品生产成本明细账，各步骤完工产成品与在产品之间采用约当产量法进行费用分配。

6. 采用综合结转分步法计算产成品成本。
7. 根据业务资料进行完工配件和产成品入库的账务处理。
8. 完成本岗位记账凭证科目汇总表的编制。
9. 期末将产品成本明细账与总账进行核对，并完成期末结账。

五、实训项目

根据第一部分实训资料——20×× 年 12 月发生的经济业务（2）（17）（28）（31）（38）（73）（77）（78）（79）（80）（81），完成成本核算岗位实训。

实训 56：根据业务（2），购买办公用品一批（图表 1—157 至图表 1—160）。

图表 1—157

3211168140　　江苏增值税专用发票　　№ 32145931　　3211168140 32145931

抵扣联

开票日期：20×× 年 12 月 01 日

购买方	名　　称：江苏中瑞机电有限公司 纳税人识别号：913211125255851838 地 址、电 话：江苏省镇江市丹徒区王乡街林达路 05 号 0511-88396542 开户行及账号：中国银行镇江市丹徒区支行 41235716891614				密码区	32*3187<4/+8385<+95-59+7<69 50238<0-->>-6>525<573508->7 *787*3187<4/+8490<+78771962 3658+<712/<1+9016>6489++>84	
货物或应税劳务、服务名称	规格型号	单位	数量	单价	金额	税率	税额
票据夹		个	200	5.50	1 100.00	16%	176.00
日记账账本		本	100	15.00	1 500.00	16%	240.00
金枝圆珠笔（多色）		支	200	2.50	500.00	16%	80.00
印台（蓝色）		个	50	7.50	375.00	16%	60.00
佳能墨粉（黑色）		盒	30	300.00	9 000.00	16%	1 440.00
合计					¥12 475.00		¥ 1 996.00
价税合计（大写）	⊗ 壹万肆仟肆佰柒拾壹元整				（小写）¥ 14 471.00		
销售方	名　　称：江苏晨兴办公用品有限公司 纳税人识别号：913211029645884981 地 址、电 话：江苏省镇江市京口区吴连街王宁路 52 号 0511-85838903 开户行及账号：中国建设银行镇江市京口区支行 41622124199993				备注	江苏晨兴办公用品有限公司 913211029645884981 发票专用章	

收款人：　　复核：　　开票人：孙武　　销售方：（章）

税总函【××××】×××号 ×××××××× 公司

第二联：抵扣联 购买方扣税凭证

图表 1—158

3211168140

江苏增值税专用发票

发 票 联

№ 32145931

3211168140
32145931

开票日期：2016 年 12 月 01 日

购买方	名　　称：江苏中瑞机电有限公司 纳税人识别号：913211125255851838 地 址、电 话：江苏省镇江市丹徒区王乡街林达路 05 号 0511–88396542 开户行及账号：中国银行镇江市丹徒区支行 41235716891614	密码区	32*3187<4/+8385<+95–59+7<69 50238<0-->>–6>525<573508–>7 *787*3187<4/+8490<+78771962 3658+<712/<1+9016>6489++>84

货物或应税劳务、服务名称	规格型号	单位	数量	单价	金额	税率	税额
票据夹		个	200	5.50	1 100.00	16%	176.00
日记账账本		本	100	15.00	1 500.00	16%	240.00
金枝圆珠笔（多色）		支	200	2.50	500.00	16%	80.00
印台（蓝色）		个	50	7.50	375.00	16%	60.00
佳能墨粉（黑色）		盒	30	300.00	9 000.00	16%	1 440.00
合计					¥12 475.00		¥ 1 996.00
价税合计（大写）	⊗ 壹万肆仟肆佰柒拾壹元整				（小写）¥ 14 471.00		

销售方	名　　称：江苏晨兴办公用品有限公司 纳税人识别号：913211029645884981 地 址、电 话：江苏省镇江市京口区吴连街王宁路 52 号 0511–85838903 开户行及账号：中国建设银行镇江市京口区支行 41622124199993	备注	江苏晨兴办公用品有限公司 913211029645884981 发票专用章

收款人：　　复核：　　开票人：孙武　　销售方：（章）

税总函【××××】×××号 ×××××××× 公司

第三联：发票联 购买方记账凭证

图表 1—159

中国银行客户专用回单

币别：人民币　　20×× 年 12 月 01 日　　流水号 321120027J0500810068

付款人	全称	江苏中瑞机电有限公司	收款人	全称	江苏晨兴办公用品有限公司
	账号	41235716891614		账号	41622124199993
	开户行	中国银行镇江市丹徒区支行		开户行	中国建设银行镇江市京口区支行
金额		（大写）人民币　壹万肆仟肆佰柒拾壹元整			（小写）¥ 14 471.00
凭证种类		网银	凭证号码		
结算方式		转账	用途		支付办公费

汇划日期：20××–12–01　汇划款项编号：00408089 报文顺序号：56763214　汇出行行号：104002034155 汇出行名：中国银行镇江市丹徒区支行 业务类型：0090　原凭证金额：14 471.00 原凭证种类：0701　原凭证号码： 附言：	中国银行 电子回单 专用章 打印柜员：321125584257 打印机构：中国银行镇江市丹徒区支行 打印卡号：41235716891614

打印时间：20××–12–01　交易柜员：321125584268　　交易机构：321110413

第一联 借方（回单）

图表 1—160

办公用品领用单

20××-12-01　　　　单位：元

领用部门	票据夹		日记账账本		金枝圆珠笔（多色）		印台（蓝色）		佳能墨粉（黑色）		领用人	合计
	数量	金额	数量	金额	数量	金额	数量	金额	数量	金额		
办公室	20	110.00	10	150.00	20	50.00	5	37.50	5	1 500.00	曹国建	1 847.50
财务部	50	275.00	5	75.00	35	87.50	10	75.00	5	1 500.00	刘宁	2 012.50
采购部	20	110.00	5	75.00	20	50.00	5	37.50	4	1 200.00	李津	1 472.50
销售门市	20	110.00	10	150.00	30	75.00	8	60.00	4	1 200.00	赵爱东	1 595.00
一生产车间	40	220.00	30	450.00	35	87.50	10	75.00	5	1 500.00	刘泽军	2 332.50
二生产车间	40	220.00	35	525.00	40	100.00	10	75.00	5	1 500.00	张文霞	2 420.00
修理部	10	55.00	5	75.00	20	50.00	2	15.00	2	600.00	刘立学	795.00
合计		1 100.00		1 500.00		500.00		375.00		9 000.00		12 475.00

制表：李杰　　　　审核：闫瑞

实训 57：根据业务（17），支付职工困难补助金（图表 1—161）。

图表 1—161

职工困难补助申请支付表（代现金收据）

20××-12-06

单位：元

申请人姓名	王彦伟	所在部门	修理部
申请金额	人民币壹仟伍佰元整		
申请理由	爱人常年生病，无收入来源，家庭收入无法维持生计。		

现金付讫

江苏中瑞机电有限公司

审批：李峰　　　　财务审核：朱胜利　　　　部门审核：童玉军

实训 58：根据业务（28），计算并分摊水费（图表 1—162 至图表 1—166）。

图表 1—162

3211165140

江苏增值税专用发票

抵扣联

№ 49718550

3211165140
49718550

开票日期：20×× 年 12 月 10 日

购买方	名　　称：江苏中瑞机电有限公司 纳税人识别号：913211125255851838 地 址、电 话：江苏省镇江市丹徒区王乡街林达路 05 号 0511–88396542 开户行及账号：中国银行镇江市丹徒区支行 41235716891614				密码区	34*3187<4/+0280<+95–59+7<19 27354<0-–>>–6>525<679509–>7 *787*3187<4/+8490<+17455800 1392+<712/<1+9016>0179++>84	
货物或应税劳务、服务名称	规格型号	单位	数量	单价	金额	税率	税额
水费		吨	4 000	2.2	8 800.00	16%	1 408.00
合计					¥ 8 800.00		¥ 1 408.00
价税合计（大写）	⊗ 壹万零贰佰零捌元整					（小写）¥ 10 208.00	
销售方	名　　称：江苏水务股份有限公司 纳税人识别号：913211121167476863 地 址、电 话：江苏省镇江市丹徒区解红街胡春路 01 号 0511–246439372 开户行及账号：中国建设银行江苏省镇江市丹徒区支行 41621526485817				备注	江苏水务股份有限公司 913211121167476863 发票专用章	

收款人：　　复核：　　开票人：杨现林　　销售方：（章）

税总函【××××】×××号 ××××××××公司

第三联：抵扣联 购买方扣税凭证

图表 1—163

3211165140

江苏增值税专用发票

发票联

№ 49718550

3211165140
49718550

开票日期：20×× 年 12 月 10 日

购买方	名　　称：江苏中瑞机电有限公司 纳税人识别号：913211125255851838 地 址、电 话：江苏省镇江市丹徒区王乡街林达路 05 号 0511–88396542 开户行及账号：中国银行镇江市丹徒区支行 41235716891614				密码区	34*3187<4/+0280<+95–59+7<19 27354<0-–>>–6>525<679509–>7 *787*3187<4/+8490<+17455800 1392+<712/<1+9016>0179++>84	
货物或应税劳务、服务名称	规格型号	单位	数量	单价	金额	税率	税额
水费		吨	4 000	2.2	8 800.00	16%	1 408.00
合计					¥ 8 800.00		¥ 1 408.00
价税合计（大写）	⊗ 壹万零贰佰零捌元整					（小写）¥ 10 208.00	
销售方	名　　称：江苏水务股份有限公司 纳税人识别号：913211121167476863 地 址、电 话：江苏省镇江市丹徒区解红街胡春路 01 号 0511–246439372 开户行及账号：中国建设银行江苏省镇江市丹徒区支行 41621526485817				备注	江苏水务股份有限公司 913211121167476863 发票专用章	

收款人：　　复核：　　开票人：杨现林　　销售方：（章）

税总函【××××】×××号 ××××××××公司

第三联：发票联 购买方记账凭证

图表 1—164

3211166120

江苏增值税专用发票

发 票 联

№ 49717290

3211166120
49717290

检验码 59732 02210 50956 37369

开票日期：20×× 年 12 月 10 日

购买方	名 称：江苏中瑞机电有限公司 纳税人识别号：913211125255851838 地 址、电 话：江苏省镇江市丹徒区王乡街林达路 05 号 0511-88396542 开户行及账号：中国银行镇江市丹徒区支行 41235716891614				密码区	13*3187<4/+7117<+95-59+7<31 52027<0-->>-6>525<270248->7 *787*3187<4/+8490<+96829941 9532+<712/<1+9016>0811++>84	
货物或应税劳务、服务名称	规格型号	单位	数量	单价	金额	税率	税额
污水处理费		吨	4 000	1.50	6 000.00	0%	***
合计					¥6 000.00		¥0
价税合计（大写）	⊗ 陆仟元整					（小写）¥6 000.00	
销售方	名 称：江苏水务股份有限公司 纳税人识别号：913211121167476863 地 址、电 话：江苏省镇江市丹徒区解红街胡春路 01 号 0511-246439372 开户行及账号：中国建设银行江苏省镇江市丹徒区支行 41621526485817				备注	江苏水务股份有限公司 913211121167476863 发票专用章	

收款人： 复核： 开票人：陈宝雷 销售方：（章）

税总函【××××】×××号 ××××××××公司

第二联：发票联 购买方记账凭证

图表 1—165

中国银行客户专用回单

币别：人民币 20×× 年 12 月 10 日 流水号 321120027J0500810043

付款人	全称	江苏中瑞机电有限公司	收款人	全称	江苏水务股份有限公司
	账号	41235716891614		账号	41621526485817
	开户行	中国银行镇江市丹徒区支行		开户行	中国建设银行江苏省镇江市丹徒区支行
金额		（大写）人民币 壹万陆仟贰佰零捌元整			（小写）¥16 208.00
凭证种类		网银	凭证号码		
结算方式		转账	用途		支付水费
汇划日期：20××-12-10 汇划款项编号：00401761 报文顺序号：56763297 汇出行行号：104002034155 汇出行行名：中国银行镇江市丹徒区支行 业务类型 0064 原凭证金额：16 208.00 原凭证种类：0703 原凭证号码： 附言：			打印柜员：321125584257 打印机构：中国银行镇江市丹徒区支行 打印卡号：41235716891614 中国银行 电子回单专用章		

打印时间：20××-12-10 交易柜员：321125584268 交易机构：321110473

第一联 借方（回单）

图表 1—166

水费分配表

20××-12-11　　　　单位：元

部门	实际用量	水费（元/吨）	水费分摊金额	污水处理费（元/吨）	污水处理费分摊金额	合计
办公室	200					
财务部	150					
采购部	150					
销售门市部	300					
一生产车间	1 300					
二生产车间	1 200					
修理部	700					
合计	4 000					

制表：刘宁　　　　审核：朱胜利

实训 59：根据业务（31），计算并分摊电费（图表 1—167 至图表 1—170）。

图表 1—167

3211165140　　**江苏增值税专用发票**　　№ 16799919　　3211165140 16799919

抵扣联

（印章：全国统一发票监制章 国家税务总局监制）

开票日期：20×× 年 12 月 11 日

税总函【××××】×××号 ×××××××× 公司

购买方	名称：江苏中瑞机电有限公司 纳税人识别号：913211125255851838 地址、电话：江苏省镇江市丹徒区王乡街林达路 05 号 0511-88396542 开户行及账号：中国银行镇江市丹徒区支行 41235716891614	密码区	79*3187<4/+6817<+95-59+7<74 01704<0-->>-6>525<078044->7 *787*3187<4/+8490<+66253305 7556+<712/<1+9016>1984++>84

货物或应税劳务、服务名称	规格型号	单位	数量	单价	金额	税率	税额
电费					9 000.00	16%	1 440.00
合计					¥9 000.00		¥1 440.00
价税合计（大写）	⊗ 壹万零肆佰肆拾元整				（小写）¥10 440.00		

销售方	名称：江苏省电力股份有限公司镇江市分公司 纳税人识别号：913211120645002233 地址、电话：江苏省镇江市丹徒区韩春街刘海路 39 号 0511-730497580 开户行及账号：中国建设银行江苏省镇江市丹徒区支行 41247650539624	备注	（印章：江苏省电力股份有限公司镇江市分公司 913211120645002233 发票专用章）

收款人：　　复核：　　开票人：郭君　　销售方：（章）

第二联：抵扣联 购买方扣税凭证

图表 1—168

3211165140　　**江苏增值税专用发票**　　№ 16799919　　3211165140 16799919

发票联

开票日期：20×× 年 12 月 11 日

购买方	名　　称：江苏中瑞机电有限公司 纳税人识别号：913211125255851838 地 址、电 话：江苏省镇江市丹徒区王乡街林达路 05 号 0511-88396542 开户行及账号：中国银行镇江市丹徒区支行 41235716891614				密码区	79*3187<4/+6817<+95-59+7<74 01704<0-->>-6>525<078044->7 *787*3187<4/+8490<+66253305 7556+<712/<1+9016>1984++>84	
货物或应税劳务、服务名称	规格型号	单位	数量	单价	金额	税率	税额
电费					9 000.00	16%	1 440.00
合计					¥ 9 000.00		¥ 1 440.00
价税合计（大写）	⊗ 壹万零肆佰肆拾元整					（小写）¥ 10 440.00	
销售方	名　　称：江苏省电力股份有限公司镇江市分公司 纳税人识别号：913211120645002233 地 址、电 话：江苏省镇江市丹徒区韩春街刘海路 39 号 0511-730497580 开户行及账号：中国建设银行江苏省镇江市丹徒区支行 41247650539624				备注	江苏省电力股份有限公司镇江市分公司 913211120645002233 发票专用章	

收款人：　　复核：　　开票人：郭君　　销售方：（章）

税总函【××××】×××号 ××××××××公司

第三联：发票联 购买方记账凭证

图表 1—169

中国银行客户专用回单

币别：人民币　　20×× 年 12 月 11 日　　流水号 321120027J0500810057

付款人	全称	江苏中瑞机电有限公司	收款人	全称	江苏省电力股份有限公司镇江市分公司
	账号	41235716891614		账号	41247650539624
	开户行	中国银行镇江市丹徒区支行		开户行	中国建设银行江苏省镇江市丹徒区支行
金额		（大写）人民币　壹万零肆佰肆拾元整			（小写）¥ 10 440.00
凭证种类		网银	凭证号码		
结算方式		转账	用途		支付电费

汇划日期：20××-12-11 汇划款项编号：00405830
报文顺序号：56763264　汇出行行号：104002034155
汇出行行名：中国银行镇江市丹徒区支行
业务类型：0076　原凭证金额：10 440.00
原凭证种类：0705　原凭证号码：
附言：

打印柜员：321125584257
打印机构：中国银行镇江市丹徒区支行
打印卡号：41235716891614

中国银行 电子回单专用章

打印时间：20××-12-11　交易柜员：321125584268　交易机构：321110489

第一联 借方（回单）

图表 1—170

外购电费分配表

20××-12-11　　　　单位：元

部门	实际用量	分配率	分配金额
办公室	1 500		
财务部	500		
采购部	1 000		
销售门市部	1 200		
一生产车间	4 200		
二生产车间	4 400		
修理部	2 200		
合计	15 000		

制表：刘宁　　　　审核：朱胜利

实训 60：根据业务（38），购买并分摊汽油充值卡（图表 1—171 至图表 1—174）。

图表 1—171

3211163140

江苏增值税专用发票

抵扣联

№ 62488379

3211163140
62488379

开票日期：20××年 12 月 14 日

购买方
名　　称：江苏中瑞机电有限公司
纳税人识别号：913211125255851838
地址、电话：江苏省镇江市丹徒区王乡街林达路 05 号 0511-88396542
开户行及账号：中国银行镇江市丹徒区支行 41235716891614

密码区
20*3187<4/+6280<+95-59+7<71
30448<0-->>-6>525<171534->7
*787*3187<4/+8490<+46702898
3380+<712/<1+9016>4910++>84

货物或应税劳务、服务名称	规格型号	单位	数量	单价	金额	税率	税额
93# 汽油		升	2 000	6.30	12 600.00	16%	2 016.00
合计					¥ 12 600.00		¥ 2 016.00
价税合计（大写）	⊗ 壹万肆仟陆佰壹拾陆元整				（小写）¥ 14 616.00		

销售方
名　　称：江苏石化有限公司
纳税人识别号：913211025443070666
地址、电话：江苏省镇江市京口区刘玉街刘研路 56 号 0511-77574903
开户行及账号：中国建设银行镇江市京口区支行 41622124736482

备注：（印章：江苏石化有限公司 913211025443070666 发票专用章）

收款人：　　复核：　　开票人：余海　　销售方：（章）

税总函【××××】×××号 ×××××××× 公司

第二联：抵扣联 购买方扣税凭证

图表 1—172

3211163140 **江苏增值税专用发票** № 62488379 3211163140 62488379

发票联

开票日期：20×× 年 12 月 14 日

购买方	名　　称：江苏中瑞机电有限公司 纳税人识别号：913211125255851838 地 址、电 话：江苏省镇江市丹徒区王乡街林达路 05 号 0511-88396542 开户行及账号：中国银行镇江市丹徒区支行 41235716891614	密码区	20*3187<4/+6280<+95-59+7<71 30448<0-->>-6>525<171534->7 *787*3187<4/+8490<+46702898 3380+<712/<1+9016>4910++>84

货物或应税劳务、服务名称	规格型号	单位	数量	单价	金额	税率	税额
93# 汽油		升	2 000	6.30	12 600.00	16%	2 016.00
合计					¥ 12 600.00		¥ 2 016.00
价税合计（大写）	⊗ 壹万肆仟陆佰壹拾陆元整				（小写）¥ 14 616.00		

销售方	名　　称：江苏石化有限公司 纳税人识别号：913211025443070666 地 址、电 话：江苏省镇江市京口区刘玉街刘研路 56 号 0511-77574903 开户行及账号：中国建设银行镇江市京口区支行 41622124736482	备注	江苏石化有限公司 913211025443070666 发票专用章

收款人：　　复核：　　开票人：余海　　销售方：（章）

税总函【××××】×××号 ××××××××公司

第三联：发票联 购买方记账凭证

图表 1—173

费用分配表

20××-12-14　　单位：元

部门	分摊金额
办公室	1 200.00
采购部	1 600.00
销售门市部	4 000.00
一生产车间	2 200.00
二生产车间	2 600.00
修理部	1 000.00
合计	12 600.00

制表：刘宁　　审核：朱胜利

图表 1—174

中国银行客户专用回单

币别：人民币 20×× 年 12 月 14 日 流水号 321120027J0500810021

付款人	全称	江苏中瑞机电有限公司	收款人	全称	江苏石化有限公司
	账号	41235716891614		账号	41622124736482
	开户行	中国银行镇江市丹徒区支行		开户行	中国建设银行镇江市京口区支行
金额		（大写）人民币 壹万肆仟陆佰壹拾陆元整			（小写）¥ 14 616.00
凭证种类		网银	凭证号码		
结算方式		转账	用途		支付 93# 汽油

汇划日期：20××-12-14 汇划款项编号：00400424
报文顺序号：56763241 汇出行行号：104002034155
汇出行行名：中国银行镇江市丹徒区支行
业务类型 0055 原凭证金额：14 616.00
原凭证种类：0701 原凭证号码：
附言：

打印柜员：321125584267
打印机构：中国银行镇江市丹徒区支行
打印卡号：41235716891614

（印章：中国银行 电子回单 专用章）

第一联 借方（回单）

打印时间：20××-12-14 交易柜员：321125584268 交易机构：321110436

实训 61：根据业务（73），汇总计算并结转本月发出材料的成本（图表 1—175、图表 1—176）

图表 1—175

发出材料单位成本计算表

20××-12-31 单位：元

材料名称	单位	期初		本期入库		发出材料单价
		数量	金额	数量	金额	
A	千克	4 500	108 000.00			
B	千克	5 000	52 500.00			
C	千克	4 000	18 000.00			
合计			178 500.00			

制表：刘宁 审核：朱胜利

图表 1—176

原材料发出汇总表

20××-12-31 单位：元

领料部门	领料用途	产品	A		B		C		合计
			数量	金额	数量	金额	数量	金额	
销售门市	销售领用								
一生产车间	生产产品领用	TB 配件							
		RF 配件							
	机物料消耗								
二生产车间	机物料消耗								
修理部	辅助生产领用								
合计									

制表：刘宁 审核：朱胜利

提示：发出材料的数量依据存货岗位的领料单填制。

实训62：根据业务（77），汇总分配本月修理部的生产费用（图表1—177、图表1—178）。

图表1—177

修理部提供劳务量汇总表

20××年12月

受益对象	劳务供应量（小时）
管理部门	800
销售门市部	1 200
一生产车间	1 500
二生产车间	1 300
合计	4 800

制表：刘宁　　　　审核：朱胜利

图表1—178

辅助生产费用分配表

20××年12月

分配对象	修理工时（小时）	分配率	分配金额（元）
管理部门	800		
销售门市部	1 200		
一生产车间	1 500		
二生产车间	1 300		
合计	4 800		

制表：刘宁　　　　审核：朱胜利

实训63：根据业务（78），分配生产车间制造费用（图表1—179）。

图表1—179

生产车间制造费用分配表

车间：一车间　　20××年12月

产品	生产工时（小时）	分配金额（元）
TB配件	3 000	
RF配件	3 200	
合计	6 200	

制表：刘宁　　　　审核：朱胜利

实训 64：根据业务（79），完成自制半成品成本计算单，结转完工入库的半成品成本（图表 1—180 至图表 1—182）。

图表 1—180

半成品产量明细

20×× 年 12 月　　单位：件

生产部门	项目	月初在产品数量	本月投产数量	本月完工入库数量	月末在产品数量	投料率	期末在产品完工率
一车间	TB 配件	1 400	1 600	2 000	1 000	100%	50%
	RF 配件	1 300	2 000	2 200	1 100	100%	50%
二车间	甲产品	1 600	1 500	1 800	1 300	100%	50%

制表：刘宁　　审核：朱胜利

图表 1—181

自制半成品成本计算表

20×× 年 12 月

产品名称：TB 配件　　单位：元

项目		直接材料	直接人工	制造费用	合 计
月初在产品成本		117 600.00	7 925.00	6 720.00	132 245.00
本月发生成本					
生产费用合计					
产量	完工产成品数量				
	在产品约当产量				
	产量合计				
单位成本					
完工产成品成本					
月末在产品成本					

制表：刘宁　　审核：朱胜利

图表 1—182

自制半成品成本计算表

20×× 年 12 月

产品名称：RF 配件　　　　单位：元

项目		直接材料	直接人工	制造费用	合 计
月初在产品成本		70 200.00	3 645.00	3 120.00	76 965.00
本月发生成本					
生产费用合计					
产量	完工产成品数量				
	在产品约当产量				
	产量合计				
单位成本					
完工产成品成本					
月末在产品成本					

制表：刘宁　　　　审核：朱胜利

提示：根据生产成本明细账，编制生产成本计算表，计算出完工产成品成本和在产品成本，并结转完工产成品成本。

实训 65：根据业务（80），计算并结转生产领用半成品成本（图表 1—183、图表 1—184）。

图表 1—183

自制配件单位成本计算表

20××-12-31　　　　单位：元

产品名称	单位	期初		本期入库		单位成本
		数量	金额	数量	金额	
TB 配件	件					
RF 配件	件					
合 计						

制表：刘宁　　　　审核：朱胜利

图表 1—184

生产领用配件汇总表

20×× 年 12 月　　　　单位：元

领用部门	用途	TB 配件		RF 配件		合 计
		数量	金额	数量	金额	
生产二车间	生产甲产品	1 800		3 200		

制表：刘宁　　　　审核：朱胜利

实训 66：根据业务（81），计算并结转完工产成品成本（图表 1—185 至图表 1—187）。

图表 1—185

产成品产量明细

20×× 年 12 月　　　　单位：件

生产部门	项目	月初在产品数量	本月投产数量	本月完工入库数量	月末在产品数量	投料率	期末在产品完工率
二车间	甲产品	1 600	1 500	2 000	1 100	100%	50%

制表：刘宁　　　　审核：朱胜利

图表 1—186

产成品成本计算表

20×× 年 12 月

产品名称：甲产成品　　　　单位：元

项　目		直接材料	直接人工	制造费用	合 计
月初在产品成本		307 200.00	14 030.00	8 460.00	329 690.00
本月发生成本					
生产费用合计					
产量	完工产成品数量				
	在产品约当产量				
	产量合计				
单位成本					
完工产成品成本					
月末在产品成本					

制表：刘宁　　　　审核：朱胜利

提示：根据生产成本明细账，编制生产成本计算表，计算出完工产成品成本和在产品成本。

图表 1—187

产成品入库汇总表

20×× 年 12 月

产品名称	计量单位	入库数量

制表：刘宁　　　　审核：朱胜利

单元七　财务成果核算岗位实训

一、岗位知识与技能要求

1. 熟悉会计、税收等法律法规，掌握企业会计制度规范。

2. 掌握各种销售方式下收入的确认、计量与核算方法，掌握投资收益与营业外收入的核算方法。

3. 掌握各种成本费用、三项期间费用及营业外支出的范围界定及核算方法。

4. 熟悉期末费用摊销、计提的计算与账务处理。

5. 能计算利润和应交所得税，以及进行损益类账户的结转。

二、岗位职责

1. 负责编制收入、利润计划。

2. 办理销售款项结算业务。

3. 负责收入和利润的明细核算。

三、核算流程（图表 1—188）

图表 1—188

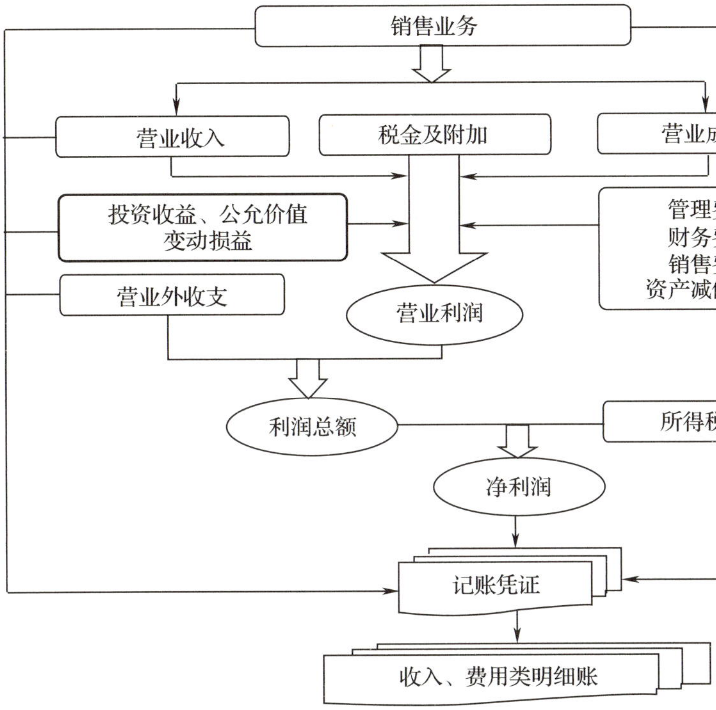

四、实训要求

1. 根据需要设置损益类账户明细账。

2. 根据本岗位取得的原始凭证完成收入类、费用类账户的账务处理。

3. 根据业务资料填制有关费用摊销、计提的原始凭证，并进行相关账务处理。

4. 完成损益类账户的结转，并结转所得税费用。

5. 完成本年利润的结转并进行年终利润分配和相关账务处理。

6. 完成本岗位记账凭证科目汇总表的编制。

7. 期末将损益类明细账与总账进行核对，并完成期末结账。

五、实训项目

根据第一部分实训资料——20×× 年 12 月发生的经济业务（8）（15）（21）（22）（24）（30）（40）（44）（48）（51）（52）（53）（56）（62）（63）（71）（72）（76）（82）（84）（86）（87）（88）（89）（90）（91）（92）（93），完成财务成果核算岗位实训。

实训 67：根据业务（8），支付汽车维修费（图表 1—189 至图表 1—192）。

图表 1—189

3211162140

江苏增值税专用发票

抵扣联

№ 41013888

3211162140
41013888

开票日期：20×× 年 12 月 03 日

购买方	名　　称：江苏中瑞机电有限公司 纳税人识别号：913211125255851838 地址、电话：江苏省镇江市丹徒区王乡街林达路 05 号 0511-88396542 开户行及账号：中国银行镇江市丹徒区支行 41235716891614				密码区	05*3187<4/+1124<+95-59+7<58 83696<0-->>-6>525<852921->7 *787*3187<4/+8490<+85463757 5535+<712/<1+9016>5672++>84	
货物或应税劳务、服务名称	规格型号	单位	数量	单价	金额	税率	税额
汽车维修费		次	1	3 600.00	3 600.00	16%	576.00
合计					¥3 600.00		¥576.00
价税合计（大写）	⊗ 肆仟壹佰柒拾陆元整				（小写）¥4 176.00		
销售方	名　　称：吉达维修服务有限公司 纳税人识别号：913211021563338133 地址、电话：江苏省镇江市京口区吴丽街董凯路 42 号 0511-73212781 开户行及账号：中国建设银行镇江市京口区支行 41622124949080				备注	吉达维修服务有限公司 913211021563338133 发票专用章	

收款人：　　复核：　　开票人：郭森林　　销售方：（章）

税总函【××××】×××号　××××××××公司

第二联：抵扣联　购买方扣税凭证

图表 1—190

3211162140

江苏增值税专用发票

发票联

№ 41013888

3211162140
41013888

开票日期：20×× 年 12 月 03 日

购买方	名　　称：江苏中瑞机电有限公司 纳税人识别号：913211125255851838 地址、电话：江苏省镇江市丹徒区王乡街林达路 05 号 0511-88396542 开户行及账号：中国银行镇江市丹徒区支行 41235716891614				密码区	05*3187<4/+1124<+95-59+7<58 83696<0-->>-6>525>852921->7 *787*3187<4/+8490<+85463757 5535+<712/<1+9016>5672++>84	
货物或应税劳务、服务名称	规格型号	单位	数量	单价	金额	税率	税额
汽车维修费		次	1	3 600.00	3 600.00	16%	576.00
合计					¥3 600.00		¥576.00
价税合计（大写）	⊗ 肆仟壹佰柒拾陆元整				（小写）¥4 176.00		
销售方	名　　称：吉达维修服务有限公司 纳税人识别号：913211021563338133 地址、电话：江苏省镇江市京口区吴丽街董凯路 42 号 0511-73212781 开户行及账号：中国建设银行镇江市京口区支行 41622124949080				备注	吉达维修服务有限公司 913211021563338133 发票专用章	

收款人：　　复核：　　开票人：郭森林　　销售方：（章）

税总函【××××】×××号　××××××××公司

第三联：发票联　购买方记账凭证

图表 1—191

费用分配表

20××-12-03　　　　单位：元

部门	分摊金额
销售门市部	3 600.00
合计	3 600.00

制表：刘宁　　　　审核：朱胜利

图表 1—192

中国银行客户专用回单

币别：人民币　　20××年 12 月 03 日　　流水号 321120027J0500810023

付款人	全称	江苏中瑞机电有限公司	收款人	全称	吉达维修服务有限公司
	账号	41235716891614		账号	41622124949080
	开户行	中国银行镇江市丹徒区支行		开户行	中国建设银行镇江市京口区支行
金额		（大写）人民币　肆仟壹佰柒拾陆元整　　（小写）¥4 176.00			
凭证种类		网银	凭证号码		
结算方式		转账	用途		支付汽车维修费
汇划日期：20××-12-03 汇划款项编号：00404674 报文顺序号：56763234　汇出行行号：104002034155 汇出行行名：中国银行镇江市丹徒区支行 业务类型：0052　　原凭证金额：4 176.00 原凭证种类：0703　　原凭证号码： 附言：			打印柜员：321125584257 打印机构：中国银行镇江市丹徒区支行 打印卡号：41235716891614		

第一联 借方（回单）

（印章：中国银行 电子回单 专用章）

打印时间：20××-12-03　交易柜员：321125584268　　交易机构：321110463

实训 68：根据业务（15），销售甲产品，收到银行承兑汇票用于抵付前欠材料款（图表 1—193 至图表 1—196）。

图表 1—193

销　售　单

购货单位：徐州利勃机械制造有限公司　地址和电话：江苏省徐州市鼓楼区秦康街邱爱路 31 号 0516-43136119　单据编号：XS049

纳税识别号：913203024536844221　开户行及账号：中国建设银行徐州市鼓楼区支行 41622124483328　制单日期：20××-12-06

编码	产品名称	规格	单位	单价	数量	金额	备注
TYSP0	甲		件	754.00	600	452 400.00	
合计	人民币（大写）：肆拾伍万贰仟肆佰元整				—	¥452 400.00	

会计联

销售经理：王强　　经手人：赵爱东　　会计：刘宁　　签收人：宋敏

图表 1—194

3211161140

江苏增值税专用发票

此联不作报销、扣税凭证使用

№ 01794368

3211161140
01794368

开票日期：20×× 年 12 月 06 日

税总函【××××】×××号 ×××××××××公司

购买方	名称：徐州利勃机械制造有限公司 纳税人识别号：913203024536844221 地址、电话：江苏省徐州市鼓楼区秦康街邱爱路 31 号 0516-43136119 开户行及账号：中国建设银行徐州市鼓楼区支行 41622124483328				密码区	22*3187<4/+1936<+95-59+7<55 06677<0-->>-6>525<941769->7 *787*3187<4/+8490<+78107139 5994+<712/<1+9016>1256++>84	
货物或应税劳务、服务名称	规格型号	单位	数量	单价	金额	税率	税额
甲		件	600	650.00	390 000.00	16%	62 400.00
合计					¥ 390 000.00		¥ 62 400.00
价税合计（大写）	⊗ 肆拾伍万贰仟肆佰元整				（小写）¥452 400.00		
销售方	名称：江苏中瑞机电有限公司 纳税人识别号：913211125255851838 地址、电话：江苏省镇江市丹徒区王乡街林达路 05 号 0511-88396542 开户行及账号：中国银行镇江市丹徒区支行 41235716891614				备注		

第一联：记账联 销售方记账凭证

收款人： 复核： 开票人：刘宁 销售方：（章）

图表 1—195

银行承兑汇票 2

10503251
10698250

出票日期（大写） 贰零×× 年 壹拾贰 月 零陆 日

出票人全称	徐州利勃机械制造有限公司	收款人	全称	江苏中瑞机电有限公司
出票人账号	41622124483328		账号	41235716891614
付款行名称	中国建设银行徐州市鼓楼区支行		开户银行	中国银行镇江市丹徒区支行
出票金额	人民币（大写）肆拾伍万贰仟肆佰元整		亿千百十万千百十元角分	¥ 4 5 2 4 0 0 0 0
汇票到期日（大写）	贰零××年陆月零陆日	付款行	行号	105005411002
承兑协议编号	60334358		地址	江苏省徐州市鼓楼区彭怀街孟立路29号

本汇票请你行承兑，到期无条件付款。

徐州利勃机械制造有限公司 财务专用章　张其

出票人签章

本汇票已经承兑，到期日由本行付款。

中国建设银行徐州市鼓楼区支行 105005411002 汇票专用章　赵惠

承兑行签章

承兑日期 2016 年 12 月 06 日

备注：

密押

复核 记账

此联收款人开户行随托收凭证寄付款行作借方凭证附件

图表 1—196

被背书人 北京宜鸿线材有限公司	被背书人	被背书人
江苏中瑞机电有限公司 财务专用章 闫瑞 背书人签章 20×× 年 12 月 06 日	背书人签章 年 月 日	背书人签章 年 月 日

（贴粘单处）

注：此为银行承兑汇票复印件。

实训 69：根据业务（21），收到租金收入（图表 1—197、图表 1—198）。

图表 1—197

3211161140　　**江苏增值税专用发票**　　No 01794268　　3211161140 01794268

此联不作报销、扣税凭证使用

开票日期：20×× 年 12 月 07 日

税总函【××××】×××号 ×××××××公司

购买方	名　　称：南京塑业化工有限公司 纳税人识别号：913201155057107561 地 址、电 话：江苏省南京市江宁区孙志街解汉路 54 号 025-57461827 开户行及账号：中国建设银行南京市江宁区支行 41622124958670			密码区	53*3187<4/+1427<+95-59+7<49 55614<0-->>-6>525<247906->7 *787*3187<4/+8490<+25335685 0282+<712/<1+9016>0704++>84		
货物或应税劳务、服务名称	规格型号	单位	数量	单价	金额	税率	税额
20×× 年 12 月包装物租金			1	800.00	800.00	16%	128.00
合计					¥ 800.00		¥ 128.00
价税合计（大写）	⊗ 玖佰贰拾捌元整				（小写）¥ 928.00		
销售方	名　　称：江苏中瑞机电有限公司 纳税人识别号：913211125255851838 地 址、电 话：江苏省镇江市丹徒区王乡街林达路 05 号 0511-88396542 开户行及账号：中国银行镇江市丹徒区支行 41235716891614			备注			

收款人：　　复核：　　开票人：刘宁　　销售方：（章）

第一联：记账联 销售方记账凭证

图表 1—198

中国银行客户专用回单

币别：人民币　　　　20×× 年 12 月 07 日　　　　流水号 321120027J0500810044

付款人	全称	南京塑业化工有限公司	收款人	全称	江苏中瑞机电有限公司
	账号	41622124958670		账号	41235716891614
	开户行	中国建设银行南京市江宁区支行		开户行	中国银行镇江市丹徒区支行
金额		（大写）人民币　玖佰贰拾捌元整		（小写）¥928.00	
凭证种类		网银		凭证号码	
结算方式		转账		用途	包装物租金
汇划日期：20××-12-07 汇划款项编号：17001183 报文顺序号：75292239　汇出行行号：105005411839 汇出行行名：中国建设银行南京市江宁区支行 业务类型：0060　原凭证金额：928.00 原凭证种类：0703　原凭证号码： 附言：			打印柜员：321125584257 打印机构：中国银行镇江市丹徒区支行 打印卡号：41235716891614		

中国银行 丹徒区 电子回单 专用章

打印时间：20××-12-07　　交易柜员：321125584268　　交易机构：321184550

第二联　贷方（回单）

实训 70：根据业务（22），支付业务招待费（图表 1—199、图表 1—200）。

图表 1—199

江苏增值税普通发票

3201161140　　发票联　　№ 95636428　　3201161140 95636428

全国统一发票监制章 江苏 国家税务总局监制

检验码 36203　26550　81212　34019　　开票日期：20×× 年 12 月 06 日

购买方	名　　称：江苏中瑞机电有限公司 纳税人识别号：913211125255851838 地 址、电 话：江苏省镇江市丹徒区王乡街林达路 05 号 0511-88396542 开户行及账号：中国银行镇江市丹徒区支行 41235716891614				密码区	70*3187<4/+5936<+95-59+7<85 68279<0-->>-6>525<400161->7 *787*3187<4/+8490<+42321901 8313+<712/<1+9016>0138++>84	
货物或应税劳务、服务名称	规格型号	单位	数量	单价	金额	税率	税额
餐费		桌	2	4 716.98	9 433.96	6%	566.04
合计					¥9 433.96		¥566.04
价税合计（大写）	⊗ 壹万元整					（小写）¥10 000.00	
销售方	名　　称：阿旺酒店有限公司 纳税人识别号：913201119031453473 地 址、电 话：江苏省南京市浦口区周祖街殷玉路 19 号 025-53094120 开户行及账号：中国建设银行南京市浦口区支行 41622124399804				备注		

阿旺酒店有限公司 913201119031453473 发票专用章

收款人：　　复核：　　开票人：刘敬兰　　销售方：（章）

税总函【××××】×××号 ××××××××公司

第二联：发票联　购买方记账凭证

图表 1—200

中国银行客户专用回单

币别：人民币　　20×× 年 12 月 08 日　　流水号 321120027J0500810026

付款人	全称	江苏中瑞机电有限公司	收款人	全称	阿旺酒店有限公司
	账号	41235716891614		账号	41622124399804
	开户行	中国银行镇江市丹徒区支行		开户行	中国建设银行南京市浦口区支行
金额		（大写）人民币　壹万元整		（小写）¥ 10 000.00	
凭证种类		网银	凭证号码		
结算方式		转账	用途	招待客户餐费	
汇划日期：20××-12-08 汇划款项编号：00404620 报文顺序号：56763251　汇出行行号：104002034155 汇出行行名：中国银行镇江市丹徒区支行 业务类型：0097　原凭证金额：10 000.00 原凭证种类：0703　原凭证号码： 附言：			打印柜员：321125584257 打印机构：中国银行镇江市丹徒区支行 打印卡号：41235716891614		

第一联 借方（回单）

（印章：中国银行 电子回单 专用章）

打印时间：20××-12-08　交易柜员：321125584268　　交易机构：321110452

实训 71：根据业务（24），销售自制半成品（图表 1—201 至图表 1—203）。

图表 1—201

销　售　单

购货单位：长安机电有限公司　　地址和电话：辽宁省大连市中山区王滨街杨萱路 87 号 0411-77106096　　单据编号：XS050

纳税识别号：912102025790442268　　开户行及账号：中国建设银行大连市中山区支行 41622124667275　　制单日期：20××-12-08

编码	产品名称	规格	单位	单价	数量	金额	备注
	TB 配件		件	232.00	500	116 000	
	折扣 1%					-1 160.00	
合计	人民币（大写）：壹拾壹万肆仟捌佰肆拾元整				—	¥ 114 840.00	

会计联

销售经理：王强　　经手人：赵爱东　　会计：刘宁　　签收人：刘华亭

图表 1—202

3211161140　　**江苏增值税专用发票**　　№ 01794389　　3211161140 01794389

此联不作报销、扣税凭证使用

开票日期：20×× 年 12 月 08 日

购买方	名称：长安机电有限公司 纳税人识别号：912102025790442268 地址、电话：辽宁省大连市中山区王滨街杨萱路 87 号 0411-77106096 开户行及账号：中国建设银行大连市中山区支行 41622124667275				密码区	73*3187<4/+5746<+95-59+7<83 50857<0-->>-6>525<641005->7 *787*3187<4/+8490<+59190823 9191+<712/<1+9016>1907++>84	
货物或应税劳务、服务名称	规格型号	单位	数量	单价	金额	税率	税额
TB 配件		件	500	200.00	100 000.00	16%	16 000.00
折扣 1%					-1 000.00	16%	-160.00
合计					¥ 99 000.00		¥ 15 840.00
价税合计（大写）	⊗ 壹拾壹万肆仟捌佰肆拾元整				（小写）¥ 114 840.00		
销售方	名称：江苏中瑞机电有限公司 纳税人识别号：913211125255851838 地址、电话：江苏省镇江市丹徒区王乡街林达路 05 号 0511-88396542 开户行及账号：中国银行镇江市丹徒区支行 41235716891614				备注		

收款人：　　复核：　　开票人：刘宁　　销售方：（章）

税总函【××××】×××号 ××××××××公司

第一联：记账联 销售方记账凭证

图表 1—203

中国银行客户专用回单

币别：人民币　　20×× 年 12 月 08 日　　流水号 321120027J0500810025

付款人	全称	长安机电有限公司	收款人	全称	江苏中瑞机电有限公司
	账号	41622124667275		账号	41235716891614
	开户行	中国建设银行大连市中山区支行		开户行	中国银行镇江市丹徒区支行
金额		（大写）人民币　壹拾壹万肆仟捌佰肆拾元整　　（小写）¥ 114 840.00			
凭证种类		网银	凭证号码		
结算方式		转账	用途		货款
划汇日期：20××-12-08 汇划款项编号：04101226 报文顺序号：70872018　汇出行行号：105005411333 汇出行行名：中国建设银行大连市中山区支行 业务类型：9881　原凭证金额：114 840.00 原始凭证种类：5825　原凭证号码： 附言：			打印柜员：321125584257 打印机构：中国银行镇江市丹徒区支行 打印卡号：41235716891614		

打印时间：20××-12-08　交易柜员：321125584268　　交易机构：321195405

第二联 贷方（回单）

实训 72：根据业务（30），支付汽车保养费（图表 1—204 至图表 1—207）。

图表 1—204

3211166140

江苏增值税专用发票

抵扣联

No 88182770

3211166140
88182770

开票日期：20×× 年 12 月 11 日

税总函【××××】×××号 ××××××××公司

购买方	名　　称：江苏中瑞机电有限公司 纳税人识别号：913211125255851838 地 址、电 话：江苏省镇江市丹徒区王乡街林达路 05 号 0511–88396542 开户行及账号：中国银行镇江市丹徒区支行 41235716891614	密码区	72*3187<4/+3140<+95–59+7<10 53669<0-->>-6>525<946108->7 *787*3187<4/+8490<+24700877 5111+<712/<1+9016>2935++>84

货物或应税劳务、服务名称	规格型号	单位	数量	单价	金额	税率	税额
汽车保养费		辆 / 次	4	1 000.00	4 000.00	16%	640.00
洗车费		次	20	30.00	600.00	6%	36.00
合计					¥ 4 600.00		¥ 676.00
价税合计（大写）	⊗ 伍仟贰佰柒拾陆元整				（小写）¥ 5 276.00		

销售方	名　　称：欧赛维修服务有限公司 纳税人识别号：913211022442229837 地 址、电 话：江苏省镇江市京口区王军街吴梅路 25 号 0511–21274829 开户行及账号：中国建设银行镇江市京口区支行 41622124439477	备注	欧赛维修服务有限公司 913211022442229837 发票专用章

收款人：　　复核：　　开票人：任敏　　销售方：（章）

第二联：抵扣联 购买方扣税凭证

图表 1—205

3211166140

江苏增值税专用发票

发票联

No 88182770

3211166140
88182770

开票日期：20×× 年 12 月 11 日

税总函【××××】×××号 ××××××××公司

购买方	名　　称：江苏中瑞机电有限公司 纳税人识别号：913211125255851838 地 址、电 话：江苏省镇江市丹徒区王乡街林达路 05 号 0511–88396542 开户行及账号：中国银行镇江市丹徒区支行 41235716891614	密码区	72*3187<4/+3140<+95–59+7<10 53669<0-->>-6>525<946108->7 *787*3187<4/+8490<+24700877 5111+<712/<1+9016>2935++>84

货物或应税劳务、服务名称	规格型号	单位	数量	单价	金额	税率	税额
汽车保养费		辆 / 次	4	1 000.00	4 000.00	16%	640.00
洗车费		次	20	30.00	600.00	6%	36.00
合计					¥ 4 600.00		¥ 676.00
价税合计（大写）	⊗ 伍仟贰佰柒拾陆元整				（小写）¥ 5 276.00		

销售方	名　　称：欧赛维修服务有限公司 纳税人识别号：913211022442229837 地 址、电 话：江苏省镇江市京口区王军街吴梅路 25 号 0511–21274829 开户行及账号：中国建设银行镇江市京口区支行 41622124439477	备注	欧赛维修服务有限公司 913211022442229837 发票专用章

收款人：　　复核：　　开票人：任敏　　销售方：（章）

第三联：发票联 购买方记账凭证

图表 1—206

中国银行客户专用回单

币别：人民币　　20×× 年 12 月 11 日　　流水号 321120027J0500810029

付款人	全称	江苏中瑞机电有限公司	收款人	全称	欧赛维修服务有限公司
	账号	41235716891614		账号	41622124439477
	开户行	中国银行镇江市丹徒区支行		开户行	中国建设银行镇江市京口区支行
金额		（大写）人民币　伍仟贰佰柒拾陆元整　　（小写）¥ 5 276.00			
凭证种类		网银	凭证号码		
结算方式		转账	用途		支付汽车保养费、洗车费
汇划日期：20××-12-11 汇划款项编号：00407879 报文顺序号：56763261　汇出行行号：104002034155 汇出行行名：中国银行镇江市丹徒区支行 业务类型：0020　原凭证金额：5 276.00 原凭证种类：0704　原凭证号码： 附言：			打印柜员：321125584257 打印机构：中国银行镇江市丹徒区支行 打印卡号：41235716891614		

第一联　借方（回单）

中国银行 电子回单 专用章

打印时间：20××-12-11　交易柜员：321125584268　　交易机构：321110461

图表 1—207

费用分配表

20××-12-11　　单位：元

部门	分摊金额
办公室	2 200.00
采购部	1 000.00
销售部	1 400.00
合计	4 600.00

制表：刘宁　　审核：朱胜利

实训 73：根据业务（40），销售产品（图表 1—208、图表 1—209）。

图表 1—208

销　售　单

购货单位：中祥销售有限公司　　地址和电话：北京市怀柔区 46 街 68 路 24 号 010-25354750　　单据编号：XS051

纳税识别号：911101169456397425　　开户行及账号：中国建设银行北京市怀柔区支行 41622124173915　　制单日期：20××-12-15

编码	产品名称	规格	单位	单价	数量	金额	备注
TYSP0	甲		件	696.00	500	348 000	
合计	人民币（大写）：叁拾肆万捌仟元整				—	¥ 348 000.00	

会计联

销售经理：王强　　经手人：赵爱东　　会计：刘宁　　签收人：程海涛

图表 1—209

3211161140　　**江苏增值税专用发票**　　№ 01794358　　3211161140 01794358

此联不作报销、扣税凭证使用

开票日期：20××年12月15日

购买方	名　　称：中祥销售有限公司 纳税人识别号：911101169456397425 地 址、电 话：北京市怀柔区46街68路24号 010-25354750 开户行及账号：中国建设银行北京市怀柔区支行 41622124173915				密码区	69*3187<4/+6874<+95-59+7<02 84495<0-->>-6>525<910031->7 *787*3187<4/+8490<+09570656 0049+<712/<1+9016>3899++>84	
货物或应税劳务、服务名称	规格型号	单位	数量	单价	金额	税率	税额
甲		件	500	600.00	300 000.00	16%	48 000.00
合计					¥300 000.00		¥48 000.00
价税合计（大写）	⊗ 叁拾肆万捌仟元整					（小写）¥348 000.00	
销售方	名　　称：江苏中瑞机电有限公司 纳税人识别号：91321112525851838 地 址、电 话：江苏省镇江市丹徒区王乡街林达路05号 0511-88396542 开户行及账号：中国银行镇江市丹徒区支行 41235716891614				备注		

收款人：　　复核：　　开票人：刘宁　　销售方：（章）

税总函【××××】×××号 ××××××公司

第一联：记账联 销售方记账凭证

实训74：根据业务（44），支付员工午餐外包费（图表1—210、图表1—211）。

图表 1—210

3211161140　　**增值税普通发票**　　№ 76216060　　3211161140 76216060

发票联

校验码 10429 05733 17078 35829　　开票日期：20××年12月17日

购买方	名　　称：江苏中瑞机电有限公司 纳税人识别号：913211125255851838 地 址、电 话：江苏省镇江市丹徒区王乡街林达路05号 0511-88396542 开户行及账号：中国银行镇江市丹徒区支行 41235716891614				密码区	44*3187<4/+5343<+95-59+7<22 05241<0-->>-6>525<409764->7 *787*3187<4/+8490<+98230135 6121+<712/<1+9016>5412++>84	
货物或应税劳务、服务名称	规格型号	单位	数量	单价	金额	税率	税额
餐费			1	18 764.15	18 764.15	6%	1 125.85
合计					¥18 764.15		¥1 125.85
价税合计（大写）	⊗ 壹万玖仟捌佰玖拾元整					（小写）¥19 890.00	
销售方	名　　称：筷乐有限公司 纳税人识别号：913211024278932754 地 址、电 话：江苏省镇江市京口区孙志街杨宝路16号 0511-41796040 开户行及账号：中国建设银行镇江市京口区支行 41622124533192				备注	筷乐有限公司 913211024278932754 发票专用章	

收款人：　　复核：　　开票人：李菊花　　销售方：（章）

税总函【××××】×××号 ××××××公司

第二联：发票联 购买方记账凭证

图表 1—211

中国银行客户专用回单

币别：人民币　　　　20××年12月17日　　　　流水号 2016121763487184

付款人	全称	江苏中瑞机电有限公司	收款人	全称	筷乐有限公司
	账号	41235716891614		账号	41622124533192
	开户行	中国银行镇江市丹徒区支行		开户行	中国建设银行镇江市京口区支行
金额		（大写）人民币　壹万玖仟捌佰玖拾元整　　（小写）¥19 890.00			
凭证种类		网银	凭证号码		
结算方式		转账	用途		员工午餐外包服务费
汇划日期：20××-12-17 汇划款项编号：50312074 报文顺序号：12802053　汇出行行号：104002034155 汇出行行名：中国银行镇江市丹徒区支行 业务类型：0060　原凭证金额：19 890.00 原凭证种类：　原凭证号码： 附言：			打印柜员：321125584257 打印机构：中国银行镇江市丹徒区支行 打印卡号：104801374343 （印章：中国银行 电子回单专用章）		

打印时间：20××-12-17 交易柜员：321125584268　　交易机构：321110400203415553

第一联 借方（回单）

实训 75：根据业务（48），销售材料（图表 1—212 至图表 1—214）。

图表 1—212

销　售　单

购货单位：常州华美机电有限公司　地址和电话：江苏省常州市武进区刘新街刘敬路 10 号 0519-81763678　单据编号：XS055

纳税识别号：913204122145945773　开户行及账号：中国建设银行常州市武进区支行 41622124632744　制单日期：20××-12-18

编码	产品名称	规格	单位	单价	数量	金额	备注
	C		千克	9.28	350	3 248.00	
合计	人民币（大写）：叁仟贰佰肆拾捌元整				—	¥3 248.00	

销售经理：钟国钊　　经手人：赵爱东　　会计：刘宁　　签收人：张文霞

会计联

图表 1—213

3211161140　　**江苏增值税专用发票**　　№ 01794395　　3211161140 01794395

此联不作报销、扣税凭证使用

开票日期：20×× 年 12 月 18 日

购买方	名　　称：常州华美机电有限公司 纳税人识别号：913204122145945773 地 址、电 话：江苏省常州市武进区刘新街刘敬路 10 号 0519–81763678 开户行及账号：中国建设银行常州市武进区支行 41622124632744				密码区	35*3187<4/+8434<+95–59+7<97 04304<0-–>>-6>525<843782–>7 *787*3187<4/+8490<+70761235 2579+<712/<1+9016>3096++>84	
货物或应税劳务、服务名称	规格型号	单位	数量	单价	金额	税率	税额
C		千克	350	8.00	2 800.00	16%	448.00
合计					¥ 2 800.00		¥ 448.00
价税合计（大写）	⊗ 叁仟贰佰肆拾捌元整					（小写）¥3 248.00	
销售方	名　　称：江苏中瑞机电有限公司 纳税人识别号：913211125255851838 地 址、电 话：江苏省镇江市丹徒区王乡街林达路 05 号 0511–88396542 开户行及账号：中国银行镇江市丹徒区支行 41235716891614				备注		

收款人：　　复核：　　开票人：刘宁　　销售方：（章）

税总函【××××】×××号 ×××××××公司

第一联：记账联 销售方记账凭证

图表 1—214

中国银行客户专用回单

币别：人民币　　20×× 年 12 月 18 日　　流水号 321120027J0500810010

付款人	全称	常州华美机电有限公司	收款人	全称	江苏中瑞机电有限公司
	账号	41622124632744		账号	41235716891614
	开户行	中国建设银行常州市武进区支行		开户行	中国银行镇江市丹徒区支行
金额		（大写）人民币　叁仟贰佰肆拾捌元整　（小写）¥ 3 248.00			
凭证种类		网银	凭证号码		
结算方式		转账	用途		货款
汇划日期：20××-12-18 汇划款项编号：60557989 报文顺序号：35538289　汇出行行号：105005411218 汇出行行名：中国建设银行常州市武进区支行 业务类型：1861　原凭证金额：3 248.00 原始凭证种类：0146　原凭证号码： 附言：			打印柜员：321125584257 打印机构：中国银行镇江市丹徒区支行 打印卡号：41235716891614		

打印时间：20××-12-18　交易柜员：321125584268　　交易机构：321197771

第二联 贷方（回单）

实训 76：根据业务（51），收到企业基本户存款利息和证券投资专用账户存款利息（图表 1—215、图表 1—216）。

图表 1—215

中国银行客户专用回单

币别：人民币　　20×× 年 12 月 21 日　　流水号：321120027J05008100

户名：江苏中瑞机电有限公司			账号：41235716891614		
计息项目	起息日	结息日	本金 / 积数	利率（%）	利息金额
	20××-09-21	20××-12-21	*** ***	0.385%	2 641.24
合计金额	（大写）贰仟陆佰肆拾壹元贰角肆分			¥2 641.24	
上列存款利息，已照收你单位 41235716891614 账户			打印柜员：321125584257 打印机构：中国银行镇江市丹徒区支行 打印卡号：41235716891614		

打印时间：20××-12-21　交易柜员：321125584268　　交易机构：321110435

图表 1—216

中国银行客户专用回单

币别：人民币　　20×× 年 12 月 21 日　　流水号：321120027J05004578

户名：江苏中瑞机电有限公司			账号：2519589835		
计息项目	起息日	结息日	本金 / 积数	利率（%）	利息金额
	20××-09-21	20××-12-21	*** ***	0.385%	235.62
合计金额	（大写）贰佰叁拾伍元陆角贰分			¥235.62	
上列存款利息，已照收你单位 2519589835 账户			打印柜员：321125582345 打印机构：中国银行镇江市丹徒区支行 打印卡号：2519589835		

打印时间：20××-12-21　交易柜员：321125583460　　交易机构：321110483

实训 77：根据业务（52），支付环保污染罚款（图表 1—217、图表 1—218）。

图表 1—217

江苏省代收罚款收据

No 5059160
20×× 年 12 月 22 日

当事人：江苏中瑞机电有限公司	执法机关代码：32117184
处罚决定书号：9432678	处罚日期：20××-12-22
罚款金额：¥5 000.00	没收款金额：
加收罚款金额：	
合计：¥5 000.00	
合计金额（人民币大写）：伍仟元整	
上缴国库：	预算级次
不准报销	

第二联收据：由代收机构收款盖章后退当事人

代收机构（章）：　　收款人：李秀瑜　　复核人：朱解元

图表 1—218

中国银行
转账支票存根
10403226
00001715

附加信息 付款行账号：
41235716891614

出票日期：20×× 年 12 月 22 日

收款人：	镇江市环保局
金 额：	￥5 000.00
用 途：	罚款支出

单位主管 会计

××××××××公司 · ××××年印制

实训 78：根据业务（53），支付宣传册设计费（图表 1—219 至图表 1—221）。

图表 1—219

3211161140 江苏增值税专用发票 No 78620402 3211161140 78620402

抵 扣 联

开票日期：20×× 年 12 月 23 日

购买方	名称：江苏中瑞机电有限公司 纳税人识别号：913211125255851838 地址、电话：江苏省镇江市丹徒区王乡街林达路 05 号 0511-88396542 开户行及账号：中国银行镇江市丹徒区支行 41235716891614					密码区	22*3187<4/+4868<+95-59+7<24 15352<0-->>-6>525<865457->7 *787*3187<4/+8490<+47126852 3544+<712/<1+9016>1892++>84		
货物或应税劳务、服务名称		规格型号	单位	数量	单价		金额	税率	税额
宣传册设计费			笔	1	8 490.57		8 490.57	6%	509.43
合计							￥8 490.57		￥509.43
价税合计（大写）		⊗ 玖仟元整					（小写）￥9 000.00		
销售方	名称：美源传媒服务有限公司 纳税人识别号：913211025863238937 地址、电话：江苏省镇江市京口区秦康街李莉路 45 号 0511-39910936 开户行及账号：中国建设银行镇江市京口区支行 41622124365254					备注	美源传媒服务有限公司 913211025863238937 发票专用章		

收款人： 复核： 开票人：魏敬安 销售方：（章）

第二联：抵扣联 购买方扣税凭证

税总函【××××】×××号 ××××××××公司

图表 1—220

3211161140 **江苏增值税专用发票** № 78620402 3211161140 78620402

发 票 联

开票日期：20×× 年 12 月 23 日

购买方	名称：江苏中瑞机电有限公司 纳税人识别号：913211125255851838 地址、电话：江苏省镇江市丹徒区王乡街林达路 05 号 0511-88396542 开户行及账号：中国银行镇江市丹徒区支行 41235716891614				密码区	22*3187<4/+4868<+95-59+7<24 15352<0-->>-6>525<865457->7 *787*3187<4/+8490<+47126852 3544+<712/<1+9016>1892++>84	
货物或应税劳务、服务名称	规格型号	单位	数量	单价	金额	税率	税额
宣传册设计费		笔	1	8 490.57	8 490.57	6%	509.43
合计					¥8 490.57		¥509.43
价税合计（大写）	⊗ 玖仟元整						（小写）¥9 000.00
销售方	名称：美源传媒服务有限公司 纳税人识别号：913211025863238937 地址、电话：江苏省镇江市京口区秦康街李莉路 45 号 0511-39910936 开户行及账号：中国建设银行镇江市京口区支行 41622124365254				备注	美源传媒服务有限公司 913211025863238937 发票专用章	

收款人： 复核： 开票人：魏敬安 销售方：（章）

税总函【××××】×××号 ××××××××公司

第三联：发票联 购买方记账凭证

图表 1—221

中国银行客户专用回单

币别：人民币 20×× 年 12 月 23 日 流水号 321120027J0500810097

付款人	全称	江苏中瑞机电有限公司	收款人	全称	美源传媒服务有限公司
	账号	41235716891614		账号	41622124365254
	开户行	中国银行镇江市丹徒区支行		开户行	中国建设银行镇江市京口区支行
金额		（大写）人民币 玖仟元整			（小写）¥9 000.00
凭证种类		网银	凭证号码		
结算方式		转账	用途		广告宣传费
汇划日期：20××-12-23 汇划款项编号：00407190 报文顺序号：56763246 汇出行行号：104002034155 汇出行行名：中国银行镇江市丹徒区支行 业务类型：0037 原凭证金额：9 000.00 原凭证种类：0705 原凭证号码： 附言：			打印柜员：321125584257 打印机构：中国银行镇江市丹徒区支行 打印卡号：41235716891614 中国银行 电子回单专用章		

打印时间：20××-12-23 交易柜员：321125584268 交易机构：321110454

第一联 借方（回单）

实训 79：根据业务（56），销售配件（图表 1—222 至图表 1—225）。

图表 1—222

销　售　单

购货单位：江苏协信五金制造有限公司　　地址和电话：江苏省南京市下关区邢宏街宋卫路 49 号 025-55931786　　单据编号：XS054

纳税识别号：913201078066356733　　开户行及账号：中国建设银行南京市下关区支行 41622124123340　　制单日期：20××-12-24

编码	产品名称	规格	单位	单价	数量	金额	备注
	TB 配件		件	232.00	800	185 600.00	
	RF 配件		件	174.00	1 000	174 000.00	
	折扣 3%					−10 788.00	
合计	人民币（大写）：叁拾肆万捌仟捌佰壹拾贰元整				—	¥ 348 812.00	

会计联

销售经理：王强　　经手人：赵爱东　　会计：刘宁　　签收人：焦生贵

图表 1—223

3211161140

江苏增值税专用发票

此联不作报销、扣税凭证使用

No 01794394

3211161140
01794394

开票日期：20×× 年 12 月 24 日

购买方		密码区
	名　　称：江苏协信五金制造有限公司 纳税人识别号：913201078066356733 地 址、电 话：江苏省南京市下关区邢宏街宋卫路 49 号 025-55931786 开户行及账号：中国建设银行南京市下关区支行 41622124123340	24*3187<4/+6840<+95-59+7<91 68326<0-->>-6>525<524723->7 *787*3187<4/+8490<+46487255 8165+<712/<1+9016>2793++>84

货物或应税劳务、服务名称	规格型号	单位	数量	单价	金额	税率	税额
TB 配件		件	800	200.00	160 000.00	16%	25 600.00
RF 配件		件	1 000	150.00	150 000.00	16%	24 000.00
折扣 3%					−9 300.00	16%	−1 488.00
合计					¥ 300 700.00		¥ 48 112.00
价税合计（大写）	⊗ 叁拾肆万捌仟捌佰壹拾贰元整				（小写）¥ 348 812.00		

销售方		备注
	名　　称：江苏中瑞机电有限公司 纳税人识别号：913211125255851838 地 址、电 话：江苏省镇江市丹徒区王乡街林达路 05 号 0511-88396542 开户行及账号：中国银行镇江市丹徒区支行 41235716891614	

第一联：记账联　销售方记账凭证

税总函【××××】×××号　××××××××公司

收款人：　　复核：　　开票人：刘宁　　销售方：（章）

图表 1—224

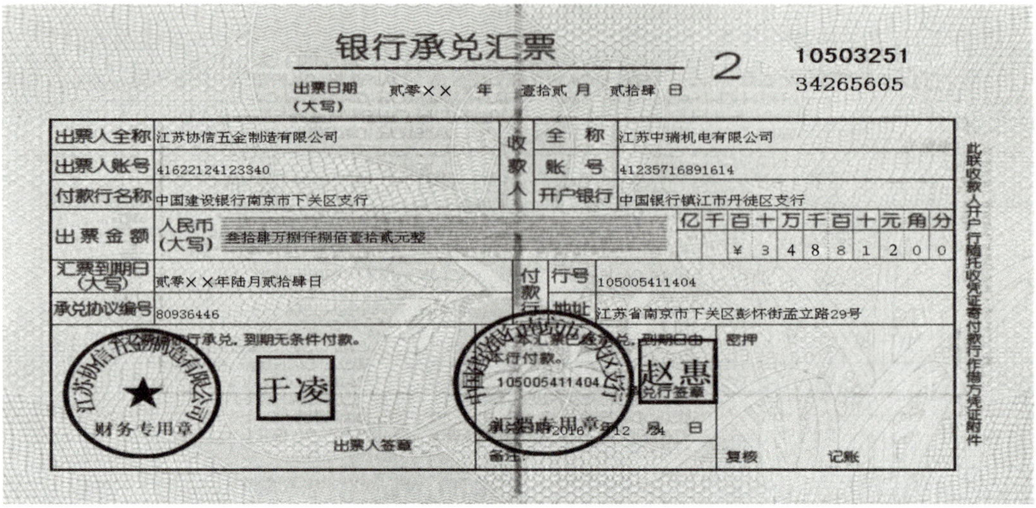

银行承兑汇票

2　10503251
34265605

出票日期（大写）贰零××年 壹拾贰月 贰拾肆日

出票人全称	江苏协信五金制造有限公司	收款人	全称	江苏中瑞机电有限公司
出票人账号	41622124123340		账号	41235716891614
付款行名称	中国建设银行南京市下关区支行		开户银行	中国银行镇江市丹徒区支行
出票金额	人民币（大写）叁拾肆万捌仟捌佰壹拾贰元整		亿千百十万千百十元角分	¥ 3 4 8 8 1 2 0 0
汇票到期日（大写）	贰零××年陆月贰拾肆日	付款行	行号	105005411404
承兑协议编号	80936446		地址	江苏省南京市下关区彭怀街孟立路29号

本汇票请你行承兑，到期无条件付款。
财务专用章　于凌
出票人签章

本汇票已经承兑，到期日由本行付款。
105005411404
赵惠
承兑行签章
承兑日期 2016 年 12 月 24 日
备注：

密押
复核　记账

此联收款人开户行随托收凭证寄付款行作借方凭证附件

图表 1—225

被背书人 北京宜鸿线材有限公司	被背书人	被背书人
江苏中瑞机电有限公司 财务专用章 闫瑞 背书人签章 20×× 年 12 月 24 日	背书人签章 年　月　日	背书人签章 年　月　日

（贴粘单处）

注：上图为银行承兑汇票复印件

实训 80：根据业务（62），销售甲产品（图表 1—226 至图表 1—228）。

图表 1—226

销　售　单

购货单位：海州家电有限公司　地址和电话：北京市海淀区 19 街 29 路 93 号 010-41872887　单据编号：XS053

纳税识别号：911101084194043895　开户行及账号：中国建设银行北京市海淀区支行　41622124936637　制单日期：20××-12-28

编码	产品名称	规格	单位	单价	数量	金额	备注
TYSPO	甲		件	754.00	150	113 100.00	
合计	人民币（大写）：壹拾壹万叁仟壹佰元整				—	¥ 113 100.00	

会计联

销售经理：钟国钊　经手人：赵爱东　会计：刘宁　签收人：王龙飞

图表 1—227

3211161140	江苏增值税专用发票 此联不作报销、扣税凭证使用	№ 01794412	3211161140 01794412

开票日期：20×× 年 12 月 28 日

购买方	名　　称：海洲家电有限公司 纳税人识别号：911101084194043895 地　址、电　话：北京市海淀区 19 街 29 路 93 号 010—41872887 开户行及账号：中国建设银行北京市海淀区支行 41622124936637				密码区	77*3187<4/+5644<+95−59+7<85 65796<0−−>>−6>525<185267−>7 *787*3187<4/+8490<+24819824 1499+<712/<1+9016>5894++>84		
货物或应税劳务、服务名称	规格型号	单位	数量	单价	金额	税率	税额	
甲		件	150	650.00	97 500.00	16%	15 600.00	
合计					¥97 500.00		¥15 600.00	
价税合计（大写）	⊗ 壹拾壹万叁仟壹佰元整				（小写）¥113 100.00			
销售方	名　　称：江苏中瑞机电有限公司 纳税人识别号：913211125255851838 地　址、电　话：江苏省镇江市丹徒区王乡街林达路 05 号 0511—88396542 开户行及账号：中国银行镇江市丹徒区支行 41235716891614				备注			

收款人：　　复核：　　开票人：刘宁　　销售方：（章）

第一联：记账联　销售方记账凭证

税总函【××××】×××号 ×××××××公司

图表 1—228

托收凭证（受理回单）　1

委托日期 20×× 年 12 月 29 日

业务类型	委托收款（□邮划、☑电划）托收承付（□邮划、□电划）					
付款人	全称	中国建设银行北京市海淀区支行	收款人	全称	江苏中瑞机电有限公司	
	账号			账号	41235716891614	
	地址	省　市/县　开户行		地址	江苏省镇江 市/县	开户行：中国银行镇江市丹徒区支行
金额	人民币（大写）壹拾壹万叁仟壹佰元整	亿 千 百 十 万 千 百 十 元 角 分 ¥ 1 1 3 1 0 0 0 0				
款项内容	托收销售款	托收凭据名称	发票账单	附寄单证张数	2	
商品发运情况	整车托运	合同名称号码				
备注： 复核　记账	年　月　日		收款人开户银行签章 年　月　日			

中国银行 镇江市丹徒区支行 20××−12−29 办讫 (01)

此联作收款人开户银行给收款人的受理回单

实训 81：根据业务（63），支付会务费（图表 1—229 至图表 1—232）。

图表 1—229

3101165140　　**上海增值税专用发票**　　№ 33960540　　3101165140 33960540

抵扣联

代开　　开票日期：20×× 年 12 月 28 日

购买方	名称：江苏中瑞机电有限公司 纳税人识别号：913211125255851838 地址、电话：江苏省镇江市丹徒区王乡街林达路 05 号 0511-88396542 开户行及账号：中国银行镇江市丹徒区支行 41235716891614				密码区	06*3187<4/+4902<+95-59+7<32 42119<0-->>-6>525>235580->7 *787*3187<4/+8490<+51692567 7346+<712/<1+9016>5029++>84		
货物或应税劳务、服务名称	规格型号	单位	数量	单价	金额	税率	税额	
会务费		次	2	2 000.00	4 000.00	6%	240.00	
合计					¥4 000.00		¥240.00	
价税合计（大写）	⊗ 肆仟贰佰肆拾元整				（小写）¥4 240.00			
销售方	名称：上海市静安区国家税务局（代开机关） 纳税人识别号：31014921DK09835（代开机关） 地址、电话：上海市静安区 41 街 34 路 90 号 021-18722510 开户行及账号：0000000000005678477（完税凭证号）				备注	代开企业税号：913101066633117528 名称：雅乐轩酒店有限公司 代开企业		

收款人：　　复核：　　开票人：楼小毅　　销售方：（章）

税总函【××××】×××号 ××××××××公司

第二联：抵扣联 购买方扣税凭证

图表 1—230

3101165140　　**上海增值税专用发票**　　№ 33960540　　3101165140 33960540

发票联

代开　　开票日期：20×× 年 12 月 28 日

购买方	名称：江苏中瑞机电有限公司 纳税人识别号：913211125255851838 地址、电话：江苏省镇江市丹徒区王乡街林达路 05 号 0511-88396542 开户行及账号：中国银行镇江市丹徒区支行 41235716891614				密码区	06*3187<4/+4902<+95-59+7<32 42119<0-->>-6>525<235589->7 *787*3187<4/+8490<+61692567 7346+<712/<1+9016>5029++>84		
货物或应税劳务、服务名称	规格型号	单位	数量	单价	金额	税率	税额	
会务费		次	2	2 000.00	4 000.00	6%	240.00	
合计					¥4 000.00		¥240.00	
价税合计（大写）	⊗ 肆仟贰佰肆拾元整				（小写）¥4 240.00			
销售方	名称：上海市静安区国家税务局（代开机关） 纳税人识别号：31014921DK09835（代开机关） 地址、电话：上海市静安区 41 街 34 路 90 号 021-18722510 开户行及账号：0000000000005678477（完税凭证号）				备注	代开企业税号：913101066633117528 名称：雅乐轩酒店有限公司 代开企业		

收款人：　　复核：　　开票人：楼小毅　　销售方：（章）

税总函【××××】×××号 ××××××××公司

第三联：发票联 购买方记账凭证

图表 1—231

费用分配表

20××-12-28　　　　单位：元

部门	分摊金额
办公室	2 000
销售门市部	2 000
合计	4 000.00

制表：刘宁　　　　审核：朱胜利

图表 1—232

中国银行客户专用回单

币别：人民币　　20×× 年 12 月 28 日　　流水号 321120027J0500810093

付款人	全称	江苏中瑞机电有限公司	收款人	全称	雅乐轩酒店有限公司
	账号	41235716891614		账号	41622124384992
	开户行	中国银行镇江市丹徒区支行		开户行	中国建设银行上海市静安区支行
金额		（大写）人民币　肆仟贰佰肆拾元整			（小写）¥4 240.00
凭证种类		网银		凭证号码	
结算方式		转账		用途	支付会务费
汇划日期：2016-12-28　汇划款项编号：00406180 报文顺序号：56763297　汇出行行号：104002034155 汇出行行名：中国银行镇江市丹徒区支行 业务类型：0037　原凭证金额：4 240.00 原凭证种类：0708　原凭证号码： 附言：			打印柜员：321125584257 打印机构：中国银行镇江市丹徒区支行 打印卡号：41235716891614		

第一联　借方（回单）

打印时间：20××-12-28　交易柜员：321125584268　　交易机构：321110456

实训 82：根据业务（71），计算出利息计算单中月利息额；并完成利息提取的账务处理（图表 1—233）。

图表 1—233

银行借款利息计算单

20××-12-31　　　　单位：元

借款用途	借款本金	年贷款利率	月利息额	借款期限	计、付息方式	备注
临时周转	500 000.00	0.06		9 个月	按月计息并付息	20××-12-07 借入
长期周转	1000 000.00	0.1		3 年	按月计息，按年付息	20××-10-01 借入
合计						

制表：刘宁　　　　审核：朱胜利

实训 83：根据业务（72），计算出金融资产公允价值变动金额，并进行期末价值计量的账务处理（图表 1—234）。

图表 1—234

公允价值变动单

20×× -12-31　　　　单位：元

证券代码	证券名称	资产类型	持有数量	账面价值	收盘价	市场价值	公允价值变动
600470	东旭汽配	可供出售金融资产			25.2		
600214	富阳股份	交易性金融资产			22.5		
600103	鑫益股份	交易性金融资产			24.6		
合计							

制表：刘宁　　　　审核：朱胜利

实训 84：根据业务（76），摊销财产保险费和汽车保险费（图表 1—235）。

图表 1—235

费用分摊表

20×× -12-31　　　　单位：元

费用项目	部门	实际发生额	受益起始日期	受益截止日期	受益期限（月）	月分摊金额
汽车保险费	办公室	22 368.00	20×× -01	20×× -12	12	1 864.00
财产保险费	办公室	48 000.00	20×× -01	20×× -12	12	4 000.00
合计						5 864.00

制表：刘宁　　　　审核：朱胜利

实训 85：根据业务（82），计算出单位产品成本，并结转已销售产品成本（图表 1—236、图表 1—237）。

图表 1—236

单位成本计算单

20×× -12-31　　　　单位：元

产品名称	期初结存		本期入库		单位成本
	数量	金额	数量	金额	
TB 配件					
RF 配件					
甲产品					
合 计					

制表：刘宁　　　　审核：朱胜利

图表 1—237

销售成本计算单

20×× -12-31 单位：元

领用部门	产品名称	用 途	销售领用数量	单位成本	销售成本金额
合计					

制表：刘宁 审核：朱胜利

提示：销售领用产品数量根据销售单进行填制。

实训 86：根据业务（84），计算并提取坏账准备（图表 1—238）。

图表 1—238

坏账准备计算表

20×× -12-31 单位：元

项目	应收款项期末余额	计提比例	本期确认坏账损失	已确认坏账损失本期收回	应补提金额	应冲减金额
应收账款坏账准备						
其他应收款坏账准备						
合计						

制表：刘宁 审核：朱胜利

实训 87：根据业务（86），计算并提取出售金融资产应交增值税（图表 1—239）。

图表 1—239

转让金融商品买入卖出价格信息表

20×× -12-31 单位：元

金融商品名称	交易数量	卖出价	买入价	交易增值额	应交增值税
鑫益股份					

制表：刘宁 审核：朱胜利

实训 88：根据业务（87），计算本月应交增值税，并计提城建税、教育费附加及地方教育费附加（图表 1—240、图表 1—241）。

图表 1—240

应交增值税计算表

20××-12-31　　　　单位：元

项目	金额
销项税额	
进项税额	
进项税额转出	
上期留抵税额	
应纳税额	
期末留抵税额	
简易征收办法计算的应纳税额	
应纳税额减征额	
应纳税额合计	

制表：刘宁　　　　审核：朱胜利

图表 1—241

城建税、教育费附加、地方教育费附加计算表

20××-12-31　　　　单位：元

税（费）种	增值税	税率（征收率）	本期应纳税费	本期已缴税费	本期应补（退）税费
城市维护建设税		7%			
教育费附加		3%			
地方教育费附加		2%			
合计					

制表：刘宁　　　　审核：朱胜利

实训 89：根据业务（88），将本期损益类账户余额填入图表 1—242，并完成结转的账务处理。

图表 1—242

损益类账户本期发生额汇总表

20×× –12–31　　　　　　　　单位：元

科目名称	借方发生额	贷方发生额	合计
主营业务收入			
其他业务收入			
公允价值变动损益			
投资收益			
营业外收入			
主营业务成本			
其他业务成本			
税金及附加			
销售费用			
管理费用			
财务费用			
资产减值损失			
营业外支出			
合计			

制表：刘宁　　　　　　　　审核：朱胜利

实训 90：根据业务（89），计算并提取应交所得税费用（图表 1—243）。

图表 1—243

所得税费用计算表

20×× –12–31　　　　　　　　单位：元

项目	金额
营业收入	
营业成本	
利润总额	
加：特定业务计算的应纳税所得额	
减：不征税收入和税基减免应纳税所得额	
固定资产加速折旧（扣除）调减额	
弥补以前年度亏损	
实际利润额	
税率	
应纳所得税额	
减：减免所得税额	
实际已预缴所得税额	
特定业务预缴（征）所得税额	
应补（退）所得税额	
减：以前年度多缴在本期抵缴所得税额	
本月（季）实际应补（退）所得税额	

制表：刘宁　　　　　　　　审核：朱胜利

实训91：根据业务（90），结转所得税费用。（无需原始单据）

实训92：根据业务（91），结转全年净利。（无需原始单据）

实训93：根据业务（92），对全年净利进行分配，按10%提取法定盈余公积金，将可供分配利润的20%分配给投资者（图表1—244）。

图表1—244

利润分配明细计算表

20××–12–31　　　　单位：元

年初未分配利润			
本年净利			
分配项目	分配基数	分配比例	分配金额
提取法定盈余公积金		10%	
向投资者分配股利		20%	
其中：江苏正元电子有限公司			
江苏诚和机电有限公司			
张智诚			
陈益军			
分配合计			
年末未分配利润			

制表：刘宁　　　　审核：朱胜利

实训94：根据业务（93），结转已分配利润。（无需原始单据）

单元八　总账会计核算岗位实训

一、岗位知识与技能要求

1. 了解经济法律，熟悉会计法律法规、会计准则与税收知识。
2. 了解企业经营环境，熟悉经济业务的处理流程，掌握会计核算组织程序。
3. 能熟练操作主流会计核算软件。
4. 掌握总分类核算方法，并能完成对账、结账等工作。
5. 会编制会计报表，包括对外报送的主表、附表、附注及有关内部报表等。

6. 具备较好的组织协调能力。

7. 具备较强财务乃至企业管理的综合能力。

二、岗位职责

1. 参与制定公司的会计核算制度和财务管理制度工作，并认真执行和实施。

2. 负责审核票据的合法性、合理性、正确性，并据此填制凭证，登记账簿。

3. 负责填制科目汇总表，据以登记总账，并与各明细账核对相符。

4. 负责编制预算和财务收支计划，并检查其执行情况。

5. 负责财产清查工作，定期或不定期对仓库进行盘点，检查账实是否相符。

6. 对出纳工作及其他会计工作进行督促和监督，协调会计内部工作。

7. 负责纳税申报、缴纳工作和有关财政、工商的财务事宜。

8. 负责编制和审查对外报送的财务报告。

9. 负责会计档案的装订和保管工作。

三、核算流程（图表 1—245）

图表 1—245

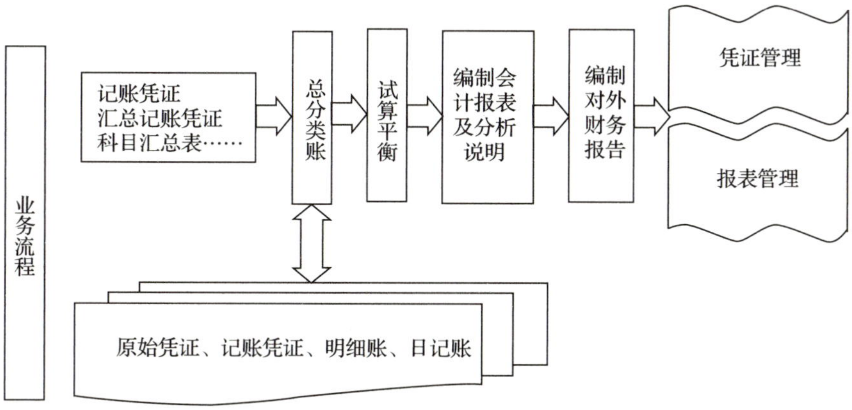

四、实训要求

1. 建立总分类账簿，并登记期初余额。

2. 审核其他岗位编制的记账凭证。

3. 根据其他岗位的记账凭证，编制科目汇总表并据以登记总账。

4. 结转总账余额，并试算平衡。
5. 将总账与其他岗位明细账、日记账等进行核对，以使账账相符。
6. 根据总账和明细账的余额编制会计报表。

五、实训项目

根据第一部分实训资料，编制江苏中瑞机电有限公司 20×× 年 12 月资产负债表和利润表。

下篇

会计综合实训

一、实训企业概况

1. 基本情况

企业名称：华阳家电有限公司。

企业增值税类型：一般纳税人。

经营范围：生产和销售燃气灶、燃气热水器。

社会信用代码：91110108806703053 3。

企业地址：北京市海淀区刘永街贾立路 24 号。

开户行：中国工商银行北京市海淀区支行。

银行账号：41721921687942。

2. 组织架构（图表 2—1）

图表 2—1

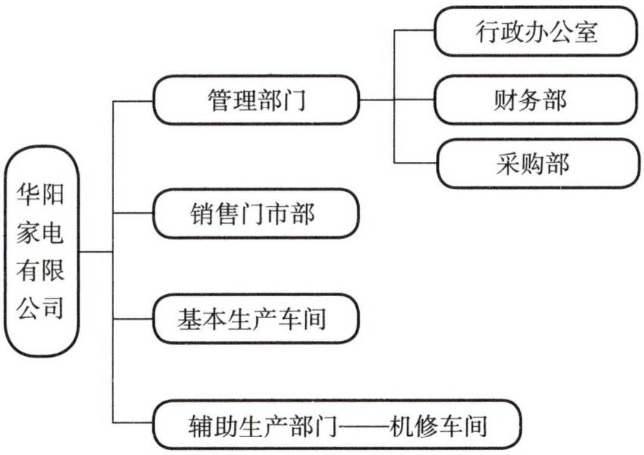

3. 生产流程（图表 2—2）

图表 2—2

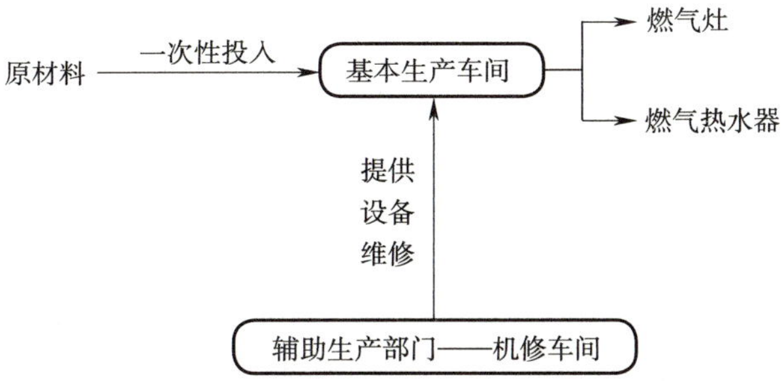

二、会计政策与核算要求

1. 执行《企业会计准则》。

2. 采用人民币作为记账本位币。

3. 以权责发生制作为记账基础。

4. 采用科目汇总表账务处理程序。

5. 采用备抵法核算坏账损失，计提比例为 2%，按每年末应收款项年末余额的百分之一分类计提坏账准备。

6. 存货核算要求：

（1）原材料按计划成本法核算，平时原材料入库时，按计划成本增加原材料，发出材料时先按计划成本结转，月末计算出材料成本差异率，再根据材料成本差异率进行调整，将计划成本调整为实际成本。

（2）材料发生的共同运费，按数量进行分配，分配率保留 4 位小数，尾差计入最后一个对象。

（3）周转材料按实际成本法进行核算，发出周转材料按先进先出法实行一次性摊销。

（4）库存商品发出计价采用月末一次加权平均法。

（5）发出存货单位成本保留 2 位小数，如有尾差计入结存存货成本。

（6）原材料发生盘盈或盘亏时，以计划成本作为记账依据。周转材料发生盘盈或盘亏时，以最近一次的进货单价作为记账依据。库存商品发生盘盈或盘亏时，以当月完工入库的该库存商品的单位成本作为记账依据。

7. 金融资产采用公允价值计量，按年调整公允价值变动。

8. 固定资产折旧采用年限平均法，净残值率为 5%，折旧年限分别为：房屋及建筑物 30 年，生产设备 10 年，运输工具 6 年，电子设备 5 年，工具器具及家具 5 年。折旧率保留 4 位小数（采用小数点的形式），月折旧额保留 2 位小数。

9. 无形资产采用直线法进行摊销。

10. 生产费用及产品生产成本方面的核算要求：

（1）原材料系生产开始时一次投入。本月投产产品均按照生产耗用数量领用原材料，未发生损耗。

（2）工资及五险一金分配采用实际生产工时进行分配，分配率保留 4 位小数，尾差计入最后一个对象。计提工会经费和职工教育经费时，根据不同部门分别计入相应的会计科目。企业发生的福利费能分清部门的则根据部门计入相应的科目，如果不能分清的则全部计入管理费用。

五险一金以及各项经费的计提基数和计提比例见图表 2—3。

图表 2—3

项目	计提基数	计提比例		社保及住房公积金缴费基数上下限额
		企业承担比例	个人承担比例	
养老保险		19%	8%	社保缴费基数范围：2 834 ~ 21 258 元
医疗保险		10%	2%	
失业保险		0.8%	0.2%	
工伤保险		0.2%		
生育保险		0.8%		
住房公积金		12%	12%	住房公积金缴费基数范围：1 720 ~ 21 258 元
工会经费		2%		

提示：个人承担的三险一金以及个人所得税在支付工资环节代扣。

（3）按车间设置辅助生产成本明细账，不设制造费用，对外采用直接分配法进行成本分配。

（4）基本生产车间设置制造费用明细账，并按生产工时比例在各种产品之间分配，分配率保留 4 位小数，分配额保留 2 位小数，尾差计入最后一个对象。

（5）产品成本计算采用品种法，设置直接材料、直接人工、制造费用三个成本项目。各成本项目在完工产品与在产品之间的分配采用约当产量法，分配率保留 4 位小数，尾差计入月末在产品成本。各工序在产品完工程度均为 50%。

11. 企业每月末按照实际天数计提贷款利息，银行于每月 20 日收取贷款利息，涉及同一银行同日扣取多笔利息支出的，编制一张复合记账凭证。

12. 如涉及销货与购货退回和销售折让的，所有冲销业务均编写红字记账凭证。

13. 企业适用的增值税税率为 16%，假设企业的增值税专用发票符合抵扣规定的均已抵扣并取得认证清单。

14. 城市维护建设税税率为 7%，教育费附加征收率为 3%，地方教育费附加征收率为 2%。

15. 企业所得税税率为 25%，月度按照实际利润额计算预缴企业所得税。以前各年度应纳税所得额均大于零，不存在不征税收入、免税收入、减免所得税额，且截至 20×× 年 11 月 30 日无欠缴及多缴所得税情况。

三、实训操作步骤与要求

1. 建账

（1）根据实训资料开设各会计科目总分类账，并登记期初余额。

（2）根据实训资料开设有关明细科目分类账，并登记期初余额。

（3）根据实训资料开设库存现金与银行存款日记账并登记期初余额。

（4）建账完毕要将期初总分类账与明细分类账进行核对。

提示：明细分类账要根据不同情况使用不同格式的账页。

2. 制证

根据模拟企业 12 月发生的经济业务编制记账凭证及科目汇总表。

（1）完成部分指定原始凭证的填制。

（2）分旬编制记账凭证。

（3）分旬编制科目汇总表。

3. 登账、对账、结账

（1）每旬根据原始凭证、记账凭证登记明细账。

（2）每旬根据记账凭证登记库存现金日记账、银行存款日记账。

（3）每旬根据科目汇总表登记总分类账。

（4）每旬将总分类账与明细分类账和日记账进行核对。

（5）月末根据银行存款对账单与银行存款日记账进行核对，确定未达账项，并编制银行存款余额调节表。

（6）月末将 12 月相关账户进行月结和年结。

4. 编制会计报表

（1）编制 12 月试算平衡表。

（2）根据账簿资料编制 12 月主要会计报表（资产负债表、利润表）。

5. 装订会计凭证，整理会计账簿。

四、实训资料

1. 20××年12月初有关总账、明细账余额

（1）资产类账户（图表2—4）

图表2—4

总账科目	明细账科目	数量	单位	借方余额	贷方余额
库存现金				5 200.00	
银行存款	工行北京海淀支行-41721921687942			2 112 749.32	
其他货币资金	存出投资款-工行北京海淀支行-2503582055			100 000.00	
交易性金融资产	债券-南林化工-成本	60 000	份	300 000.00	
	债券-南林化2（60162）-公允价值变动				12 000.00
应收票据	林达金属制造有限公司			234 000.00	
应收账款	鲁南电器有限公司			25 000.00	
	北京润华销售有限公司			306 240.00	
	易宁销售有限公司			234 000.00	
	天津万佳销售有限公司			15 200.00	
	北京利多销售有限公司			35 100.00	
预付账款	上海旭阳金属制品有限公司			50 000.00	
	中国平安保险公司-财保费			2 000.00	
	中国平安保险公司-汽保费			1 175.00	
	家佳租赁公司-租赁费			5 000.00	
其他应收款	洪涛			5 000.00	
	中祥销售有限公司			50 000.00	
坏账准备	应收账款坏账准备				5 250.00
材料成本差异	不锈钢				3 865.10
	铝			2 160.60	
	铜				1 834.50
	玻璃板			1 230.00	
	塑料配件				461.20

续表

总账科目	明细账科目	数量	单位	借方余额	贷方余额
原材料	不锈钢	6 000	千克	108 000.00	
	铝	4 000	千克	60 000.00	
	铜	3 500	千克	157 500.00	
	玻璃板	1 200	平方米	90 000.00	
	塑料配件	16 000	件	32 000.00	
库存商品	燃气灶	1 000	台	219 000.00	
	燃气热水器	800	台	208 000.00	
周转材料	包装物－纸箱	3 000	个	15 000.00	
	低值易耗品－修理工具	30	套	10 500.00	
	低值易耗品－机油	1 000	升	12 000.00	
待处理财产损溢					
长期股权投资	长江生物科技－投资成本	10%		1 200 000.00	
固定资产				7 888 000.00	
累计折旧					2 723 758.20
无形资产				540 000.00	
累计摊销					135 500.00

（2）成本类账户（图表2—5）

图表2—5

总账科目	明细账科目	数量	单位	借方余额	贷方余额	明细账页
制造费用						借方多栏式
生产成本	基本生产成本－燃气灶－直接材料			143 200.00		
	基本生产成本－燃气灶－直接人工			12 000.00		
	基本生产成本－燃气灶－制造费用			8 000.00		
	基本生产成本－燃气热水器－直接材料			123 000.00		
	基本生产成本－燃气热水器－直接人工			10 500.00		
	基本生产成本－燃气热水器－制造费用			7 500.00		

（3）负债类账户（图表 2—6）

图表 2—6

总账科目	明细账科目	数量	单位	借方余额	贷方余额	明细账页
短期借款	建行北京市海淀区支行－合同号：00562				600 000.00	三栏式
应付账款	山东鑫诚金属制造有限公司				168 000.00	
	山西林辰钢铁有限公司				136 200.00	
	安徽光明销售有限公司				51 350.00	
应付职工薪酬	工资				176 400.00	
	社会保险费－医疗保险				17 640.00	
	社会保险费－养老保险				33 516.00	
	社会保险费－失业保险				1 411.20	
	社会保险费－生育保险				1 411.20	
	社会保险费－工伤保险				352.80	
	住房公积金				21 168.00	
	工会经费				3 528.00	
应交税费	应交增值税					专用多栏式
	未交增值税				165 000.00	三栏式
	应交所得税				76 715.50	
	应交城市维护建设税				11 550.00	
	应交教育费附加				4 950.00	
	应交地方教育费附加				3 300.00	
应付利息	建行北京市海淀区支行－合同号：00562				2 200.00	
	建行北京市海淀区支行－合同号：000341				5 000.00	
长期借款	建行北京市海淀区支行－合同号：000341－本金				1 500 000.00	

（4）所有者权益类账户（图表 2—7）

图表 2—7

总账科目	明细账科目	数量	单位	借方余额	贷方余额	明细账页
实收资本	张秀军				2 750 000.00	三栏式
	顶峰科技有限公司				2 050 000.00	
	陈红云				200 000.00	
资本公积					165 610.50	
盈余公积	法定盈余公积				302 000.00	
本年利润					2 822 010.00	
利润分配	未分配利润				230 520.50	

（5）损益类账户（图表 2—8）

图表 2—8

总账科目	明细账科目	数量	单位	借方余额	贷方余额	明细账页
主营业务收入						三栏式
其他业务收入						
投资收益						
公允价值变动损益						
营业外收入						
主营业务成本						
其他业务成本						
税金及附加						
资产减值损失						
销售费用						借方多栏式
管理费用						
财务费用						三栏式
所得税费用						
营业外支出						

2. 成本计算的其他相关资料

（1）产品生产工时记录表（图表 2—9）

图表 2—9

产品名称	工时（小时）
燃气灶	3 400
燃气热水器	3 600
合计	7 000

（2）产量记录（图表 2—10）

图表 2—10

项目	燃气灶	燃气热水器
月初在产品（件）	800	600
本月投产（件）	2 000	2 000
本月完工（件）	2 200	1 800
月末在产品（件）	600	800
月末在产品完工程度	50%	50%

（3）期初在产品成本资料（图表 2—11）

图表 2—11　　单位：元

项目	数量（件）	成本费用			
		直接材料	直接人工	制造费用	合计
燃气灶	800	143 200.00	12 000.00	8 000.00	163 200.00
燃气热水器	600	123 000.00	10 500.00	7 500.00	141 000.00
合计		266 200.00	22 500.00	15 500.00	304 200.00

3. 20×× 年 12 月发生的经济业务

（1）采购周转材料机油（图表 2—12 至图表 2—15）。

图表 2—12

1101161140

北京增值税专用发票

抵扣联

№ 25727763

1101161140
25727763

开票日期：20×× 年 12 月 01 日

税总函【××××】×××号 ××××××××公司

购买方	名　　称：华阳家电有限公司 纳税人识别号：911101088067030533 地 址、电 话：北京市海淀区刘永街贯立路 24 号 010–51981157 开户行及账号：中国工商银行北京市海淀区支行 41721921687942	密码区	51*3187<4/+8716<+95–59+7<04 87896<0-->>-6>525<015602->7 *787*3187<4/+8490<+35895921 1462+<712/<1+9016>5892++>84

货物或应税劳务、服务名称	规格型号	单位	数量	单价	金额	税率	税额
机油		升	800	12.50	10 000.00	16%	1 600.00
合计					¥ 10 000.00		¥ 1 600.00
价税合计（大写）	⊗ 壹万壹仟陆佰元整				（小写）¥ 11 600.00		

销售方	名　　称：正兴润滑油有限公司 纳税人识别号：911101027817940295 地 址、电 话：北京市西城区张云街高林路 03 号 010–68579586 开户行及账号：中国建设银行北京市西城区支行 41622124004832	备注	正兴润滑油有限公司 911101027817940295 发票专用章

收款人：　　复核：　　开票人：冯春明　　销售方：（章）

第二联：抵扣联 购买方扣税凭证

图表 2—13

1101161140

北京增值税专用发票

发票联

№ 25727763

1101161140
25727763

开票日期：20×× 年 12 月 01 日

税总函【××××】×××号 ××××××××公司

购买方	名　　称：华阳家电有限公司 纳税人识别号：911101088067030533 地 址、电 话：北京市海淀区刘永街贯立路 24 号 010–51981157 开户行及账号：中国工商银行北京市海淀区支行 41721921687942	密码区	51*3187<4/+8716<+95–59+7<04 87896<0-->>-6>525<015602->7 *787*3187<4/+8490<+35895921 1462+<712/<1+9016>5892++>84

货物或应税劳务、服务名称	规格型号	单位	数量	单价	金额	税率	税额
机油		升	800	12.50	10 000.00	16%	1 600.00
合计					¥ 10 000.00		¥ 1 600.00
价税合计（大写）	⊗ 壹万壹仟陆佰元整				（小写）¥ 11 600.00		

销售方	名　　称：正兴润滑油有限公司 纳税人识别号：911101027817940295 地 址、电 话：北京市西城区张云街高林路 03 号 010–68579586 开户行及账号：中国建设银行北京市西城区支行 41622124004832	备注	正兴润滑油有限公司 911101027817940295 发票专用章

收款人：　　复核：　　开票人：冯春明　　销售方：（章）

第三联：发票联 购买方记账凭证

图表 2—14

收 料 单

供应单位： 收料编号：

材料类别： 入库日期： 收料仓库：

编号	材料名称	规格	计量单位	交库数量		实际价格			
				应收	实收	单价	金额	运费	合计

第二联 记账联

仓库保管人：罗洁雯 会计：陈超然

要求：填制收料单。

图表 2—15

中国工商银行

转账支票存根

102

00004008

附加信息 付款行账号：

41721921687942

出票日期 20×× 年 12 月 01 日

收款人：	正兴润滑油有限公司
金 额：	￥11 600.00
用 途：	支付货款

单位主管 会计

××××××××公司・××××年印制

（2）收到投标保证金（图表 2—16、图表 2—17）。

图表 2—16

中国工商银行客户专用回单

币别：人民币 20×× 年 12 月 02 日 流水号 110120027J0500810056

付款人	全称	中祥销售有限公司	收款人	全称	华阳家电有限公司
	账号	41622124173915		账号	41721921687942
	开户行	中国建设银行北京市怀柔区支行		开户行	中国工商银行北京市海淀区支行
金额		（大写）人民币 伍万元整			（小写）￥50 000.00
凭证种类		电汇凭证	凭证号码		
结算方式		电汇	用途		退回投标保证金
汇划日期：20××-12-02 汇划款项编号：03231994 报文顺序号：68779086 汇出行行号：105005411844 汇出行行名：中国建设银行北京市怀柔区支行 业务类型：0060 原凭证金额：50 000.00 原凭证种类：0703 原凭证号码： 附言：			打印柜员：110125584257 打印机构：中国工商银行北京市海淀区支行 打印卡号：41721921687942		

（印章：中国工商银行 电子回单 专用章）

第二联 贷方（回单）

打印时间：20××-12-02 交易柜员：110125584268 交易机构：110110239220616089093

图表 2—17

收 款 收 据

No 479946

20××年 12 月 02 日

银行收讫

今收到 中祥销售有限公司

交来：退回投标保证金

金额（大写）零佰　零拾　伍万　零仟　零佰　零拾　零元　零角　零分

¥ 50 000.00　□现金　□转账支票　☑其他

收款单位（盖章）

第三联　交财务

核准　　会计　　记账　　出纳 鲁小欣　经手人 杜会强

（3）支付清洁费（图表 2—18 至图表 2—21）。

图表 2—18

1101163140　　**北京增值税专用发票**　　No 64729734　　1101163140 64729734

抵 扣 联

代开　　开票日期：20××年 12 月 02 日

购买方	名　　称：华阳家电有限公司 纳税人识别号：911101088067030533 地 址、电 话：北京市海淀区刘永街贯立路 24 号 010–51981157 开户行及账号：中国工商银行北京市海淀区支行 41721921687942	密码区	88*3187<4/+5059<+95–59+7<56 33410<0-->>–6>525<634860–>7 *787*3187<4/+8490<+00007465 0315+<712/<1+9016>5977++>84

货物或应税劳务、服务名称	规格型号	单位	数量	单价	金额	税率	税额
清洁费		次	1	2 000.00	2 000.00	6%	120.00
合计					¥ 2 000.00		¥ 120.00
价税合计（大写）	⊗ 贰仟壹佰贰拾元整				（小写）¥ 2 120.00		

销售方	名　　称：北京市朝阳区国家税务局（代开机关） 纳税人识别号：11014921DK09835（代开机关） 地 址、电 话：北京市朝阳区吴丽街李萍路 62 号 010–30403629 开户行及账号：0000000000001839847（完税凭证号）	备注	代开企业税号 911101053982514558 代开企业名称：宝洁家政有限公司 宝洁家政有限公司 911101053982514558 发票专用章

收款人：　　复核：　　开票人：牛瑞营　　销售方：（章）

第二联：抵扣联　购买方扣税凭证

税总函【××××】×××号 ××××××××公司

图表 2—19

1101163140　　**北京增值税专用发票**　　№ 64729734　　1101163140 64729734

发 票 联

代开　　开票日期：20×× 年 12 月 02 日

购买方	名　　称：华阳家电有限公司 纳税人识别号：911101088067030533 地 址、电 话：北京市海淀区刘永街贯立路 24 号 010–51981157 开户行及账号：中国工商银行北京市海淀区支行 41721921687942	密码区	88*3187<4/+5059<+95–59+7<56 33410<0-->>–6>525<634860–>7 *787*3187<4/+8490<+00007465 0315+<712/<1+9016>5977++>84

货物或应税劳务、服务名称	规格型号	单位	数量	单价	金额	税率	税额
清洁费		次	1	2 000.00	2 000.00	6%	120.00
合计					￥2 000.00		￥120.00
价税合计（大写）	⊗ 贰仟壹佰贰拾元整				（小写）￥2 120.00		

销货方	名　　称：北京市朝阳区国家税务局（代开机关） 纳税人识别号：11014921DK09835（代开机关） 地 址、电 话：北京市朝阳区吴丽街李萍路 62 号 010–30403629 开户行及账号：00000000000001839847（完税凭证号）	备注	代开企业税号：911101053982514558 代开企业名称：宝洁家政有限公司

收款人：　　复核：　　开票人：牛瑞营　　销售方：（章）

第三联：发票联　购买方记账凭证

税总函【××××】×××号 ××××××××公司

（印章：宝洁家政有限公司 911101053982514558 发票专用章）

图表 2—20

费用分配表

20××–12–03　　单位：元

部门	分摊金额
办公室	2 000.00
合　计	2 000.00

制表：陈超然　　审核：李咏

图表 2—21

中国工商银行客户专用回单

币别：人民币　　20×× 年 12 月 02 日　　流水号 110120027J0500810049

付款人	全称	华阳家电有限公司	收款人	全称	宝洁家政有限公司
	账号	41721921687942		账号	41622124551770
	开户行	中国工商银行北京市海淀区支行		开户行	中国建设银行北京市朝阳区支行
金额		（大写）人民币 贰仟壹佰贰拾元整		（小写）￥2 120.00	
凭证种类		网银	凭证号码		
结算方式		转账	用途	支付清洁费	
汇划日期：20××–12–02 汇划款项编号：00408235 报文顺序号：56763229 汇出行行号：10239220616089 汇出行名：中国工商银行北京市海淀区支行 业务类型：0017 原凭证金额：2 120.00 原凭证种类：0708 原凭证号码： 附言：			打印柜员：110125584257 打印机构：中国工商银行北京市海淀区支行 打印卡号：41721921687942		

（印章：中国工商银行 电子回单专用章）

第一联 借方（回单）

打印时间：20××–12–02　　交易柜员：110125584268　　交易机构：110110269

（4）支付困难职工补助（图表 2—22）。

图表 2—22

职工困难补助申请支付表（代现金收据）

20××-12-03

单位：元

申请人姓名	陈燕	所在部门	生产车间
申请金额	人民币贰仟元整		
申请理由	爱人常年生病，无收入来源，家庭收入无法维持生计。		

审批：简丹　　财务审核：李咏　　部门审核：李佳颖

（印章：华阳家电有限公司；现金付讫）

（5）采购原材料玻璃板（图表 2—23 至图表 2—25）。

图表 2—23

1101161140　　**北京增值税专用发票**　　№ 17144848　　1101161140 17144848

抵扣联

开票日期：20×× 年 12 月 03 日

购买方	名称：华阳家电有限公司 纳税人识别号：911101088067030533 地址、电话：北京市海淀区刘永街贾立路 24 号 010-51981157 开户行及账号：中国工商银行北京市海淀区支行 41721921687942				密码区	80*3187<4/+4553<+95-59+7<03 43415<0-->>-6>525<976554->7 *787*3187<4/+8490<+80571344 2602+<712/<1+9016>3424++>84	
货物或应税劳务、服务名称	规格型号	单位	数量	单价	金额	税率	税额
玻璃板		平方米	3 000	75.50	226 500.00	16%	36 240.00
合计					¥ 226 500.00		¥ 36 240.00
价税合计（大写）	⊗ 贰拾陆万贰仟柒佰肆拾元整				（小写）¥ 262 740.00		
销货方	名称：金晶销售有限公司 纳税人识别号：911101053241903147 地址、电话：北京市朝阳区宋玉街高文路 79 号 010-55513888 开户行及账号：中国建设银行北京市朝阳区支行 41622124091349				备注	（印章：金晶销售有限公司 911101053241903147 发票专用章）	

收款人：　　复核：　　开票人：张民强　　销售方：（章）

税总函【××××】×××号 ××××××××公司

第二联：抵扣联 购买方扣税凭证

图表 2—24

1101161140 北京增值税专用发票 No 17144848 1101161140 17144848

发 票 联

开票日期：20×× 年 12 月 03 日

购买方	名　　称：华阳家电有限公司 纳税人识别号：911101088067030533 地 址、电 话：北京市海淀区刘永街贯立路 24 号 010–51981157 开户行及账号：中国工商银行北京市海淀区支行 41721921687942					密码区	80*3187<4/+4553<+95–59+7<03 43415<0-->>–6>525<976554–>7 *787*3187<4/+8490<+80571344 2602+<712/<1+9016>3424++>84	
货物或应税劳务、服务名称	规格型号	单位	数量	单价	金额	税率	税额	
玻璃板		平方米	3 000	75.50	226 500.00	16%	36 240.00	
合计					¥ 226 500.00		¥ 36 240.00	
价税合计（大写）	⊗ 贰拾陆万贰仟柒佰肆拾元整				（小写）¥ 262 740.00			
销货方	名　　称：金晶销售有限公司 纳税人识别号：911101053241903147 地 址、电 话：北京市朝阳区宋玉街高文路 79 号 010–55513888 开户行及账号：中国建设银行北京市朝阳区支行 41622124091349					备注	金晶销售有限公司 911101053241903147 发票专用章	

收款人：　　复核：　　开票人：张民强　　销售方：（章）

税总函【××××】×××号 ××××××××公司

第三联：发票联 购买方记账凭证

图表 2—25

收 料 单

供应单位：　　　　收料编号：

材料类别：　　入库日期：　　收料仓库：

编号	材料名称	规格	计量单位	交库数量		实际价格				计划价格	
				应收	实收	单价	金额	运费	合计	单价	金额

仓库保管员：罗洁雯　　会计：陈超然

第二联 记账联

要求：填制收料单。

（6）领用原材料（图表 2—26）。

图表 2—26

领 料 单

领料部门：基本生产车间

用　　途：生产燃气灶　　　　领料日期：20××-12-03

材料编号	名称	规格	计量单位	请领数量	实发数量	备注
	不锈钢		千克	4 000	4 000	
	铝		千克	2 000	2 000	
	铜		千克	2 000	2 000	
	玻璃板		立方米	1 000	1 000	
	塑料配件		件	8 000	8 000	

第三联记账联

领料人：张小凡　　　　　　　　　　发料人：罗洁雯

（7）报销差旅费（图表 2—27 至图表 2—34）。

图表 2—27

差旅费报销单

20×× 年 12 月 04 日　　　　附原始单据 5 张

姓名	洪涛				工作部门	销售部				出差事由	洽谈商务					
日期		地点		车船费			深夜补贴	途中补贴	住勤费			住宿费	交通费			金额合计
起	讫	起	讫	车次或船名	时间	金额			地区	天数	补贴					
11 月 26 日	12 月 01 日	北京市	南京市			1 960.00			南京市	6	1 200.00	1 750.00	145.00			5 055.00

现金付讫

报销金额（大写）人民币　伍仟零伍拾伍元整　　合计（小写）¥5 055.00

补付金额：¥55.00　　退回金额：

领导批准　简丹　　会计主管　李咏　　部门负责人　洪涛　　审核　陈超然　　报销人　洪涛

图表 2—28

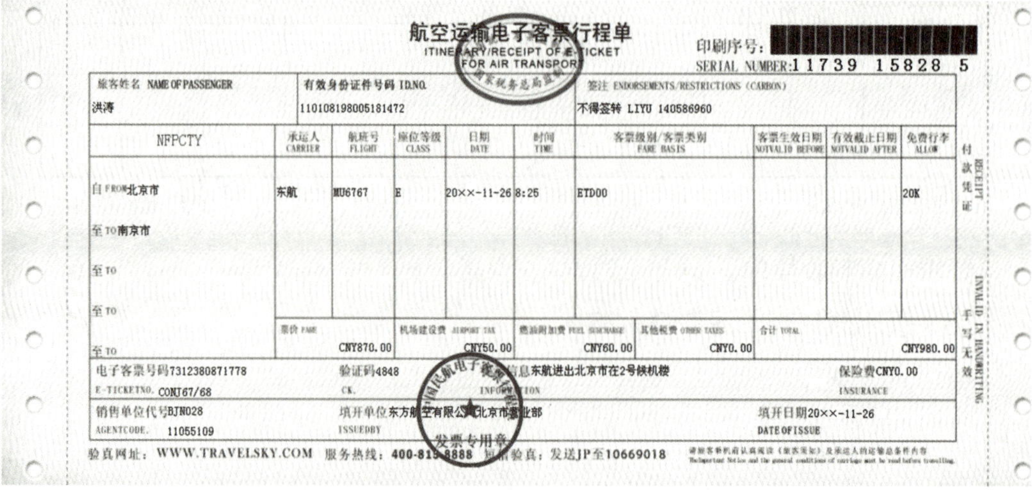

航空运输电子客票行程单
ITINERARY/RECEIPT OF E-TICKET FOR AIR TRANSPORT

印刷序号：[redacted]
SERIAL NUMBER:11739 15828 5

旅客姓名 NAME OF PASSENGER：洪涛
有效身份证件号码 ID.NO.：110108198005181472
签注 ENDORSEMENTS/RESTRICTIONS (CARBON)：不得签转 LIYU 140586960

NFPCTY	承运人 CARRIER	航班号 FLIGHT	座位等级 CLASS	日期 DATE	时间 TIME	客票级别/客票类别 FARE BASIS	客票生效日期 NOTVALID BEFORE	有效截止日期 NOTVALID AFTER	免费行李 ALLOW
自 FROM 北京市	东航	MU6767	E	20××-11-26	8:25	ETD00			20K
至 TO 南京市									
至 TO									
至 TO									
至 TO									

票价 FARE CNY870.00　机场建设费 AIRPORT TAX CNY50.00　燃油附加费 FUEL SURCHARGE CNY60.00　其他税费 OTHER TAXES CNY0.00　合计 TOTAL CNY980.00

电子客票号码 E-TICKET NO. 7312380871778 CONJ67/68　验证码 CK. 4848　提示信息 INFORMATION 东航进出北京市在2号候机楼　保险费 INSURANCE CNY0.00

销售单位代号 AGENTCODE. BJN028 11055109　填开单位 ISSUEDBY 东方航空有限公司北京市营业部　填开日期 DATE OF ISSUE 20××-11-26

验真网址：WWW.TRAVELSKY.COM　服务热线：400-815-8888　短信验真：发送JP至10669018

付款凭证 RECEIPT　手写无效 INVALID IN HANDWRITING

图表 2—29

航空运输电子客票行程单
ITINERARY/RECEIPT OF E-TICKET FOR AIR TRANSPORT

印刷序号：
SERIAL NUMBER:12488 16829 6

旅客姓名 NAME OF PASSENGER	有效身份证件号码 ID.NO.	签注 ENDORSEMENTS/RESTRICTIONS (CARBON)
洪涛	110108198005181472	不得签转 GUORUI 161077680

	承运人 CARRIER	航班号 FLIGHT	座位等级 CLASS	日期 DATE	时间 TIME	客票级别/客票类别 FARE BASIS	客票生效日期 NOT VALID BEFORE	有效截止日期 NOT VALID AFTER	免费行李 ALLOW
自 FROM 南京市	东航	MU6806	E	20××-12-01	20:35	EID00			20K
至 TO 北京市									
至 TO									
至 TO									
至 TO	票价 FARE CNY870.00		机场建设费 AIRPORT TAX CNY50.00		燃油附加费 FUEL SURCHARGE CNY60.00	其他税费 OTHER TAXES CNY0.00	合计 TOTAL CNY980.00		

电子客票号码 E-TICKET NO. 6313360682588 CONJ85/86 | 验证码 CK. 6105 | 提示信息 INFORMATION 东航进出南京市在4号候机楼 | 保险费 INSURANCE CNY0.00

销售单位代号 AGENT CODE. DHJ055 12053106 | 填开单位 ISSUED BY 东方航空有限公司南京市营业部 | 填开日期 DATE OF ISSUE 20××-12-01

验真网址：WWW.TRAVELSKY.COM 服务热线：400-815-8888 短信验真：发送JP至10669018

付款凭证 RECEIPT　手写无效 INVALID IN HANDWRITING

图表 2—30

借款单

20×× 年 11 月 25 日　　　　No19291

借款人：洪涛	所属部门：销售部
借款用途：出差借款	
借款金额：人民币（大写）伍仟元整	¥5 000.00
部门负责人审批：同意洪涛 20××-11-25	借款人（签章）：洪涛 20××-11-25
财务部门审核：同意李咏 20××-11-25	
单位负责人批示：同意	签字：简丹 20××-11-25
核销记录：补付 55.00	

第二联 结算联（结算后记账）

图表 2—31

存根

北京市出租汽车专用发票

代码 2111516349
号码 12160405
监督电话：
税务登记证号码：

流水号：8223240238652551

手写无效

车号	京A-30083
证号	18562008
日期	20××年11月26日
上车	06:52:33
下车	07:22:18
单价	3元/公里
里程	21.33
等候	00:05:46
金额	65.00

含电调费
卡号　路桥费
余额

图表 2—32

存根

南京市出租汽车专用发票

代码 232011111509572
号码 35026618
监督电话：
税务登记证号码：

流水号：7174247238652308

手写无效

车号	苏A-54328
证号	12520068
日期	20××年12月01日
上车	16:38:19
下车	17:07:35
单价	3元/公里
里程	26.33
等候	00:08:31
金额	80.00

含电调费
卡号　路桥费

图表 2—33

3201161140

江苏增值税专用发票

抵扣联

№ 14200457

3201161140
14200457

开票日期：20×× 年 12 月 01 日

税总函【××××】×××号 ××××××××公司

购买方	名　　称：华阳家电有限公司 纳税人识别号：911101088067030533 地 址、电 话：北京市海淀区刘永街贯立路 24 号 010–51981157 开户行及账号：中国工商银行北京市海淀区支行 41721921687942				密码区	50*3187<4/+8008<+95–59+7<66 83999<0-->>–6>525<371438–>7 *787*3187<4/+8490<+25705068 9202+<712/<1+9016>4458++>84	
货物或应税劳务、服务名称	规格型号	单位	数量	单价	金额	税率	税额
住宿费		天	5	330.19	1 650.94	6%	99.06
合计					¥1 650.94		¥99.06
价税合计（大写）	⊗ 壹仟柒佰伍拾元整				（小写）¥1 750.00		
销货方	名　　称：阿旺酒店有限公司 纳税人识别号：913201119031453473 地 址、电 话：江苏省南京市浦口区周祖街殷玉路 19 号 025–53094120 开户行及账号：中国建设银行南京市浦口区支行 41622124399804				备注	阿旺酒店有限公司 913201119031453473 发票专用章	

收款人：　复核：　开票人：环唯一　销售方：（章）

第二联：抵扣联 购买方扣税凭证

图表 2—34

3201161140

江苏增值税专用发票

发票联

№ 14200457

3201161140
14200457

开票日期：20×× 年 12 月 01 日

税总函【××××】×××号 ××××××××公司

购买方	名　　称：华阳家电有限公司 纳税人识别号：911101088067030533 地 址、电 话：北京市海淀区刘永街贯立路 24 号 010–51981157 开户行及账号：中国工商银行北京市海淀区支行 41721921687942				密码区	50*3187<4/+8008<+95–59+7<66 83999<0-->>–6>525<371438–>7 *787*3187<4/+8490<+25705068 9202+<712/<1+9016>4458++>84	
货物或应税劳务、服务名称	规格型号	单位	数量	单价	金额	税率	税额
住宿费		天	5	330.19	1 650.94	6%	99.06
合计					¥1 650.94		¥99.06
价税合计（大写）	⊗ 壹仟柒佰伍拾元整				（小写）¥1 750.00		
销货方	名　　称：阿旺酒店有限公司 纳税人识别号：913201119031453473 地 址、电 话：江苏省南京市浦口区周祖街殷玉路 19 号 025–53094120 开户行及账号：中国建设银行南京市浦口区支行 41622124399804				备注	阿旺酒店有限公司 913201119031453473 发票专用章	

收款人：　复核：　开票人：环唯一　销售方：（章）

第三联：发票联 购买方记账凭证

（8）前期购入的材料，本期退货（图表 2—35 至图表 2—38）。

图表 2—35

领 料 单

领料部门：采购部

用　　途：采购退货　　　　领料日期：20××-12-04

材料编号	名称	规格	计量单位	请领数量	实发数量	备注
	不锈钢		千克	500	500	以前月份购入，本月退货

第三联 记账联

领料人：张小凡　　　　发料人：罗洁雯

图表 2—36

3211161140　　**江苏增值税专用发票**　　№ 78545926　　3211161140 78545926

抵扣联

销项负数　　　　开票日期：20×× 年 12 月 04 日

购买方		密码区	
名　　称：华阳家电有限公司 纳税人识别号：911101088067030533 地址、电话：北京市海淀区刘永街贯立路 24 号 010–51981157 开户行及账号：中国工商银行北京市海淀区支行 41721921687942			18*3187<4/+3094<+95–59+7<96 88155<0-->>-6>525<498874->7 *787*3187<4/+8490<+14901262 8017+<712/<1+9016>1669++>84

货物或应税劳务、服务名称	规格型号	单位	数量	单价	金额	税率	税额
不锈钢		千克	-500	18	-9 000.00	16%	-1 440.00
合计					¥-9 000.00		¥-1 440.00
价税合计（大写）	⊗（负数）壹万零肆佰肆拾元整				（小写）¥-10 440.00		

销售方		备注	
名　　称：镇江华泰金属制造有限公司 纳税人识别号：913211124126878207 地址、电话：江苏省镇江市丹徒区庞凤街宗建路 92 号 0511–64900828 开户行及账号：中国建设银行镇江市丹徒区支行 41622124003881			红字发票信息表编号：321115111335 镇江华泰金属制造有限公司 913211124126878207 发票专用章

收款人：　　复核：　　开票人：王建武　　销售方：（章）

税总函【××××】×××号 ××××××××公司

第二联：抵扣联 购买方扣税凭证

图表 2—37

江苏增值税专用发票

发票联

3211161140　　№ 78545926　　3211161140 78545926

销项负数　　开票日期：20×× 年 12 月 04 日

税总函【××××】×××号 ××××××××公司

购买方	名称：华阳家电有限公司 纳税人识别号：911101088067030533 地址、电话：北京市海淀区刘永街贯立路 24 号 010–51981157 开户行及账号：中国工商银行北京市海淀区支行 41721921687942				密码区	18*3187<4/+3094<+95–59+7<96 88155<0-–>>–6>525<498874–>7 *787*3187<4/+8490<+14901262 8017+<712/<1+9016>1669++>84	
货物或应税劳务、服务名称	规格型号	单位	数量	单价	金额	税率	税额
不锈钢		千克	–500	18	–9 000.00	16%	–1 440.00
合计					¥ –9 000.00		¥ –1 440.00
价税合计（大写）	⊗（负数）壹万零肆佰肆拾元整				（小写）¥ –10 440.00		
销售方	名称：镇江华泰金属制造有限公司 纳税人识别号：913211124126878207 地址、电话：江苏省镇江市丹徒区庞凤街宗建路 92 号 0511–64900828 开户行及账号：中国建设银行镇江市丹徒区支行 41622124003881				备注	红字发票信息表编号：321115111335	

第三联：发票联 购买方记账凭证

收款人：　　复核：　　开票人：王建武　　销售方：（章）

图表 2—38

中国工商银行客户专用回单

币别：人民币　　20×× 年 12 月 04 日　　流水号 110120027J0500810059

付款人	全称	镇江华泰金属制造有限公司	收款人	全称	华阳家电有限公司
	账号	41622124003881		账号	41721921687942
	开户行	中国建设银行镇江市丹徒区支行		开户行	中国工商银行北京市海淀区支行
金额		（大写）人民币　壹万零肆佰肆拾元整	（小写）¥ 10 440.00		
凭证种类		网银	凭证号码		
结算方式		转账	用途		退货款
汇划日期：20××–12–04 汇划款项编号：46401978 报文顺序号：57914150　汇出行行号：105005411147 汇出行行名：中国建设银行镇江市丹徒区支行 业务类型：0060　原凭证金额：10 440.00 原凭证种类：0703　原凭证号码： 附言：			打印柜员：110125584257 打印机构：中国工商银行北京市海淀区支行 打印卡号：102257548943		

第二联 贷方（回单）

打印时间：20××–12–04　　交易柜员：110125584268　　交易机构：11011023922061608908 4

（9）采购原材料——铜（图表 2—39 至图表 2—45）。

图表 2—39

3201161140 **上海增值税专用发票** № 05817367 3101161140 05817367

抵扣联

开票日期：20×× 年 12 月 05 日

购买方	名 称：华阳家电有限公司 纳税人识别号：911101088067030533 地 址、电 话：北京市海淀区刘永街贯立路 24 号 010–51981157 开户行及账号：中国工商银行北京市海淀区支行 41721921687942				密码区	57*3187<4/+3632<+95–59+7<55 68569<0-->>–6>525<371322–>7 *787*3187<4/+8490<+335331291 6076+<712/<1+9016>2540++>84	
货物或应税劳务、服务名称	规格型号	单位	数量	单价	金额	税率	税额
铜		千克	1 500	42	63 000.00	16%	10 080.00
合计					¥63 000.00		¥10 080.00
价税合计（大写）	⊗ 柒万叁仟零捌拾元整					（小写）	¥73 080.00
销售方	名 称：上海旭阳金属制造有限公司 纳税人识别号：913101014466753028 地 址、电 话：上海市黄浦区张雷街程富路 84 号 021–78716340 开户行及账号：中国建设银行上海市黄浦区支行 41622124462431				备注	上海旭阳金属制造有限公司 913101014466753028 发票专用章	

收款人： 复核： 开票人：王峻 销售方：（章）

税总函【××××】×××号 ××××××××公司

第二联：抵扣联 购买方扣税凭证

图表 2—40

3101161140 **上海增值税专用发票** № 05817367 3101161140 05817367

发票联

开票日期：20×× 年 12 月 05 日

购买方	名 称：华阳家电有限公司 纳税人识别号：911101088067030533 地 址、电 话：北京市海淀区刘永街贯立路 24 号 010–51981157 开户行及账号：中国工商银行北京市海淀区支行 41721921687942				密码区	57*3187<4/+3632<+95–59+7<55 68569<0-->>–6>525<371322–>7 *787*3187<4/+8490<+335331291 6076+<712/<1+9016>2540++>84	
货物或应税劳务、服务名称	规格型号	单位	数量	单价	金额	税率	税额
铜		千克	1 500	42	63 000.00	16%	10 080.00
合计					¥63 000.00		¥10 080.00
价税合计（大写）	⊗ 柒万叁仟零捌拾元整					（小写）	¥73 080.00
销售方	名 称：上海旭阳金属制造有限公司 纳税人识别号：913101014466753028 地 址、电 话：上海市黄浦区张雷街程富路 84 号 021–78716340 开户行及账号：中国建设银行上海市黄浦区支行 41622124462431				备注	上海旭阳金属制造有限公司 913101014466753028 发票专用章	

收款人： 复核： 开票人：王峻 销售方：（章）

税总函【××××】×××号 ××××××××公司

第三联：发票联 购买方记账凭证

图表 2—41

中国工商银行客户专用回单

币别：人民币　　20×× 年 12 月 05 日　　流水号 110120027J0500810038

付款人	全称	华阳家电有限公司	收款人	全称	上海旭阳金属制造有限公司
	账号	41721921687942		账号	41622124462431
	开户行	中国工商银行北京市海淀区支行		开户行	中国建设银行上海市黄浦区支行
金额		（大写）人民币　贰万叁仟零捌拾元整　（小写）¥23 080.00			
凭证种类		网银	凭证号码		
结算方式		转账	用途		补付货款
汇划日期：20××-12-05 汇划款项编号：08501112 报文顺序号：71502178　汇出行行号：102392206160890 汇出行行名：中国工商银行北京市海淀区支行 业务类型：6790　原凭证金额：23 080.00 原凭证种类：2800　原凭证号码： 附言：			打印柜员：110125584257 打印机构：中国工商银行北京市海淀区支行 打印卡号：41721921687942		

第二联　贷方（回单）

打印时间：20××-12-05　交易柜员：110125584268　交易机构：11011023922061608901 8

图表 2—42

3101161140

上海增值税专用发票

抵扣联

No 17861193

3101161140
17861193

开票日期：20×× 年 12 月 05 日

购买方	名称：华阳家电有限公司 纳税人识别号：911101088067030533 地址、电话：北京市海淀区刘永街贯立路 24 号 010-51981157 开户行及账号：中国工商银行北京市海淀区支行 41721921687942			密码区	33*3187<4/+9357<+95-59+7<02 20387<0-->>-6>525<190551->7 *787*3187<4/+8490<+89010302 4251+<712/<1+9016>4155++>84		
货物或应税劳务、服务名称	规格型号	单位	数量	单价	金额	税率	税额
运费			1	2 000.00	2 000.00	10%	200.00
合计					¥2 000.00		¥200.00
价税合计（大写）	⊗ 贰仟贰佰元整				（小写）¥2 200.00		
销售方	名称：韵达物流有限公司 纳税人识别号：913101134809268885 地址、电话：上海市宝山区蔡新街李翠路 66 号 021-49267635 开户行及账号：中国建设银行上海市宝山区支行 41622124715068			备注	车种车号：沪 A47655 货物名称：铜		

收款人：　复核：　开票人：李靖　销售方：（章）

税总函【××××】×××号 ××××××××公司

第二联：抵扣联　购买方扣税凭证

图表 2—43

3101161140

上海增值税专用发票

发 票 联

No 17861193

3101161140
17861193

开票日期：20×× 年 12 月 05 日

税总函【××××】×××号 ××××××××公司

购买方	名　　称：华阳家电有限公司 纳税人识别号：911101088067030533 地 址、电 话：北京市海淀区刘永街贯立路 24 号 010–51981157 开户行及账号：中国工商银行北京市海淀区支行 41721921687942	密码区	33*3187<4/+9357<+95–59+7<02 0387<0-->>-6>525<190551->7*7 87*3187<4/+8490<+89010302425 1+<712/<1+9016>4155++>84>151

货物或应税劳务、服务名称	规格型号	单位	数量	单价	金额	税率	税额
运费			1	2 000.00	2 000.00	10%	200.00
合计					¥ 2 000.00		¥ 200.00
价税合计（大写）	⊗ 贰仟贰佰元整					（小写）	¥ 2 200.00

销售方	名　　称：韵达物流有限公司 纳税人识别号：913101134809268885 地 址、电 话：上海市宝山区蔡新街李翠路 66 号 021–49267635 开户行及账号：中国建设银行上海市宝山区支行 41622124715068	备注	车种车号：沪 A47655 货物名称：铜

韵达物流有限公司 913101134809268885 发票专用章

收款人：　　复核：　　开票人：李靖　　销售方：（章）

第三联：发票联 购买方记账凭证

图表 2—44

中国工商银行

转账支票存根

102

00004009

附加信息　付款行账号：

41721921687942

出票日期：20×× 年 12 月 05 日

收款人：	韵达物流有限公司
金　额：	¥ 2 200.00
用　途：	运费

单位主管　　会计

××××××××公司·××××年印制

图表 2—45

收　料　单

供应单位：　　　　　　　　　　　　　　　　　　　　　　　　收料编号：

材料类别：　　　　　　　　　　入库日期：　　　　　　　　　收料仓库：

编号	材料名称	规格	计量单位	交库数量		实际价格			
				应收	实收	单价	金额	运费	合计

第二联　记账联

仓库保管人：罗洁雯　　　　　　　　　　　　　　　　　　　会计：陈超然

要求：填制收料单。

（10）支付前欠货款（图表 2—46）。

图表 2—46

中国工商银行客户专用回单

币别：人民币　　　　　　20×× 年 12 月 06 日　　　　　流水号 110120027J0500810008

付款人	全称	华阳家电有限公司	收款人	全称	山东鑫城金属制造有限公司
	账号	41721921687942		账号	41622124671120
	开户行	中国工商银行北京市海淀区支行		开户行	中国建设银行烟台市福山区支行
金额		（大写）人民币　壹拾陆万捌仟元整			（小写）¥ 168 000.00
凭证种类		网银	凭证号码		
结算方式		转账	用途		支付货款
汇划日期：2016-12-06　汇划款项编号：29016713 报文顺序号：71724961　汇出行行号：102392206160890 汇出行行名：中国工商银行北京市海淀区支行 业务类型：4935　原凭证金额：168 000.00 原始凭证种类：5867　原凭证号码： 附言：			打印柜员：110125584257 打印机构：中国工商银行北京市海淀区支行 打印卡号：41721921687942 （中国工商银行 电子回单 专用章）		

第二联　贷方（回单）

打印时间：20××-12-06　　交易柜员：110125584268　　交易机构：110110239220616089088

（11）销售部领用纸箱（图表 2—47）。

图表 2—47

周转材料（包装物）发出汇总表

20××-12-06　　　　　　　　　　　　　　　　单位：元

领料部门	领料用途	材料名称	数量	金额	合计
销售部	销售产品（不单独计价）	纸箱	1 500	7 500.00	7 500.00
合计				7 500.00	7 500.00

制表：陈超然　　　　　　　　　　　　　　　　　　　　　　　审核：李咏

（12）购买原材料——不锈钢（图表 2—48 至图表 2—53）。

图表 2—48

3405161140

安徽增值税专用发票

抵扣联

No 31933030

3405161140
31933030

开票日期：20×× 年 12 月 07 日

购买方	名称：华阳家电有限公司 纳税人识别号：911101088067030533 地址、电话：北京市海淀区刘永街贯立路 24 号 010-51981157 开户行及账号：中国工商银行北京市海淀区支行 41721921687942				密码区	62*3187<4/+7219<+95-59+7<53 18084<0-->>-6>525<227437->7 *787*3187<4/+8490<+63862974 9381+<712/<1+9016>3202++>84		
货物或应税劳务、服务名称	规格型号	单位	数量	单价	金额	税率	税额	
不锈钢		千克	5 000	17.2	86 000.00	16%	13 760.00	
合计					¥ 86 000.00		¥ 13 760.00	
价税合计（大写）	⊗ 玖万玖仟柒佰陆拾元整					（小写）¥ 99 760.00		
销售方	名称：安源钢铁有限公司 纳税人识别号：913405068165727352 地址、电话：安徽省马鞍山市博望区底苗街李红路 69 号 0555-64594538 开户行及账号：中国建设银行马鞍山市博望区支行 41622124910914				备注	安源钢铁有限公司 913405068165727352 发票专用章		

收款人：　　复核：　　开票人：吴洪江　　销售方：（章）

税总函【××××】×××号 ××××××××公司

第二联：抵扣联 购买方扣税凭证

图表 2—49

3405161140

安徽增值税专用发票

发票联

No 31933030

3405161140
31933030

开票日期：20×× 年 12 月 07 日

购买方	名称：华阳家电有限公司 纳税人识别号：911101088067030533 地址、电话：北京市海淀区刘永街贯立路 24 号 010-51981157 开户行及账号：中国工商银行北京市海淀区支行 41721921687942				密码区	62*3187<4/+7219<+95-59+7<53 18084<0-->>-6>525<227437->7 *787*3187<4/+8490<+63862974 9381+<712/<1+9016>3202++>84		
货物或应税劳务、服务名称	规格型号	单位	数量	单价	金额	税率	税额	
不锈钢		千克	5 000	17.2	86 000.00	16%	13 760.00	
合计					¥ 86 000.00		¥ 13 760.00	
价税合计（大写）	⊗ 玖万玖仟柒佰陆拾元整					（小写）¥ 99 760.00		
销售方	名称：安源钢铁有限公司 纳税人识别号：913405068165727352 地址、电话：安徽省马鞍山市博望区底苗街李红路 69 号 0555-64594583 开户行及账号：中国建设银行马鞍山市博望区支行 41622124910914				备注	安源钢铁有限公司 913405068165727352 发票专用章		

收款人：　　复核：　　开票人：吴洪江　　销售方：（章）

税总函【××××】×××号 ××××××××公司

第三联：发票联 购买方记账凭证

图表 2—50

3405161140　　**安徽增值税专用发票**　　№ 04963335　　3405161140 04963335

抵扣联

开票日期：20××年12月07日

税总函【××××】×××号 ××××××××公司

购买方	名　　称：华阳家电有限公司 纳税人识别号：911101088067030533 地　址、电　话：北京市海淀区刘永街贯立路24号 010–51981157 开户行及账号：中国工商银行北京市海淀区支行 41721921687942	密码区	05*3187<4/+1068<+95-59+7<97 94452<0-->>-6>525<497817->7 *787*3187<4/+8490<+89062156 5263+<712/<1+9016>1303++>84

货物或应税劳务、服务名称	规格型号	单位	数量	单价	金额	税率	税额
运费			1	2 000.00	2 000.00	10%	200.00
合计					¥2 000.00		¥200.00
价税合计（大写）	⊗ 贰仟贰佰元整						（小写）¥2 200.00

销售方	名　　称：安徽运城物流有限公司 纳税人识别号：913405039370950138 地　址、电　话：安徽省马鞍山市花山区王万街张雷路50号 0555–71757980 开户行及账号：中国建设银行马鞍山市花山区支行 41622124397949	备注	安徽运城物流有限公司 913405039370950138 发票专用章

收款人：　　复核：　　开票人：梁惠娟　　销售方：（章）

第二联：抵扣联 购买方扣税凭证

图表 2—51

3405161140　　**安徽增值税专用发票**　　№ 04963335　　3405161140 04963335

发票联

开票日期：20××年12月07日

税总函【××××】×××号 ××××××××公司

购买方	名　　称：华阳家电有限公司 纳税人识别号：911101088067030533 地　址、电　话：北京市海淀区刘永街贯立路24号 010–51981157 开户行及账号：中国工商银行北京市海淀区支行 41721921687942	密码区	05*3187<4/+1068<+95-59+7<97 94452<0-->>-6>525<497817->7 *787*3187<4/+8490<+89062156 5263+<712/<1+9016>1303++>84

货物或应税劳务、服务名称	规格型号	单位	数量	单价	金额	税率	税额
运费			1	2 000.00	2 000.00	10%	200.00
合计					¥2 000.00		¥200.00
价税合计（大写）	⊗ 贰仟贰佰元整						（小写）¥2 200.00

销售方	名　　称：安徽运城物流有限公司 纳税人识别号：913405039370950138 地　址、电　话：安徽省马鞍山市花山区王万街张雷路50号 0555–71757980 开户行及账号：中国建设银行马鞍山市花山区支行 41622124397949	备注	安徽运城物流有限公司 913405039370950138 发票专用章

收款人：　　复核：　　开票人：梁惠娟　　销售方：（章）

第三联：发票联 购买方记账凭证

图表 2—52

中国工商银行
转账支票存根
102
00004010
附加信息 付款行账号：
41721921687942

出票日期：20×× 年 12 月 07 日

收款人：安徽运城物流有限公司	
金 额：¥ 2 200.00	
用 途：运费	

单位主管 会计

××××××××公司 · ××××年印制

图表 2—53

收 料 单

供应单位： 收料编号：

材料类别： 入库日期： 收料仓库：

编号	材料名称	规格	计量单位	交库数量		实际价格			
				应收	实收	单价	金额	运费	合计

第二联 记账联

仓库保管人：罗洁雯 合计：陈超然

要求：填制收料单。

（13）销售产品（图表 2—54 至图表 2—56）。

图表 2—54

销 售 单

购货单位：北京华润销售有限公司 地址和电话：北京市昌平区邵素街崔福路 67 号 010–67796051 单据编码：XS049

纳税识别号：911101149578434666 开户行及账号：中国建设银行北京市昌平区支行 41622124169639 制单日期：20××–12–08

编码	产品名称	规格	单位	单价	数量	金额	备注
001	燃气灶		台	754.00	690	520 260.00	
002	燃气热水器		台	928.00	470	436 160.00	
	折扣 2%					–19 128.40	
合计	人民币（大写）：玖拾叁万柒仟贰佰玖拾壹元陆角整				—	¥ 937 291.60	

会计联

销售经理：洪涛 经手人：刘馨 会计：陈超然 签收人：陈军

图表 2—55

北京增值税专用发票

No 02539776　　02539776

此联不作报销　扣税凭证使用　开票日期：20××年12月08日

税总函【××××】×××号　××××××××公司

购买方	名　　称：北京华润销售有限公司 纳税人识别号：911101149578434666 地址、电话：北京市昌平区邵素街崔福路67号 010-67796051 开户行及账号：中国建设银行北京市昌平区支行 41622124169639				密码区	09*3187<4/+0819<+95-59+7<19 21362<0-->>-6>525<567184->7 *787*3187<4/+8490<+25064581 0100+<712/<1+9016>3352++>84		
货物或应税劳务、服务名称	规格型号	单位	数量	单价	金额	税率	税额	
燃气灶		台	690	650.00	448 500.00	16%	71 760.00	
燃气热水器		台	470	800.00	376 000.00	16%	60 160.00	
折扣 2%					-16 490.00	16%	-2 638.40	
合计					¥808 010.00		¥129 281.60	
价税合计（大写）	⊗ 玖拾叁万柒仟贰佰玖拾壹元陆角整				（小写）¥937 291.60			
销售方	名　　称：华阳家电有限公司 纳税人识别号：911101088067030533 地址、电话：北京市海淀区刘永街贯立路24号 010-51981157 开户行及账号：中国工商银行北京市海淀区支行 41721921687942				备注			

收款人：　　复核：　　开票人：陈超然　　销售方：（章）

第一联：记账联　销售方记账凭证

图表 2—56

中国工商银行客户专用回单

币别：人民币　　20××年12月08日　　流水号 110120027J0500810083

付款人	全称	北京华润销售有限公司	收款人	全称	华阳家电有限公司
	账号	41622124169639		账号	41721921687942
	开户行	中国建设银行北京市昌平区支行		开户行	中国工商银行北京市海淀区支行
金额		（大写）人民币　玖拾叁万柒仟贰佰玖拾壹元陆角整　（小写）¥937 291.60			
凭证种类		网银	凭证号码		
结算方式		转账	用途		货款
汇划日期：2016-12-08　汇划款项编号：08914883 报文顺序号：21482287　汇出行行号：105005411793 汇出行行名：中国建设银行北京市昌平区支行 业务类型：6263　原凭证金额：937 291.60 原始凭证种类：0628　原凭证号码： 附言：			打印柜员：110125584257 打印机构：中国工商银行北京市海淀区支行 打印卡号：41721921687942		

打印时间：20××-12-08　　交易柜员：110125584268　　交易机构：110172811

第二联　贷方（回单）

（14）采购原材料——铝（图表 2—57 至图表 2—62）。

图表 2—57

3402161140

安徽增值税专用发票

抵扣联

No 22011506

3402161140
22011506

开票日期：20×× 年 12 月 08 日

购买方		密码区	
购买方	名 称：华阳家电有限公司 纳税人识别号：911101088067030533 地 址、电 话：北京市海淀区刘永街贯立路 24 号 010–51981157 开户行及账号：中国工商银行北京市海淀区支行 41721921687942	密码区	59*3187<4/+8213<+95–59+7<27 18162<0-->>-6>525<031561->7 *787*3187<4/+8490<+40920192 2638+<712/<1+9016>2495++>84

货物或应税劳务、服务名称	规格型号	单位	数量	单价	金额	税率	税额
铝		千克	5 000	14.4	72 000.00	16%	11 520.00
合计					¥ 72 000.00		¥ 11 520.00
价税合计（大写）	⊗ 捌万叁仟伍佰贰拾元整				（小写）¥ 83 520.00		

销售方		备注	
销售方	名 称：安瑞金属制造有限公司 纳税人识别号：913402085072018824 地 址、电 话：安徽省芜湖市三山区于欢街周继路 49 号 0553–37758604 开户行及账号：中国建设银行芜湖市三山区支行 41622124327412	备注	安瑞金属制造有限公司 913402085072018824 发票专用章

收款人：　　复核：　　开票人：孟珊　　销售方：（章）

税总函【××××】×××号 ××××××××公司

第二联：抵扣联 购买方扣税凭证

图表 2—58

3402161140

安徽增值税专用发票

发票联

No 22011506

3402161140
22011506

开票日期：20×× 年 12 月 08 日

购买方		密码区	
购买方	名 称：华阳家电有限公司 纳税人识别号：911101088067030533 地 址、电 话：北京市海淀区刘永街贯立路 24 号 010–51981157 开户行及账号：中国工商银行北京市海淀区支行 41721921687942	密码区	59*3187<4/+8213<+95–59+7<27 18162<0-->>-6>525<031561->7 *787*3187<4/+8490<+40920192 2638+<712/<1+9016>2495++>84

货物或应税劳务、服务名称	规格型号	单位	数量	单价	金额	税率	税额
铝		千克	5 000	14.4	72 000.00	16%	11 520.00
合计					¥ 72 000.00		¥ 11 520.00
价税合计（大写）	⊗ 捌万叁仟伍佰贰拾元整				（小写）¥ 83 520.00		

销售方		备注	
销售方	名 称：安瑞金属制造有限公司 纳税人识别号：913402085072018824 地 址、电 话：安徽省芜湖市三山区于欢街周继路 49 号 0553–37758604 开户行及账号：中国建设银行芜湖市三山区支行 41622124327412	备注	安瑞金属制造有限公司 913402085072018824 发票专用章

收款人：　　复核：　　开票人：孟珊　　销售方：（章）

税总函【××××】×××号 ××××××××公司

第三联：发票联 购买方记账凭证

图表 2—59

3402161140

安徽增值税专用发票

抵扣联

№ 11673151

3402161140
11673151

开票日期：20×× 年 12 月 08 日

购买方	名　　称：华阳家电有限公司 纳税人识别号：911101088067030533 地 址、电 话：北京市海淀区刘永街贯立路 24 号 010–51981157 开户行及账号：中国工商银行北京市海淀区支行 41721921687942	密码区	70*3187<4/+3398<+95–59+7<39 99683<0-->>-6>525<434849->7 *787*3187<4/+8490<+26195526 6558+<712/<1+9016>5909++>84

货物或应税劳务、服务名称	规格型号	单位	数量	单价	金额	税率	税额
运费			1	1 200.00	1 200.00	10%	120.00
合计					¥1 200.00		¥120.00
价税合计（大写）	⊗ 壹仟叁佰贰拾元整				（小写）¥1 320.00		

供应商垫付

销售方	名　　称：运达物流有限公司 纳税人识别号：913402087639624698 地 址、电 话：安徽省芜湖市三山区袁海街王俊路 42 号 0553–33145023 开户行及账号：中国建设银行芜湖市三山区支行 41622124684863	备注	车种车号：皖 A70014 货物名称：铝

运达物流有限公司 913402087639624698 发票专用章

收款人：　　复核：　　开票人：钟国钊　　销售方：（章）

税总函【××××】×××号 ××××××××公司

第二联：抵扣联 购买方扣税凭证

图表 2—60

3402161140

安徽增值税专用发票

发票联

№ 11673151

3402161140
11673151

开票日期：20×× 年 12 月 08 日

购买方	名　　称：华阳家电有限公司 纳税人识别号：911101088067030533 地 址、电 话：北京市海淀区刘永街贯立路 24 号 010–51981157 开户行及账号：中国工商银行北京市海淀区支行 41721921687942	密码区	70*3187<4/+3398<+95–59+7<39 99683<0-->>-6>525<434849->7 *787*3187<4/+8490<+26195526 6558+<712/<1+9016>5909++>84

货物或应税劳务、服务名称	规格型号	单位	数量	单价	金额	税率	税额
运费			1	1 200.00	1 200.00	10%	120.00
合计					¥1 200.00		¥120.00
价税合计（大写）	⊗ 壹仟叁佰贰拾元整				（小写）¥1 320.00		

供应商垫付

销售方	名　　称：运达物流有限公司 纳税人识别号：913402087639624698 地 址、电 话：安徽省芜湖市三山区袁海街王俊路 42 号 0553–33145023 开户行及账号：中国建设银行芜湖市三山区支行 41622124684863	备注	车种车号：皖 A70014 货物名称：铝

运达物流有限公司 913402087639624698 发票专用章

收款人：　　复核：　　开票人：钟国钊　　销售方：（章）

税总函【××××】×××号 ××××××××公司

第三联：发票联 购买方记账凭证

图表 2—61

中国工商银行客户专用回单

币别：人民币　　20×× 年 12 月 08 日　　流水号 110120027J0500810056

付款人	全称	华阳家电有限公司	收款人	全称	安瑞金属制造有限公司
	账号	41721921687942		账号	41622124327412
	开户行	中国工商银行北京市海淀区支行		开户行	中国建设银行芜湖市三山区支行
金额		（大写）人民币　捌万肆仟捌佰肆拾元整　　（小写）¥84 840.00			
凭证种类		网银	凭证号码		
结算方式		转账	用途		货款
汇划日期：20××-12-08 汇划款项编号：02496176 报文顺序号：70778034　汇出行行号：10239220616089 汇出行行名：中国工商银行北京市海淀区支行 业务类型：0060　原凭证金额：84 840.00 原凭证种类：0703　原凭证号码： 附言：			打印柜员：110125584257 打印机构：中国工商银行北京市海淀区支行 打印卡号：102080542560		

第一联　借方（回单）

（印章：中国工商银行 电子回单 专用章）

打印时间：20××-12-08　交易柜员：110125584268　交易机构：11011023922061608 9018

图表 2—62

收　料　单

供应单位：　　　　收料编号：

材料类别：　　入库日期：　　收料仓库：

编号	材料名称	规格	计量单位	交库数量		实际价格			
				应收	实收	单价	金额	运费	合计

第二联　记账联

仓库保管人：罗洁雯　　合计：陈超然

要求：完成收料单的填制。

（15）支付工资，支付环节代扣三险一金及个税（图表 2—63、图表 2—64）。

图表 2—63

华阳公司 12 月份工资结算汇总表（简）

部门	应付工资总额	代扣三险一金				代扣个税	实发工资总额
		代扣养老保险	代扣医疗保险	代扣失业保险	代扣住房公积金		
行政管理部门	51 400	4 112	1 028	102.80	6 168	281.21	39 707.99
销售门市部	13 700	1 096	274	27.40	1 644	23.37	10 635.23
基本生产车间	9 9700	7 976	1 994	199.40	11 964	16.40	77 550.20
机修车间	11 600	928	232	23.20	1 392		9 024.80
总计	176 400	14 112	3 528	352.80	21 168	320.98	136 918.22

图表 2—64

中国工商银行
转账支票存根
102
00004026

附加信息　付款行账号：
41721921687942

出票日期：20×× 年 12 月 09 日

收款人：	华阳家电有限公司
金　额：	￥136 918.22
用　途：	支付工资

单位主管　　会计

××××××××公司·××××年印制

（16）收到应收款项（图表 2—65、图表 2—66）。

图表 2—65

购 销 合 同

购方：北京润华销售有限公司　　合同编号：20××022

销方：华阳家电有限公司　　签订地点：北京市

供需双方本着互利互惠、长期合同的原则，根据《中华人民共和国合同法》及双方的实际情况，就需方向供方采购事宜，订立本合同，以使双方在合同履行中共同遵守。

一、产品名称、数量、单价、金额：

产品名称	规格型号	计量单位	数量	单价	金额	备注
燃气灶		台	160	754.00	120 640.00	含税
燃气热水器		台	200	928.00	185 600.00	
合计					￥306 240.00	
合计人民币（大写）：叁拾万陆仟贰佰肆拾元整						

二、质量要求、技术标准、供方对质量负责的条件和期限：按合同企业标准。

三、（1）交（提）货地点、方式：北京市朝阳区曹志街刘京路 10 号；

（2）交货日期：20××-11-29。

四、付款时间与付款方式：现金折扣基数：不含税价，现金折扣条件：10 天内付款折扣 2%、20 天内付款折扣 1%、30 天内付款折扣 0%，付款方式：转账。

五、运输方式及到站、港费用负担：销售方承担。

六、合理损耗及计算方法：以实际数量验收。

七、包装标准、包装物的供应与回收：普通包装，不回收包装物。

八、验收标准、方法及提出异议期限：货到需方七天内提出质量异议，不包括运输过程中造成的质量问题。

九、违约责任：按《合同法》。

十、解决合同纠纷的方式：双方协商解决。

十一、其他约定事项：本合同一式两份，供需双方各一份，经双方盖章后即生效。

购方（盖章）：北京润华销售有限公司	销方（盖章）华阳家电有限公司
单位地址：北京市朝阳区曹志街刘京路10号	单位地址：北京市海淀区刘永街曹立路24号
电　　话：010–20688102	电　　话：010–51911137
签订日期：20××–11–26	签订日期：20××–11–26
开户银行：中国建设银行北京市朝阳区支行	开户银行：中国工商银行北京市海淀区支行
账　　号：41622124942562	账　　号：41721921687942

图表 2—66

中国工商银行客户专用回单

币别：人民币　　　　20××年12月10日　　　　流水号 110120027J0500810003

付款人	全称	北京润华销售有限公司	收款人	全称	华阳家电有限公司
	账号	41622124942562		账号	41721921687942
	开户行	中国建设银行北京市朝阳区支行		开户行	中国工商银行北京市海淀区支行
金额		（大写）人民币　叁拾万陆仟贰佰肆拾元整　　（小写）¥306 240.00			
凭证种类		电汇凭证	凭证号码		
结算方式		电子划汇汇入	用途		货款
汇划日期：20××–12–10汇划款项编号：03450587 报文顺序号：81178316　汇出行行号：105005411326 汇出行行名：中国建设银行北京市朝阳区支行 业务类型：2535　原凭证金额：306 240.00 原始凭证种类：0790　原凭证号码： 附言：			打印柜员：110125584257 打印机构：中国工商银行北京市海淀区支行 打印卡号：41721921687942		

第二联　贷方（回单）

打印时间：20××–12–10　　交易柜员：110125584268　　交易机构：110129272

（17）收到银行承兑汇票贴现款（图表 2—67）。

图表 2—67

贴现凭证 （收账通知） ④

填写日期：20××年 12 月 10 日　　　　第 9405 号

贴现汇票	种类	银行承兑汇票	号码 47028425	申请人	名称	华阳家电有限公司
	出票日	20××年 10 月 18 日			账号	41721921687942
	到期日	20××年 04 月 18 日（次年）			开户银行	
汇票承兑人（或银行）	名称	中国建设银行大连市中山区支行		账号		开户银行
汇票金额（即贴现金额）	人民币（大写）贰拾叁万肆仟元整				千百十万千百十元角分	¥ 2 3 4 0 0 0 0 0
贴现率每月	2‰	贴现利息	千百十万千百十元角分：¥ 2 0 4 3 6 0		实付贴现金额	千百十万千百十元角分：¥ 2 3 1 9 5 6 4 0
上述款项已入你单位账号。 此到 贴现申请人 （华阳家电有限公司 财务专用章）（张秀军） 银行盖章 （中国建设银行 北京市海淀区支行 20××–12–10 转讫 （01））					备注：	

此联银行给申请人的收款通知

（18）领用机油（图表 2—68）。

图表 2—68

低值易耗品发料汇总表

20××–12–11　　　　单位：元

领用部门	材料名称	数量	金额	合计	领用人
生产车间	机油	150	1 800.00	1 800.00	李佳颖
机修车间	机油	50	600.00	600.00	蔡森
合计			2 400.00	2 400.00	

制表：陈超然　　　　审核：李咏

（19）向银行借入款项（图表 2—69）。

图表 2—69

借款借据

单位编号：53687548　借款日期 20××年 12 月 11 日　　合同编号：000352

收款单位	名称	华阳家电有限公司	借款单位	名称	华阳家电有限公司
	结算户账号	41622124278562		贷款户账号	
	开户银行	中国建设银行北京市海淀区支行		开户银行	中国建设银行北京市海淀区支行
借款金额	人民币陆佰万元整			亿千百十万千百十元角分	¥ 6 0 0 0 0 0 0 0 0
借款原因及用途	生产经营所需借款		批准借款利率	年息 12.00%	

借款期限				
期次	计划还款日期	√	计划还款金额	你单位上列借款，已转入你单位结算户内。借款到期时由我行按期自你单位结算户转还。 （华阳家电有限公司）借款单位（张秀军） 此致 （中国建设银行 北京市海淀区支行 20××–12–11 转讫 （01））（银行签章）
1	20××–12–11（3 年）		6 000 000.00 元	
2				
3				
备注：				

此联由银行退借款单位作入账通知

（20）购入厂房一栋（图表 2—70 至图表 2—81）。

图表 2—70

1101161140　　**北京增值税专用发票**　　№ 17244411　　1101161140 17244411

抵扣联

开票日期：20×× 年 12 月 12 日

购买方	名　　称：华阳家电有限公司 纳税人识别号：911101088067030533 地 址、电 话：北京市海淀区刘永街贾立路 24 号 010-51981157 开户行及账号：中国工商银行北京市海淀区支行 41721921687942				密码区	66*3187<4/+4196<+95-59+7<153 8770<0-->>-6>525<642104->7*7 87*3187<4/+8490<+06172925730 4+<712/<1+9016>4691++>84>496		
货物或应税劳务、服务名称	规格型号	单位	数量	单价	金额	税率	税额	
厂房（北京市昌平区刘海街刘玉路）		平方米	400	12 000.00	4 800 000.00	10%	480 000.00	
合计					¥4 800 000.00		¥480 000.00	
价税合计（大写）	⊗ 伍佰贰拾捌万元整				（小写）¥5 280 000.00			
销售方	名　　称：长鸿房地产开发有限公司 纳税人识别号：911101146612335448 地 址、电 话：北京市昌平区 61 街 68 路 34 号 010-34945320 开户行及账号：中国建设银行北京市昌平区支行 41622124172533				备注	长鸿房地产开发有限公司 911101146612335448 发票专用章		

收款人：　　复核：　　开票人：张彦洁　　销售方：（章）

税总函【××××】×××号 ××××××××公司

第二联：抵扣联 购买方扣税凭证

图表 2—71

1101161140　　**北京增值税专用发票**　　№ 17244411　　1101161140 17244411

发票联

开票日期：20×× 年 12 月 12 日

购买方	名　　称：华阳家电有限公司 纳税人识别号：911101088067030533 地 址、电 话：北京市海淀区刘永街贾立路 24 号 010-51981157 开户行及账号：中国工商银行北京市海淀区支行 41721921687942				密码区	66*3187<4/+4196<+95-59+7<153 8770<0-->>-6>525<642104->7*7 87*3187<4/+8490<+06172925730 4+<712/<1+9016>4691++>84>496		
货物或应税劳务、服务名称	规格型号	单位	数量	单价	金额	税率	税额	
厂房（北京市昌平区刘海街刘玉路）		平方米	400	12 000.00	4 800 000.00	10%	480 000.00	
合计					¥4 800 000.00		¥480 000.00	
价税合计（大写）	⊗ 伍佰贰拾捌万元整				（小写）¥5 280 000.00			
销售方	名　　称：长鸿房地产开发有限公司 纳税人识别号：911101146612335448 地 址、电 话：北京市昌平区 61 街 68 路 34 号 010-34945320 开户行及账号：中国建设银行北京市昌平区支行 41622124172533				备注	长鸿房地产开发有限公司 911101146612335448 发票专用章		

收款人：　　复核：　　开票人：张彦洁　　销售方：（章）

税总函【××××】×××号 ××××××××公司

第三联：发票联 购买方记账凭证

图表 2—72

中华人民共和国税收缴款书（契税专用）

地　25620758

填法日期　20××年 12 月 12 日　税务机：关北京市昌平区税务局契税所

纳税人识别号	911101088067030533		纳税人名称	华阳家电有限公司		
土地、房屋	厂房		成交面积	400 平方米	用途	办公
地址	北京市昌平区刘海街刘玉路 90 号					
税种	品目名称	计税依据	税率或单位税额	减免税额	税款所属时期	实缴金额
契税	房屋买卖	4 800 000.00	3%		20××-12-12	144 000.00
金额合计	（大写）人民币　壹拾肆万肆仟元整					¥ 144 000.00
税务机关（盖章）		填票人　张涛（盖章）		契税征收 （013）000005961762 房地产交易契税申报 003876642107183687000 人民银行昌平区市级金库		

第一联（收据）交纳税人作完税凭证

图表 2—73

经理办公会议纪要

因业务拓展需要，拟购买北京市昌平区刘海街刘玉路 90 号厂房一套。

参加人员：　李咏　简丹　罗燕文　洪涛

20××年 12 月 10 日

图表 2—74

中国工商银行客户专用回单

币别：人民币　　20××年 12 月 12 日　　流水号 110120027J0500810058

付款人	全称	华阳家电有限公司	收款人	全称	长鸿房地产开发有限公司
	账号	41721921687942		账号	41622124172533
	开户行	中国工商银行北京市海淀区支行		开户行	中国建设银行北京市昌平区支行
金额		（大写）人民币　伍佰贰拾捌万元整			（小写）¥ 5 280 000.00
凭证种类		网银	凭证号码		
结算方式		转账	用途		购买房产
汇划日期：20××-12-12　汇划款项编号：35828442 报文顺序号：42543713　汇出行行号：102392206160890 汇出行行名：中国工商银行北京市海淀区支行 业务类型：0060　原凭证金额：5 280 000.00 原凭证种类：0703　原凭证号码： 附言：			打印柜员：110125584257 打印机构：中国工商银行北京市海淀区支行 打印卡号：102256165550		

打印时间：20××-12-12　　交易柜员：110125584268　　交易机构：11011023922061608908 8

第一联　借方（回单）

图表2—75

中国工商银行客户专用回单

币别：人民币　　20××年12月12日　　流水号 110120027J0500810012

付款人	全称	华阳家电有限公司	收款人	全称	北京市昌平区地方税务局
	账号	41721921687942		账号	41001956110021
	开户行	中国工商银行北京市海淀区支行		开户行	中国建设银行北京市海淀区支行
金额		（大写）人民币　壹拾肆万陆仟肆佰元整		（小写）¥146 400.00	
凭证种类		网银	凭证号码		
结算方式		转账	用途		
汇划日期：20××-12-12　汇划款项编号：60802112 报文顺序号：44963033　汇出行行号：102392206160890 汇出行行名：中国工商银行北京市海淀区支行 业务类型：0060　原凭证金额：146 400.00 原凭证种类：0703　原凭证号码： 附言：			打印柜员：110125584257 打印机构：中国工商银行北京市海淀区支行 打印卡号：102892088605		

第一联　借方（回单）

打印时间：20××-12-12　交易柜员：110125584268　交易机构：110110239220616089001

图表2—76

中华人民共和国
印花税票销售凭证

地

填发日期：20××年12月12日　　地印字　52432878　号

购买单位	华阳家电有限公司		购买人		
购买印花税票					
面值种类	数量	金额	面值种类	数量	金额
壹角票			伍元票		
贰角票			拾元票		
伍角票			伍拾元票		
壹元票			壹百元票	24	2 400.00
贰元票			总计		2 400.00
金额总计（大写）：零佰　零拾　零万　贰仟　肆佰　零拾　零元　零角　零分					
销售单位 （盖章）	售票人 姚洁辉 （盖章）		备注		

撕毁、涂改号码无效

第二联（收据）购票单位作报销凭证

图表 2—77

中国工商银行客户专用回单

币别：人民币　　　　20×× 年 12 月 12 日　　　　流水号 110120027J0500810039

付款人	全称	华阳家电有限公司	收款人	全称	北京市政府非税收入专户
	账号	41721921687942		账号	41001956110097
	开户行	中国工商银行北京市海淀区支行		开户行	中国建设银行北京市昌平区支行
金额		（大写）人民币　陆佰伍拾元整　　（小写）¥650.00			
凭证种类		网银	凭证号码		
结算方式		转账	用途		支付房屋及土地登记费

汇划日期：20××-12-12　汇划款项编号：44362583
报文顺序号：05782195　汇出行行号：102392206160890
汇出行行名：中国工商银行北京市海淀区支行
业务类型：0060　原凭证金额：650.00
原凭证种类：0703　原凭证号码：
附言：

打印柜员：110125584257
打印机构：中国工商银行北京市海淀区支行
打印卡号：102147783210

中国工商银行 电子回单 专用章

第一联 借方（回单）

打印时间：20××-12-12　交易柜员：110125584268　交易机构：11011023922061608907 4

图表 2—78

北京市政府非税收入一般缴款书

财政部监制

No 18116793

执收单位代码：110034　　　　财准印 009 号

执收单位名称：北京市不动产登记中心　　　　收款日期：20×× 年 12 月 12 日

非税收入管理中心监制

缴款人	全称	华阳家电有限公司	收款人	全称	北京市政府非税收入专户	流水号	
	账号	41721921687942		账号	41001956110097		
	开户银行	中国工商银行北京市海淀区支行		开户银行	中国建设银行北京市昌平区支行		
代理银行网点代码	046	开票方式			缴款方式		

项目执行码	收费项目名称	单位	标准	数量	金额（小写）	
1670	土地登记费		100.00	1	¥100.00	复核
1542	房屋登记费		550.00	1	¥550.00	记账
合计人民币（大写）陆佰伍拾元整					¥650.00	开户行签章
备注：						

北京市房产登记中心 收费专用章

第二联 收据联

执收单位（盖章）：　　　　经办人：李兰

图表 2—79

中国工商银行客户专用回单

币别：人民币　　20×× 年 12 月 12 日　　流水号 110120027J0500810050

付款人	全称	华阳家电有限公司	收款人	全称	北京市政府非税收入专户
	账号	41721921687942		账号	41001956110097
	开户行	中国工商银行北京市海淀区支行		开户行	中国建设银行北京市昌平区支行
金额		（大写）人民币　壹仟贰佰元整		（小写）¥ 1 200.00	
凭证种类		网银	凭证号码		
结算方式		转账	用途	支付交易手续费	
汇划日期：20××-12-12　汇划款项编号：47023887 报文顺序号：11053729　汇出行行号：102392206160890 汇出行行名：中国工商银行北京市海淀区支行 业务类型：0060　原凭证金额：1 200.00 原凭证种类：0703　原凭证号码： 附言：			打印柜员：110125584257 打印机构：中国工商银行北京市海淀区支行 打印卡号：102699832569		

第一联　借方（回单）

（印章：中国工商银行 电子回单 专用章）

打印时间：20××-12-12　交易柜员：110125584268　交易机构：110110239220616089070

图表 2—80

北京市政府非税收入一般缴款书

（印章：财政部监制）

No 41522565

执收单位代码：110034　　财准印 025 号

执收单位名称：北京市不动产登记中心　　收款日期 20×× 年 12 月 12 日

缴款人	全称	华阳家电有限公司		收款人	全称	北京市政府非税收入专户	流水号
	账号	41721921687942			账号	41001956110097	
	开户银行	中国工商银行北京市海淀区支行			开户银行	中国建设银行北京市昌平区支行	
代理银行网点代码	046	开票方式		缴款方式			
项目执行码	收费项目名称	单位	标准	数量	金额（小写）		复核
3771	交易手续费	元/平方米	3.00	400	¥ 1 200.00		记账
合计人民币（大写）壹仟贰佰元整					¥ 1 200.00		开户行签章
备注：							

非税收入管理中心监制　　第二联　收据联

（印章：北京市房产登记中心 收费专用章）

执收单位（盖章）：　　经办人：王军

图表 2—81

新增固定资产登记表

20××-12-12

资产名称	种类	单位	数量	购入日期	投入使用日期	使用部门
厂房	房屋及建筑物	平方米	400	20××-12-12	20××-12-12	生产车间

制表：陈超然　　审核：李咏

（21）采购原材料塑料配件（图表 2—82 至图表 2—85）。

图表 2—82

1301161140

河北增值税专用发票

抵扣联

No 03448254

1301161140
03448254

开票日期：20×× 年 12 月 12 日

购买方	名　　称：华阳家电有限公司 纳税人识别号：911101088067030533 地　址、电　话：北京市海淀区刘永街贯立路 24 号 010–51981157 开户行及账号：中国工商银行北京市海淀区支行 41721921687942					密码区	64*3187<4/+9613<+95–59+7<765 9290<0-->>–6>525<340002–>7*7 87*3187<4/+8490<+49773624553 1+<712/<1+9016>6628++>84>290	
货物或应税劳务、服务名称	规格型号	单位	数量	单价	金额	税率	税额	
塑料配件		套	10 000	1.92	19 200.00	16%	3 072.00	
合计					¥ 19 200.00		¥ 3 072.00	
价税合计（大写）	⊗ 贰万贰仟贰佰柒拾贰元整				（小写）¥ 22 272.00			
销售方	名　　称：楠村塑料制品有限公司 纳税人识别号：911301054538296183 地　址、电　话：河北省石家庄市新华区庞敬街张树路 54 号 0311–61491727 开户行及账号：中国建设银行石家庄市新华区支行 41622124435703					备注	楠村塑料制品有限公司 911301054538296183 发票专用章	

收款人：　　复核：　　开票人：孟珊　　销售方：（章）

税总函【××××】×××号 ××××××××公司

第二联：抵扣联 购买方扣税凭证

图表 2—83

1301161140

河北增值税专用发票

发票联

No 03448254

1301161140
03448254

开票日期：20×× 年 12 月 12 日

购买方	名　　称：华阳家电有限公司 纳税人识别号：911101088067030533 地　址、电　话：北京市海淀区刘永街贯立路 24 号 010–51981157 开户行及账号：中国工商银行北京市海淀区支行 41721921687942					密码区	64*3187<4/+9613<+95–59+7<765 9290<0-->>–6>525<340002–>7*7 87*3187<4/+8490<+49773624553 1+<712/<1+9016>6628++>84>290	
货物或应税劳务、服务名称	规格型号	单位	数量	单价	金额	税率	税额	
塑料配件		套	10 000	1.92	19 200.00	16%	3 072.00	
合计					¥ 19 200.00		¥ 3 072.00	
价税合计（大写）	⊗ 贰万贰仟贰佰柒拾贰元整				（小写）¥ 22 272.00			
销售方	名　　称：楠村塑料制品有限公司 纳税人识别号：911301054538296183 地　址、电　话：河北省石家庄市新华区庞敬街张树路 54 号 0311–61491727 开户行及账号：中国建设银行石家庄市新华区支行 41622124435703					备注	楠村塑料制品有限公司 911301054538296183 发票专用章	

收款人：　　复核：　　开票人：孟珊　　销售方：（章）

税总函【××××】×××号 ××××××××公司

第三联：发票联 购买方记账凭证

图表 2—84

中国工商银行客户专用回单

币别：人民币　　20××年 12 月 12 日　　流水号 110120027J0500810053

付款人	全称	华阳家电有限公司	收款人	全称	楠村塑料制品有限公司
	账号	41721921687942		账号	41622124435703
	开户行	中国工商银行北京市海淀区支行		开户行	中国建设银行石家庄新华区支行
金额		（大写）人民币　贰万贰仟贰佰柒拾贰元整			（小写）¥ 22 272.00
凭证种类		网银	凭证号码		
结算方式		转账	用途		货款

汇划日期：20××-12-12　汇划款项编号：70335806
报文顺序号：29240876　汇出行行号：102392206160890
汇出行行名：中国工商银行北京市海淀区支行
业务类型：0060　原凭证金额：22 272.00
原凭证种类：0703　原凭证号码：
附言：

打印柜员：110125584257
打印机构：中国工商银行北京市海淀区支行
打印卡号：102324463017

（印章：中国工商银行 电子回单 专用章）

第一联 借方（回单）

打印时间：20××-12-12　交易柜员：110125584268　交易机构：11011023922061608900７

图表 2—85

收　料　单

供应单位：　　收料编号：

材料类别：　　入库日期：　　收料仓库：

编号	材料名称	规格	计量单位	交库数量		实际价格				计划价格	
				应收	实收	单价	金额	运费	合计	单价	金额

第二联 记账联

仓库保管员：罗洁雯　　会计：陈超然

要求：完成收料单的填制。

（22）提现备用（图表 2—86）。

图表 2—86

中国工商银行
现金支票存根

102
00071731

附加信息　付款银行账号：
41721921687942

出票日期：20××年 12 月 13 日

收款人：	华阳家电有限公司
金　额：	¥ 5 000.00
用　途：	备用金

单位主管　　会计

××××××××公司・××××年印制

（23）支付审计费（图表2—87至图表2—89）。

图表2—87

1101161140

北京增值税专用发票

全国统一发票监制 国家税务总局监制

抵扣联

№ 39488733

1101161140
39488733

开票日期：20×× 年 12 月 12 日

税总函【××××】×××号 ××××××××公司

购买方	名　　　称：华阳家电有限公司 纳税人识别号：911101088067030533 地 址、电 话：北京市海淀区刘永街贾立路24号 010-51981157 开户行及账号：中国工商银行北京市海淀区支行 41721921687942	密码区	52*3187<4/+9171<+95-59+7<636 3073<0-->>-6>525<282605->7*7 87*3187<4/+8490<+76374473393 6+<712/<1+9016>0288++>84>692

货物或应税劳务、服务名称	规格型号	单位	数量	单价	金额	税率	税额
审计费		次	1	60 000.00	60 000.00	6%	3 600.00
合计					¥60 000.00		¥3 600.00
价税合计（大写）	⊗陆万叁仟陆佰元整				（小写）¥63 600.00		

销售方	名　　　称：诚信乐会计师事务所有限公司 纳税人识别号：911101013426437894 地 址、电 话：北京市东城区赵兴街周景路25号 010-43040975 开户行及账号：中国建设银行北京市东城区支行 41622124115307	备注	诚信乐会计师事务所有限公司 911101013426437894 发票专用章

收款人：　　复核：　　开票人：刘索静　　销售方：（章）

第二联：抵扣联 购买方扣税凭证

图表2—88

1101161140

北京增值税专用发票

全国统一发票监制 国家税务总局监制

发票联

№ 39488733

1101161140
39488733

开票日期：20×× 年 12 月 12 日

税总函【××××】×××号 ××××××××公司

购买方	名　　　称：华阳家电有限公司 纳税人识别号：911101088067030533 地 址、电 话：北京市海淀区刘永街贾立路24号 010-51981157 开户行及账号：中国工商银行北京市海淀区支行 41721921687942	密码区	52*3187<4/+9171<+95-59+7<636 3073<0-->>-6>525<282605->7*7 87*3187<4/+8490<+76374473393 6+<712/<1+9016>0288++>84>692

货物或应税劳务、服务名称	规格型号	单位	数量	单价	金额	税率	税额
审计费		次	1	60 000.00	60 000.00	6%	3 600.00
合计					¥60 000.00		¥3 600.00
价税合计（大写）	⊗陆万叁仟陆佰元整				（小写）¥63 600.00		

销售方	名　　　称：诚信乐会计师事务所有限公司 纳税人识别号：911101013426437894 地 址、电 话：北京市东城区赵兴街周景路25号 010-43040975 开户行及账号：中国建设银行北京市东城区支行 41622124115307	备注	诚信乐会计师事务所有限公司 911101013426437894 发票专用章

收款人：　　复核：　　开票人：刘索静　　销售方：（章）

第三联：发票联 购买方记账凭证

图表 2—89

中国工商银行客户专用回单

币别：人民币　　　　20×× 年 12 月 14 日　　　　流水号 110120027J0500810080

付款人	全称	华阳家电有限公司	收款人	全称	诚信乐会计师事务所有限公司
	账号	41721921687942		账号	41622124115307
	开户行	中国工商银行北京市海淀区支行		开户行	中国建设银行北京市东城区支行
金额		（大写）人民币　陆万叁仟陆佰元整　　（小写）¥63 600.00			
凭证种类		网银	凭证号码		
结算方式		转账	用途		聘请中介机构费
汇划日期：20××-12-14　汇划款项编号：00407076 报文顺序号：56763249　汇出行行号：102392206160890 汇出行行名：中国工商银行北京市海淀区支行 业务类型：0016　原凭证金额：63 600.00 原凭证种类：0706　原凭证号码： 附言：			打印柜员：110125584257 打印机构：中国工商银行北京市海淀区支行 打印卡号：41721921687942		

第一联　借方（回单）

打印时间：20××-12-14　　交易柜员：110125584268　　交易机构：110110227

（24）缴纳社保费（图表 2—90）。

图表 2—90

中国工商银行客户专用回单

转账日期：20×× 年 12 月 14 日

凭证字号：20××121396804173

纳税人全称及纳税人识别号：华阳家电有限公司 911101088067030533

付款人全称：华阳家电有限公司

付款人账号：41721921687942　　征收机关名称：

付款人开户银行：中国工商银行北京市海淀区支行　　收缴国库（银行）名称：

小写（合计）金额 ¥72 324.00　　缴款书交易流水号：20××12144975265

大写（合计）金额　人民币　柒万贰仟叁佰贰拾肆元整　　税票号码：0420161214329539802067

税（费）种名称	所属时期	实缴金额
医疗保险本金	20××-12-01 至 20××-12-31	¥21 168.00
养老保险本金	20××-12-01 至 20××-12-31	¥47 628.00
失业保险本金	20××-12-01 至 20××-12-31	¥1 764.00
生育保险本金	20××-12-01 至 20××-12-31	¥1 411.20
工伤保险本金	20××-12-01 至 20××-12-31	¥352.80

（25）支付住房公积金（图表 2—91）。

图表 2—91

中国工商银行客户专用回单

币别：人民币　　　　20×× 年 12 月 14 日　　　　流水号 110120027J0500810053

付款人	全称	华阳家电有限公司	收款人	全称	北京市住房公积金管理中心
	账号	41721921687942		账号	
	开户行	中国工商银行北京市海淀区支行		开户行	同城实时借记业务
金额		（大写）人民币　肆万贰仟叁佰叁拾陆元整			（小写）¥42 336.00
凭证种类		其他凭证		凭证号码	00005170
结算方式		转账		用途	WFP 公积金：000141255：20161214
汇划日期：2016-12-14　汇划款项编号：15539135 报文顺序号：65722747　汇出行行号：102392206160890 汇出行行名：中国工商银行北京市海淀区支行 业务类型：0060　原凭证金额：42 336.00 原凭证种类：0703　原凭证号码： 附言：			打印柜员：110125584257 打印机构：中国工商银行北京市海淀区支行 打印卡号：102328394116		

（印章：中国工商银行 电子回单 专用章）

第一联　借方（回单）

打印时间：20××-12-14　交易柜员：110125584268　交易机构：110110239220616089021

（26）支付业务招待费（图表 2—92、图表 2—93）。

图表 2—92

收 款 收 据

No.574172

20×× 年 12 月 14 日

今收到 华阳家电有限公司

交来：业务招待费

金额（大写）零佰　零拾　零万　贰仟　捌佰　零拾　零元　零角　零分

¥2 800.00　☑现金　☐转账支票　☐其他

收款单位（盖章）

（印章：现金收讫；喜来乐酒店有限公司 财务专用章）

第二联　交对方

核准　　会计　　记账　　出纳 周洪松　　经手人 陈焕东

图表 2—93

1101161320 北京增值税普通发票 № 56785570 1101161140 56785570

发 票 联

检验码 36203 26550 81212 34038 开票日期：20×× 年 12 月 12 日

购买方	名　　称：华阳家电有限公司 纳税人识别号：911101088067030533 地 址、电 话：北京市海淀区刘永街贯立路 24 号 010–51981157 开户行及账号：中国工商银行北京市海淀区支行 41721921687942	密码区	85*3187<4/+5831<+95–59+7<795 7805<0–->>–6>525<795789–>7*7 87*3187<4/+8490<+31246803522 0+<712/<1+9016>0129++>84>438

货物或应税劳务、服务名称	规格型号	单位	数量	单价	金额	税率	税额
餐费		桌	2	1 320.75	2 641.50	6%	158.50
合计					¥2 641.50		¥158.50
价税合计（大写）	⊗贰仟捌佰元整					（小写）	¥2 800.00

现金付讫

销售方	名　　称：喜来乐酒店有限公司 纳税人识别号：911101019690510697 地 址、电 话：北京市东城区杨同街杨立路 82 号 010–80564685 开户行及账号：中国建设银行北京市东城区支行 41622124526256	备注	喜来乐酒店有限公司 911101019690510697 发票专用章

收款人：　　复核：　　开票人：解汉瑞　　销售方：（章）

税总函【××××】×××号 ××××××××公司

第二联 发票联 购买方记账凭证

（27）领用原材料（图表 2—94、图表 2—95）。

图表 2—94

领 料 单

领料部门：基本生产车间

用　　途：生产燃气热水器　　领料日期：20××–12–14

材料编号	名称	规格	计量单位	请领数量	实发数量	备注
	不锈钢		千克	6 000	6 000	
	铝		千克	6 000	6 000	
	塑料配件		件	16 000	16 000	

领料人：张小凡　　发料人：罗洁雯

第三联 记账联

图表 2—95

领 料 单

领料部门：基本生产车间

用　　途：生产燃气灶　　领料日期：20××–12–14

材料编号	名称	规格	计量单位	请领数量	实发数量	备注
	玻璃板		立方米	1 000	1 000	

领料人：张小凡　　发料人：罗洁雯

第三联 记账联

（28）扣缴上月应交税费（图表 2—96 至图表 2—99）。

图表 2—96

中国工商银行客户专用回单

转账日期：20×× 年 12 月 15 日

凭证字号：20××121535023048

纳税人全称及纳税人识别号：华阳家电有限公司 911101088067030533

付款人全称：华阳家电有限公司

付款人账号：41721921687942

付款人开户银行：中国工商银行北京市海淀区支行

小写（合计）金额 ￥76 715.50

大写（合计）金额　人民币　柒万陆仟柒佰壹拾伍元伍角整

税（费）种名称　所属时期

企业所得税　20××1101-20××1130

征收机关名称：

收缴国库（银行）名称：

缴款书交易流水号：20××12157449213

税票号码：042016722498494246

实缴金额

￥76 715.50

中国工商银行 电子回单专用章

图表 2—97

中国工商银行客户专用回单

转账日期：20×× 年 12 月 15 日

凭证字号：20××121535023032

纳税人全称及纳税人识别号：华阳家电有限公司 911101088067030533

付款人全称：华阳家电有限公司

付款人账号：41721921687942

付款人开户银行：中国工商银行北京市海淀区支行

小写（合计）金额 ￥165 000.00

大写（合计）金额　人民币　壹拾陆万伍仟元整

税（费）种名称　所属时期

增值税　20××1101-20××1130

征收机关名称：

收缴国库（银行）名称：

缴款书交易流水号：20××12155508802

税票号码：042016575223754960

实缴金额

￥165 000.00

中国工商银行 电子回单专用章

图表 2—98

中国工商银行客户专用回单

转账日期：20×× 年 12 月 15 日

凭证字号：20××121535023004

纳税人全称及纳税人识别号：华阳家电有限公司 911101088067030533

付款人全称：华阳家电有限公司

付款人账号：41721921687942

付款人开户银行：中国工商银行北京市海淀区支行

小写（合计）金额 ￥320.98

大写（合计）金额　人民币　叁佰贰拾元玖角捌分

税（费）种名称　所属时期

个人所得税　20××1101-20××1130

征收机关名称：

收缴国库（银行）名称：

缴款书交易流水号：20××12159343040

税票号码：042016533736763959

实缴金额

￥320.98

中国工商银行 电子回单专用章

图表 2—99

中国工商银行客户专用回单

转账日期：20×× 年 12 月 15 日

凭证字号：2016121535023062

纳税人全称及纳税人识别号：华阳家电有限公司 911101088067030533	
付款人全称：华阳家电有限公司	
付款人账号：41721921687942	征收机关名称：
付款人开户银行：中国工商银行北京市海淀区支行	收缴国库（银行）名称：
小写（合计）金额 ¥19 800.00	缴款书交易流水号：20××12159075630
大写（合计）金额 人民币 壹万玖仟捌佰元整	税票号码：042016756544475624
税（费）种名称 所属时期	实缴金额
城市维护建设税 20××1101–20××1130	¥11 550.00
教育费附加 20××1101–20××1130	¥4 950.00
地方教育费附加 20××1101–20××1130	¥3 300.00

（29）支付工会经费（图表 2—100）。

图表 2—100

中国工商银行客户专用回单

币别：人民币　　20×× 年 12 月 15 日　　流水号 110120027J0500810029

付款人	全称	华阳家电有限公司	收款人	全称	北京市海淀区工会委员会
	账号	41721921687942		账号	41459737842259
	开户行	中国工商银行北京市海淀区支行		开户行	中国建设银行北京市海淀区支行
金额		（大写）人民币 壹仟肆佰壹拾壹元贰角整		（小写）¥1 411.20	
凭证种类		网银	凭证号码		
结算方式		转账	用途		上缴工会经费
汇划日期：20××-12-15 汇划款项编号：20690993 报文顺序号：26218602 汇出行行号：102392206160890 汇出行行名：中国工商银行北京市海淀区支行 业务类型 0060 原凭证金额：1 411.02 原凭证种类：0702 原凭证号码： 附言：			打印柜员：110125584257 打印机构：中国工商银行北京市海淀区支行 打印卡号：102377792956		

第一联 借方（回单）

打印时间：20××-12-15　交易柜员：110125584268　交易机构：1101102392206161089080

（30）销售产品（图表 2—101 至图表 2—104）。

图表 2—101

销 售 单

购货单位：益昌销售有限公司　地址和电话：北京市平谷区 60 街 25 路 68 号 010-19690600　单据编码：15050

纳税识别号：911101173422142677　开户行及账号：中国建设银行北京市平谷区支行41622124772476　制单日期：20××-12-16

编码	产品名称	规格	单位	单价	数量	金额	备注
001	燃气灶		台	754.00	480	361 920.00	
002	燃气热水器		台	928.00	360	334 080.00	
合计	人民币（大写）：陆拾玖万陆仟元整				—	¥696 000.00	

会计联

销售经理：洪涛　经手人：刘馨　会计：陈超然　签收人：陈聪亮

图表 2—102

北京增值税专用发票

No 37112036　　37112036

校验码 33261 72292 02726 73731　　开票日期：20×× 年 12 月 16 日

税总函【××××】×××号 ×××××××××公司

购买方	名称：益昌销售有限公司 纳税人识别号：911101173422142677 地址、电话：北京市平谷区 60 街 25 路 68 号 010–19690600 开户行及账号：中国建设银行北京市平谷区支行 41622124772476	密码区	19*3187<4/+4873<+95–59+7<077 1924<0–->>–6>525<057026–>7*7 87*3187<4/+8490<+15220828389 5+<712/<1+9016>3282++>84>515

货物或应税劳务、服务名称	规格型号	单位	数量	单价	金额	税率	税额
燃气灶		台	480	650.00	312 000.00	16%	49 920.00
燃气热水器		台	360	800.00	288 000.00	16%	46 080.00
合计					¥600 000.00		¥96 000.00
价税合计（大写）	⊗ 陆拾玖万陆仟元整				（小写）¥696 000.00		

销售方	名称：华阳家电有限公司 纳税人识别号：911101088067030533 地址、电话：北京市海淀区刘永街贯立路 24 号 010–51981157 开户行及账号：中国工商银行北京市海淀区支行 41721921687942	备注	

收款人：　　复核：　　开票人：陈超然　　销售方：（章）

第一联：记账联 销售方记账凭证

图表 2—103

北京增值税专用发票

发票联

1101161140　　No 41762752　　1101161140 41762752

校验码 49820 20592 77074 57355　　开票日期：20×× 年 12 月 16 日

购买方	名称：益昌销售有限公司 纳税人识别号：911101173422142677 地址、电话：北京市平谷区 60 街 25 路 68 号 010–19690600 开户行及账号：中国建设银行北京市平谷区支行 41622124772476	密码区	03*3187<4/+8490<+95–59+7<243 4987<0 >>–6>525<693719–>7*7 87*3187<4/+8490<+95708681380 9+<712/<1+9016>6906++>84>93/–

货物或应税劳务、服务名称	规格型号	单位	数量	单价	金额	税率	税额
运费			1	2 200.00	2 200.00	10%	220.00
合计					¥2 200.00		¥220.00
价税合计（大写）	⊗ 贰仟肆佰贰拾元整				（小写）¥2 420.00		

复印件

销售方	名称：通畅物流有限公司 纳税人识别号：911101057801655177 地址、电话：北京市朝阳区吴江街王福路 68 号 010–85733175 开户行及账号：中国建设银行北京市朝阳区支行 41622124834774	备注	车种车号：京 A83449 货物名称：燃气灶、燃气热水器 通畅物流有限公司 911101057801655177 发票专用章

收款人：　　复核：　　开票人：赵凯　　销售方：（章）

第二联：发票联 购买方记账凭证

图表 2—104

中国工商银行

转账支票存根

102

00004025

附加信息 付款行账号：

41721921687942

出票日期：20×× 年 12 月 16 日

收款人：	通畅物流有限公司
金　额：	￥2 420.00
用　途：	支付代垫运费

单位主管　　　　会计

××××××××公司 · ××××年印制

（31）预付下一年度房屋租赁费（图表 2—105 至图表 2—107）。

图表 2—105

1101163140　　**北京增值税专用发票**　　№ 76680036　　1101163140 76680036

抵扣联

开票日期：20×× 年 12 月 17 日

购买方	名　　称：华阳家电有限公司 纳税人识别号：911101088067030533 地址、电话：北京市海淀区刘永街贯立路 24 号 010-51981157 开户行及账号：中国工商银行北京市海淀区支行 41721921687942	密码区： 51*3187<4/+0792<+95-59+7<955 0691<0-->>-6>525<397778->7*7 87*3187<4/+8490<+10488315148 4+<712/<1+9016>0819++>84>587

货物或应税劳务、服务名称	规格型号	单位	数量	单价	金额	税率	税额
房屋租赁费		套/年	3	20 000	60 000.00	10%	6 000.00
合计					￥60 000.00		￥6 000.00
价税合计（大写）	⊗陆万陆仟元整					（小写）	￥66 000.00

销售方	名　　称：家佳租赁有限公司 纳税人识别号：911101016550895854 地址、电话：北京市东城区王睿街陈焕路 68 号 010-16436163 开户行及账号：中国建设银行北京市东城区支行 41622124627210	备注：家佳租赁有限公司 911101016550895854 发票专用章

收款人：　　复核：　　开票人：李庆达　　销售方：（章）

第二联：抵扣联 购买方扣税凭证

税总函【××××】×××号 ××××××××公司

图表 2—106

1101163140　　**北京增值税专用发票**　　№ 76680036　　1101163140 76680036

发 票 联

开票日期：20×× 年 12 月 17 日

税总函【××××】×××号 ××××××××公司

购买方	名　　称：华阳家电有限公司 纳税人识别号：911101088067030533 地址、电话：北京市海淀区刘永街贯立路 24 号 010–51981157 开户行及账号：中国工商银行北京市海淀区支行 41721921687942				密码区	51*3187<4/+0792<+95-59+7<955 0691<0-->>-6>525<397778->7*7 87*3187<4/+8490<+10488315148 4+<712/<1+9016>0819++>84>587		
货物或应税劳务、服务名称		规格型号	单位	数量	单价	金额	税率	税额
房屋租赁费			套／年	3	20 000	60 000.00	10%	6 000.00
合计						¥ 60 000.00		¥ 6 000.00
价税合计（大写）		⊗ 陆万陆仟元整				（小写）¥ 66 000.00		
销售方	名　　称：家佳租赁有限公司 纳税人识别号：911101016550895854 地址、电话：北京市东城区王睿街陈焕路 68 号 010–16436163 开户行及账号：中国建设银行北京市东城区支行 41622124627210				备注	家佳租赁有限公司 911101016550895854 发票专用章		

收款人：　　复核：　　开票人：李庆达　　销售方：（章）

第三联：发票联 购买方记账凭证

图表 2—107

中国工商银行客户专用回单

币别：人民币　　20×× 年 12 月 17 日　　流水号 110120027J0500810041

付款人	全称	华阳家电有限公司	收款人	全称	家佳租赁有限公司
	账号	41721921687942		账号	41622124627210
	开户行	中国工商银行北京市海淀区支行		开户行	中国建设银行北京市东城区支行
金额		（大写）人民币　陆万陆仟元整			（小写）¥ 66 000.00
凭证种类		网银	凭证号码		
结算方式		转账	用途		预付房屋租赁费
汇划日期：20××-12-17 汇划款项编号：00401261 报文顺序号：56763291　汇出行行号：102392206160890 汇出行行名：中国工商银行北京市海淀区支行 业务类型：0095　原凭证金额：66 000.00 原凭证种类：0706　原凭证号码： 附言：			打印柜员：110125584257 打印机构：中国工商银行北京市海淀区支行 打印卡号：41721921687942 中国工商银行 电子回单 专用章		

打印时间：20××-12-17　交易柜员：110125584268　　交易机构：110110212

第一联 借方（回单）

（32）领用套装工具（图表 2—108）。

图表 2—108

低值易耗品发料汇总表

20××-12-17 单位：元

领用部门	材料名称	数量	金额	合计	领用人
机修车间	套装工具	5	1 750.00	1 750.00	蔡森
合计			1 750.00	1 750.00	

制表：陈超然 审核：李咏

（33）向证券结算账户划拨款项（图表 2—109、图表 2—110）。

图表 2—109

中国工商银行
证券保证金存取委托书

No. 8543687

20×× 年 12 月 17 日

证券保证金账号	2503582055	银行存款账号	41721921687942
转账金额	¥ 200 000.00	转账方式	支票
兹委托中国工商银行办理上述证券保证金存取业务，经核对银行打印内容正确无误。 （印章：中国工商银行 北京市海淀区支行 20××-12-17 办讫（01）） 银行签字			

第二联 客户回执

流水号 20452720092833 操作员号 4040

图表 2—110

中国工商银行
转账支票存根

102
00004017

附加信息 付款行账号：
41721921687942

出票日期：20×× 年 12 月 17 日

收款人：华阳家电有限公司
金 额：¥ 200 000.00
用 途：第三方存管

单位主管 会计

××××××××公司 · ××××年印制

（34）购买可供出售金融资产（图表 2—111 至图表 2—115）。

图表 2—111

经理办公会议纪要

企业拟以不高于每股 14.5 元的价格买入华鑫科技发行在外的 20 000 股股票，划分为可供出售金融资产。

参加人员：李咏　罗燕文　简丹　洪涛

华阳家电有限公司

20×× 年 12 月 16 日

图表 2—112

交　割　单

营业部名：北京华兴证券服务股份有限公司
股东姓名：华阳家电有限公司
资金账户：2503582055
当前币种：人民币

成交日期	操作	证券代码	证券名称	成交数量	成交均价	成交金额	手续费	印花税	其他费用	结算金额	账户	市场名称
20××-12-17	买入	600521	华鑫科技	20 000	14.50	290 000.00	61.48	0.00	0.00	290 061.48	2503582055	上海A股

图表 2—113

金融商品台账

证券代码及名称：600521 华鑫科技

单位：元

购入日期	购入数量	单位买入价	买入价
20××-12-17	20 000	14.50	290 000.00

图表 2—114

1101162140　　**北京增值税专用发票**　　№ 31964260　　1101162140 31964260

抵扣联

开票日期：20×× 年 12 月 18 日

购买方	名　　称：华阳家电有限公司 纳税人识别号：911101088067030533 地址、电话：北京市海淀区刘永街贯立路 24 号 010–51981157 开户行及账号：中国工商银行北京市海淀区支行 41721921687942				密码区	58*3187<4/+7263<+95–59+7<905 6965<0-–>>–6>525<749950–>7*7 87*3187<4/+8490<+76072740651 2+<712/<1+9016>0846++>84>176	
货物或应税劳务、服务名称	规格型号	单位	数量	单价	金额	税率	税额
直接收费金融服务			1	58.00	58.00	6%	3.48
合计					¥ 58.00		¥ 3.48
价税合计（大写）	⊗ 陆拾壹元肆角捌分					（小写）¥ 61.48	
销售方	名　　称：北京华兴证券服务股份有限公司 纳税人识别号：911101081602225343 地址、电话：北京市海淀区张秀街陈宝路 76 号 010–23456121 开户行及账号：中国建设银行北京市海淀区支行 41671242428154				备注	北京华兴证券服务股份有限公司 911101081602225343 发票专用章	

收款人：　　复核：　　开票人：李世玲　　销售方：（章）

税总函【××××】×××号 ××××××××公司

第二联：抵扣联 购买方扣税凭证

图表 2—115

1101162140　　**北京增值税专用发票**　　№ 31964260　　1101162140 31964260

发票联

开票日期：20×× 年 12 月 18 日

购买方	名　　称：华阳家电有限公司 纳税人识别号：911101088067030533 地址、电话：北京市海淀区刘永街贯立路 24 号 010–51981157 开户行及账号：中国工商银行北京市海淀区支行 41721921687942				密码区	58*3187<4/+7263<+95–59+7<905 6965<0-–>>–6>525<749950–>7*7 87*3187<4/+8490<+76072740651 2+<712/<1+9016>0846++>84>176	
货物或应税劳务、服务名称	规格型号	单位	数量	单价	金额	税率	税额
直接收费金融服务			1	58.00	58.00	6%	3.48
合计					¥ 58.00		¥ 3.48
价税合计（大写）	⊗ 陆拾壹元肆角捌分					（小写）¥ 61.48	
销售方	名　　称：北京华兴证券服务股份有限公司 纳税人识别号：911101081602225343 地址、电话：北京市海淀区张秀街陈宝路 76 号 010–23456121 开户行及账号：中国建设银行北京市海淀区支行 41671242428154				备注	北京华兴证券服务股份有限公司 911101081602225343 发票专用章	

收款人：　　复核：　　开票人：李世玲　　销售方：（章）

税总函【××××】×××号 ××××××××公司

第三联：发票联 购买方记账凭证

（35）采购原材料（图表 2—116 至图表 2—123）。

图表 2—116

2103161140　　**辽宁增值税专用发票**　　№ 26650059　　2103161140 26650059

抵扣联

开票日期：20×× 年 12 月 18 日

税总函【××××】×××号 ××××××××公司

购买方	名　　称：华阳家电有限公司 纳税人识别号：911101088067030533 地　址、电　话：北京市海淀区刘永街贾立路 24 号 010–51981157 开户行及账号：中国工商银行北京市海淀区支行 41721921687942	密码区	13*3187<4/+1720<+95–59+7<548 3725<0−−>>–6>525<315776–>7*7 87*3187<4/+8490<+31148148700 1+<712/<1+9016>1327++>84>458

货物或应税劳务、服务名称	规格型号	单位	数量	单价	金额	税率	税额
铜		千克	2 500	44.6	111 500.00	16%	17 840.00
铝		千克	3 500	15.2	53 200.00	16%	8 512.00
不锈钢		千克	1 800	17.5	31 500.00	16%	5 040.00
合计					¥ 196 200.00		¥ 31 392.00
价税合计（大写）	⊗ 贰拾贰万柒仟伍佰玖拾贰元整				（小写）¥ 227 592.00		

销售方	名　　称：宝银金属制造有限公司 纳税人识别号：912103023364932912 地　址、电　话：辽宁省鞍山市铁东区赵凯街李杰路 33 号 0412–24739076 开户行及账号：中国建设银行鞍山市铁东区支行 41622124484181	备注	宝银金属制造有限公司 912103023364932912 发票专用章

收款人：　　复核：　　开票人：宋力品　　销售方：（章）

第二联：抵扣联 购买方扣税凭证

图表 2—117

2103161140　　**辽宁增值税专用发票**　　№ 26650059　　2103161140 26650059

发票联

开票日期：20×× 年 12 月 18 日

税总函【××××】×××号 ××××××××公司

购买方	名　　称：华阳家电有限公司 纳税人识别号：911101088067030533 地　址、电　话：北京市海淀区刘永街贾立路 24 号 010–51981157 开户行及账号：中国工商银行北京市海淀区支行 41721921687942	密码区	13*3187<4/+1720<+95–59+7<548 3725<0−−>>–6>525<315776–>7*7 87*3187<4/+8490<+31148148700 1+<712/<1+9016>1327++>84>458

货物或应税劳务、服务名称	规格型号	单位	数量	单价	金额	税率	税额
铜		千克	2 500	44.6	111 500.00	16%	17 840.00
铝		千克	3 500	15.2	53 200.00	16%	8 512.00
不锈钢		千克	1 800	17.5	31 500.00	16%	5 040.00
合计					¥ 196 200.00		¥ 31 392.00
价税合计（大写）	⊗ 贰拾贰万柒仟伍佰玖拾贰元整				（小写）¥ 227 592.00		

销售方	名　　称：宝银金属制造有限公司 纳税人识别号：912103023364932912 地　址、电　话：辽宁省鞍山市铁东区赵凯街李杰路 33 号 0412–24739076 开户行及账号：中国建设银行鞍山市铁东区支行 41622124484181	备注	宝银金属制造有限公司 912103023364932912 发票专用章

收款人：　　复核：　　开票人：宋力品　　销售方：（章）

第三联：发票联 购买方记账凭证

图表 2—118

中国工商银行

电汇凭证

币别：人民币　　20×× 年 12 月 18 日　　流水号：110120027J0500810067

汇款方式	☑ 普通		☐ 加急	
汇款人 全称	华阳家电有限公司	收款人 全称	宝银金属制造有限公司	
账号	41721921687942	账号	41622124484181	
汇出地点	省 北京 市/县	汇入地点	辽宁省 鞍山市/县	
汇出行名称	中国工商银行北京市海淀区支行	汇入行名称	中国建设银行鞍山市铁东区支行	
金额	（大写） 贰拾贰万柒仟伍佰玖拾贰元整			亿 千 百 十 万 千 百 十 元 角 分 ¥ 2 2 7 5 9 2 0 0
中国工商银行 北京市海淀区支行 20××-12-18 办讫（01）		支付密码 1531-5397-1685-6409 附加信息及用途：支付货款 华阳家电有限公司 财务专用章 张秀军 客户签章		

会计主管　　授权　　复核　　录入

第二联 客户回单

图表 2—119

2103161140　　辽宁增值税专用发票　　№ 29206659　　2103161140 29206659

抵扣联

开票日期：20×× 年 12 月 18 日

购买方	名称：华阳家电有限公司 纳税人识别号：911101088067030533 地址、电话：北京市海淀区刘永街贯立路 24 号 010-51981157 开户行及账号：中国工商银行北京市海淀区支行 41721921687942			密码区	32*3187<4/+7120<+95-59+7<903 7047<0-->>-6>525<737473->7*7 87*3187<4/+8490<+26113227986 2+<712/<1+9016>4464++>84>712		
货物或应税劳务、服务名称	规格型号	单位	数量	单价	金额	税率	税额
运费			1	3 000.00	3 000.00	10%	300.00
合计					¥3 000.00		¥300.00
价税合计（大写）	⊗ 叁仟叁佰元整				（小写）¥3 300.00		
销售方	名称：畅通物流有限公司 纳税人识别号：912103028361557891 地址、电话：辽宁省鞍山市铁东区冯惠街张玮路 17 号 0412-68939672 开户行及账号：中国建设银行鞍山市铁东区支行 41622124202571			备注	车种车号：辽 A91750 货物名称：铜、铝、不锈钢 畅通物流有限公司 912103028361557891 发票专用章		

收款人：　　复核：　　开票人：杨现林　　销售方：（章）

第三联：抵扣联 购买方扣税凭证

税总函【××××】×××号 ××××××××公司

图表 2—120

2103161140

辽宁增值税专用发票

发 票 联

№ 29206659

2103161140
29206659

开票日期：20×× 年 12 月 18 日

购买方	名 称：华阳家电有限公司 纳税人识别号：911101088067030533 地 址、电 话：北京市海淀区刘永街贯立路 24 号 010-51981157 开户行及账号：中国工商银行北京市海淀区支行 41721921687942				密码区	32*3187<4/+7120<+95-59+7<903 7047<0-->>-6>525<737473->7*7 87*3187<4/+8490<+26113227986 2+<712/<1+9016>4464++>84>712	
货物或应税劳务、服务名称	规格型号	单位	数量	单价	金额	税率	税额
运费			1	3 000.00	3 000.00	10%	300.00
合计					¥3 000.00		¥300.00
价税合计（大写）	⊗ 叁仟叁佰元整				（小写）¥3 300.00		
销售方	名 称：畅通物流有限公司 纳税人识别号：912103028361557891 地 址、电 话：辽宁省鞍山市铁东区冯惠街张玮路 17 号 0412-68939672 开户行及账号：中国建设银行鞍山市铁东区支行 41622124202571				备注	车种车号：辽 A91750 货物名称：铜、铝、不锈钢 （畅通物流有限公司 912103028361557891 发票专用章）	

收款人： 复核： 开票人：杨现林 销售方：（章）

税总函【××××】×××号 ××××××××公司

第三联：发票联 购买方记账凭证

图表 2—121

中国工商银行

转账支票存根

102

00004020

附加信息 付款行账号：

41721921687942

出票日期：20×× 年 12 月 18 日

收款人：	畅通物流有限公司
金 额：	¥3 300.00
用 途：	运费

单位主管 会计

××××××××公司・××××年印制

图表 2—122

运输费用分配表

20×× -12-18　　单位：元

货物名称	重量	运费分配率	运费分配额
铜			
铝			
不锈钢			
合计			3 000.00

制表：陈超然　　审核：李咏

要求：完成运输费用分配表的填制。

图表 2—123

收料单

供应单位：　　收料编号：

材料类别：　　入库日期：　　收料仓库：

编号	材料名称	规格	计量单位	交库数量		实际价格				计划价格	
				应收	实收	单价	金额	运费	合计	单价	金额

第二联 记账联

仓库保管人：罗洁雯　　会计：陈超然

要求：完成收料单的填制。

（36）支付税控专用设备技术维护费（图表 2—124 至图表 2—126）。

图表 2—124

1101161140

北京增值税专用发票

抵扣联

No 48789414

1101161140
48789414

开票日期：20×× 年 12 月 19 日

购买方	名　　称：华阳家电有限公司 纳税人识别号：911101088067030533 地 址、电 话：北京市海淀区刘永街贯立路 24 号 010–51981157 开户行及账号：中国工商银行北京市海淀区支行 41721921687942				密码区	71*3187<4/+8868<+95–59+7<012 0227<0––>>–6>525<162777–>7*7 87*3187<4/+8490<+07869321135 5+<712/<1+9016>0204++>84>662	
货物或应税劳务、服务名称	规格型号	单位	数量	单价	金额	税率	税额
税控专用设备技术维护费		次	1	500.00	500.00	6%	30.00
合计					¥ 500.00		¥ 30.00
价税合计（大写）	⊗ 伍佰叁拾元整				（小写）¥ 530.00		
销售方	名　　称：联辉信息技术服务有限公司 纳税人识别号：911101013433724471 地 址、电 话：北京市东城区 24 街 27 路 42 号 010–25138924 开户行及账号：中国建设银行北京市东城区支行 41622124268609				备注	联辉信息技术服务有限公司 911101013433724471 发票专用章	

收款人：　　复核：　　开票人：陈昌生　　销售方：（章）

税总函【××××】×××号 ××××××××公司

第二联：抵扣联 购买方扣税凭证

图表 2—125

1101161140

北京增值税专用发票

发票联

No 48789414

1101161140
48789414

开票日期：20×× 年 12 月 19 日

购买方	名　　称：华阳家电有限公司 纳税人识别号：911101088067030533 地 址、电 话：北京市海淀区刘永街贯立路 24 号 010–51981157 开户行及账号：中国工商银行北京市海淀区支行 41721921687942				密码区	71*3187<4/+8868<+95–59+7<012 0227<0––>>–6>525<162777–>7*7 87*3187<4/+8490<+07869321135 5+<712/<1+9016>0204++>84>662	
货物或应税劳务、服务名称	规格型号	单位	数量	单价	金额	税率	税额
税控专用设备技术维护费		次	1	500.00	500.00	6%	30.00
合计					¥ 500.00		¥ 30.00
价税合计（大写）	⊗ 伍佰叁拾元整				（小写）¥ 530.00		
销售方	名　　称：联辉信息技术服务有限公司 纳税人识别号：911101013433724471 地 址、电 话：北京市东城区 24 街 27 路 42 号 010–25138924 开户行及账号：中国建设银行北京市东城区支行 41622124268609				备注	联辉信息技术服务有限公司 911101013433724471 发票专用章	

收款人：　　复核：　　开票人：陈昌生　　销售方：（章）

税总函【××××】×××号 ××××××××公司

第三联：发票联 购买方记账凭证

图表 2—126

中国工商银行客户专用回单

币别：人民币　　　　20×× 年 12 月 19 日　　　　流水号 110120027J0500810090

付款人	全称	华阳家电有限公司	收款人	全称	联辉信息技术服务有限公司
	账号	41721921687942		账号	41622124268609
	开户行	中国工商银行北京市海淀区支行		开户行	中国建设银行北京市东城区支行
金额		（大写）人民币　伍佰叁拾元整			（小写）¥530.00
凭证种类		网银	凭证号码		
结算方式		转账	用途		设备维护费
汇划日期：20××-12-19　汇划款项编号：03299955 报文顺序号：30096830　汇出行行号：102392206160890 汇出行行名：中国工商银行北京市海淀区支行 业务类型：0060　原凭证金额：530.00 原凭证种类：0703　原凭证号码： 附言：			打印柜员：110125584257 打印机构：中国工商银行北京市海淀区支行 打印卡号：102210884845 （中国工商银行 电子回单 专用章）		

第一联 借方（回单）

打印时间：20××-12-19　交易柜员：110125584268　　交易机构：11011023922061608904 1

（37）支付固定资产维修费（图表 2—127 至图表 2—129）。

图表 2—127

1101161140　　**北京增值税专用发票**　　№ 25064946　　1101161140
25064946

抵扣联

开票日期：20×× 年 12 月 19 日

购买方	名　　称：华阳家电有限公司 纳税人识别号：911101088067030533 地 址、电 话：北京市海淀区刘永街贾立路 24 号 010-51981157 开户行及账号：中国工商银行北京市海淀区支行 41721921687942				密码区	04*3187<4/+7638<+95-59+7<876 9831<0-->>-6>525<613979->7*7 87*3187<4/+8490<+32435285935 7+<712/<1+9016>4801++>84>265	
货物或应税劳务、服务名称	规格型号	单位	数量	单价	金额	税率	税额
固定资产维修费				20 000.00	20 000.00	16%	3 200.00
合计					¥20 000.00		¥3 200.00
价税合计（大写）	⊗ 贰万叁仟贰佰元整				（小写）¥23 200.00		
销售方	名　　称：北京洋阳维修服务有限公司 纳税人识别号：911101012166004347 地 址、电 话：北京市东城区孙胜街霍索路 84 号 010-67719560 开户行及账号：中国建设银行北京市东城区支行 41622124103374				备注	（北京洋阳维修服务有限公司 911101012166004347 发票专用章）	

收款人：　　复核：　　开票人：黄金辉　　销售方：（章）

税总函【××××】×××号 ××××××××公司

第二联：抵扣联 购买方扣税凭证

图表 2—128

1101161140　　北京增值税专用发票　　№ 25064946　　1101161140
25064946

发 票 联

开票日期：20×× 年 12 月 19 日

购买方	名　　称：华阳家电有限公司 纳税人识别号：911101088067030533 地 址、电 话：北京市海淀区刘永街贯立路 24 号 010–51981157 开户行及账号：中国工商银行北京市海淀区支行 41721921687942				密码区	04*3187<4/+7638<+95–59+7<876 9831<0––>>–6>525<613979–>7*7 87*3187<4/+8490<+32435285935 7+<712/<1+9016>4801++>84>265	
货物或应税劳务、服务名称	规格型号	单位	数量	单价	金额	税率	税额
固定资产维修费				20 000.00	20 000.00	16%	3 200.00
合计					¥ 20 000.00		¥ 3 200.00
价税合计（大写）	⊗ 贰万叁仟贰佰元整				（小写）¥ 23 200.00		
销售方	名　　称：北京洋阳维修服务有限公司 纳税人识别号：911101012166004347 地 址、电 话：北京市东城区孙胜街霍索路 84 号 010–67719560 开户行及账号：中国建设银行北京市东城区支行 41622124103374				备注	北京洋阳维修服务有限公司 911101012166004347 发票专用章	

收款人：　　复核：　　开票人：黄金辉　　销售方：（章）

税总函【××××】×××号 ×××××××××公司

第三联：发票联 购买方记账凭证

图表 2—129

中国工商银行
转账支票存根
102
00004018

附加信息　付款行账号：
41721921687942

出票日期：20×× 年 12 月 19 日

收款人：	北京洋阳维修服务有限公司
金　额：	¥ 23 200.00
用　途：	修理费

单位主管　　会计

×××××××××公司 · ××××年印制

（38）支付水费（图表 2—130 至图表 2—133）。

图表 2—130

1101165140

北京增值税专用发票

抵扣联

No 63428775

1101165140
63428775

开票日期：20×× 年 12 月 20 日

购买方	名　称：华阳家电有限公司 纳税人识别号：911101088067030533 地 址、电 话：北京市海淀区刘永街贯立路 24 号 010-51981157 开户行及账号：中国工商银行北京市海淀区支行 41721921687942				密码区	44*3187<4/+5695<+95-59+7<600 1121<0-->>-6>525<758293->7*7 87*3187<4/+8490<+58468077432 3+<712/<1+9016>5050++>84>433		
货物或应税劳务、服务名称	规格型号	单位	数量	单价	金额	税率	税额	
水费		立方米	3 000	2.4	7 200.00	16%	1 152.00	
合计					¥7 200.00		¥1 152.00	
价税合计（大写）	⊗ 捌仟叁佰伍拾贰元整				（小写）¥8 352.00			
销售方	名　称：北京水务股份有限公司 纳税人识别号：911101081167476863 地 址、电 话：北京市海淀区解红街胡春路 01 号 010-246439372 开户行及账号：中国建设银行北京市海淀区支行 41621526485817				备注	北京水务股份有限公司 911101081167476863 发票专用章		

收款人：　　复核：　　开票人：刘润庭　　销售方：（章）

税总函【××××】×××号 ×××××××公司

第二联：抵扣联 购买方扣税凭证

图表 2—131

1101165140

北京增值税专用发票

发票联

No 63428775

1101165140
63428775

开票日期：20×× 年 12 月 20 日

购买方	名　称：华阳家电有限公司 纳税人识别号：911101088067030533 地 址、电 话：北京市海淀区刘永街贯立路 24 号 010-51981157 开户行及账号：中国工商银行北京市海淀区支行 41721921687942				密码区	44*3187<4/+5695<+95-59+7<600 1121<0-->>-6>525<758293->7*7 87*3187<4/+8490<+58468077432 3+<712/<1+9016>5050++>84>433		
货物或应税劳务、服务名称	规格型号	单位	数量	单价	金额	税率	税额	
水费		立方米	3 000	2.4	7 200.00	16%	1 152.00	
合计					¥7 200.00		¥1 152.00	
价税合计（大写）	⊗ 捌仟叁佰伍拾贰元整				（小写）¥8 352.00			
销售方	名　称：北京水务股份有限公司 纳税人识别号：911101081167476863 地 址、电 话：北京市海淀区解红街胡春路 01 号 010-246439372 开户行及账号：中国建设银行北京市海淀区支行 41621526485817				备注	北京水务股份有限公司 911101081167476863 发票专用章		

收款人：　　复核：　　开票人：刘润庭　　销售方：（章）

税总函【××××】×××号 ×××××××公司

第三联：发票联 购买方记账凭证

图表 2—132

中国工商银行客户专用回单

币别：人民币　　　　20×× 年 12 月 20 日　　　　流水号 110120027J0500810053

付款人	全称	华阳家电有限公司	收款人	全称	北京水务股份有限公司
	账号	41721921687942		账号	41621526485817
	开户行	中国工商银行北京市海淀区支行		开户行	中国建设银行北京市海淀区支行
金额		（大写）人民币　捌仟叁佰伍拾贰元整			（小写）¥ 8 352.00
凭证种类		网银	凭证号码		
结算方式		转账	用途		支付水费
汇划日期：20××-12-20　汇划款项编号：00404345 报文顺序号：56763203　汇出行行号：102392206160890 汇出行行名：中国工商银行北京市海淀区支行 业务类型：0039　原凭证金额：8 352.00 原凭证种类：0701　原凭证号码： 附言：			打印柜员：110125584257 打印机构：中国工商银行北京市海淀区支行 打印卡号：41721921687942		

中国工商银行 电子回单 专用章

第一联 借方（回单）

打印时间：2016-12-20　　交易柜员：110125584268　　交易机构：110110255

图表 2—133

费用分配表

20××-12-20

部门	实际用量（立方米）	水费单价（元/立方米）	分摊金额（元）
办公室	400		960.00
财务部	200		480.00
采购部	100		240.00
销售门市部	300		720.00
基本生产车间	1 200		2 880.00
机修车间	800		1 920.00
合计	3 000	2.40	7 200.00

制表：陈超然　　　　　　审核：李咏

（39）报销探亲费（图表 2—134 至图表 2—136）。

图表 2—134

差旅费报销单

20×× 年 12 月 20 日　　　　附原始单据 2 张

姓名	陈燕					工作部门	生产车间				出差事由	探亲路费				
日期		地点		车船费			深夜补贴	途中补贴	住勤费			住宿费	交通费			金额合计
起	讫	起	讫	车次或船名	时间	金额			地区	天数	补贴					
20××1215	20××1219	北京市	哈尔滨市			1 680.00										1 680.00
报销金额（大写）人民币				壹仟陆佰捌拾元整								合计（小写）¥ 1 680.00				
补付金额：								退回金额：								

现金付讫

领导批准　简丹　　会计主管　李咏　　部门负责人　李佳颖　　审核　陈超然　　报销人　陈燕

图表 2—135

R588079 检票：二层1号检票口

北京 站 D3819次 哈尔滨 站
Beijing Haerbin

20××年12月15日10:10开 19车03E号

¥840.00元 网折 二等座

限乘当日当次车

1101081990****2794陈燕

买票请到12306 发货请到95306
中国铁路祝您旅途愉快

238192102505R652607 北京北售

图表 2—136

R575600 检票：二层3号检票口

哈尔滨 站 D4285次 北京 站
Haerbin Beijing

20××年12月19日16:20开 10车13E号

¥840.00元 网折 二等座

限乘当日当次车

1101081990****2794陈燕

买票请到12306 发货请到95306
中国铁路祝您旅途愉快

238192102505R632309 哈尔滨北售

（40）支付电费（图表 2—137 至图表 2—140）。

图表 2—137

1101165140 **北京增值税专用发票** No 17624892 1101165140 17624892

抵扣联

开票日期：20××年12月20日

购买方	名称：华阳家电有限公司 纳税人识别号：911101088067030533 地址、电话：北京市海淀区刘永街贯立路24号 010-51981157 开户行及账号：中国工商银行北京市海淀区支行 41721921687942				密码区	83*3187<4/+8312<+95-59+7<538 4574<0-->>-6>525<616058->7*7 87*3187<4/+8490<+7058974114 2+<712/<1+9016<4900++>84>627	
货物或应税劳务、服务名称	规格型号	单位	数量	单价	金额	税率	税额
电费					13 200.00	16%	2 112.00
合计					¥13 200.00		¥2 112.00
价税合计（大写）	⊗壹万伍仟叁佰壹拾贰元整				（小写）¥15 312.00		
销售方	名称：北京市电力股份有限公司 纳税人识别号：911101080645002233 地址、电话：北京市海淀区韩春街刘海路39号 010-730497580 开户行及账号：中国建设银行北京市海淀区支行 41247650539073				备注	北京市电力股份有限公司 911101080645002233 发票专用章	

收款人： 复核： 开票人：刘中学 销售方：（章）

税总函【××××】×××号 ××××××××公司

第二联：抵扣联 购买方扣税凭证

图表 2—138

1101165140 **北京增值税专用发票** №17624892 1101165140 17624892

发票联

开票日期：20××年12月20日

购买方	名　　称：华阳家电有限公司 纳税人识别号：911101088067030533 地 址、电 话：北京市海淀区刘永街贯立路24号 010-51981157 开户行及账号：中国工商银行北京市海淀区支行 41721921687942				密码区	83*3187<4/+8312<+95-59+7<538 4574<0-->>-6>525<616058->7*7 87*3187<4/+8490<+7058974114 2+<712/<1+9016>4900++>84>627	
货物或应税劳务、服务名称	规格型号	单位	数量	单价	金额	税率	税额
电费					13 200.00	16%	2 112.00
合计					¥13 200.00		¥2 112.00
价税合计（大写）	⊗壹万伍仟叁佰壹拾贰元整				（小写）¥15 312.00		
销售方	名　　称：北京市电力股份有限公司 纳税人识别号：911101080645002233 地 址、电 话：北京市海淀区韩春街刘海路39号 010-730497580 开户行及账号：中国建设银行北京市海淀区支行 41247650539073				备注	北京市电力股份有限公司 911101080645002233 发票专用章	

收款人：　　复核：　　开票人：刘中学　　销售方：（章）

税总函【××××】×××号 ××××××××公司

第三联：发票联 购买方记账凭证

图表 2—139

中国工商银行客户专用回单

币别：人民币　　20××年12月20日　　流水号 110120027J0500810012

付款人	全称	华阳家电有限公司	收款人	全称	北京市电力股份有限公司
	账号	41721921687942		账号	41247650539073
	开户行	中国工商银行北京市海淀区支行		开户行	中国建设银行北京市海淀区支行
金额		（大写）人民币　壹万伍仟叁佰壹拾贰元整　（小写）¥15 312.00			
凭证种类		网银	凭证号码		
结算方式		转账	用途		支付电费
汇划日期：20××-12-20　汇划款项编号：00400891 报文顺序号：56763291　汇出行行号：102392206160890 汇出行行名：中国工商银行北京市海淀区支行 业务类型：0005　原凭证金额：15 312.00 原凭证种类：0707　原凭证号码： 附言：			打印柜员：110125584257 打印机构：中国工商银行北京市海淀区支行 打印卡号：41721921687942 中国工商银行 电子回单 专用章		

打印时间：20××-12-20　交易柜员：110125584268　交易机构：110110246

第一联 借方（回单）

图表 2—140

费用分配表

20××-12-20

部门	实际用量（度）	电费单价（元/度）	分摊金额（元）
办公室	400		440.00
财务部	200		220.00
采购部	300		330.00
销售门市部	600		660.00
基本生产车间	8 500		9 350.00
机修车间	2 000		2 200.00
合 计	12 000	1.10	13 200.00

制表：陈超然　　　　审核：李咏

（41）领用原材料（图表 2—141）。

图表 2—141

领　料　单

领料部门：基本生产车间

用　　途：生产热水器　　　　领料日期：20××-12-20

材料编号	名称	规格	计量单位	请领数量	实发数量	备注
	铜		千克	4 000	4 000	

第三联　记账联

领料人：张小凡　　　　发料人：罗洁雯

（42）预付财产保险费（图表 2—142 至图表 2—144）。

图表 2—142

1101161140

北京增值税专用发票

抵扣联

No 71949628

1101161140
71949628

开票日期：20×× 年 12 月 21 日

税总函【××××】×××号 ××××××××公司

购买方	名　　称：华阳家电有限公司 纳税人识别号：911101088067030533 地 址、电 话：北京市海淀区刘永街贯立路 24 号 010–51981157 开户行及账号：中国工商银行北京市海淀区支行 41721921687942				密码区	53*3187<4/+0005<+95–59+7<578 2015<0-->>–6>525<738862–>7*7 87*3187<4/+8490<+49843002820 1+<712/<1+9016>2862++>84>449	
货物或应税劳务、服务名称	规格型号	单位	数量	单价	金额	税率	税额
财产保险费		年	1	24 000.00	24 000.00	6%	1 440.00
合计					￥24 000.00		￥1 440.00
价税合计（大写）	⊗ 贰万伍仟肆佰肆拾元整				（小写）￥25 440.00		
销售方	名　　称：北京平安保险股份有限公司 纳税人识别号：911101081449279991 地 址、电 话：北京市海淀区李博街王军路 37 号 010–89234561 开户行及账号：中国建设银行北京市海淀区支行 41671222228041				备注	20××–01–01 至 20××–12–31 北京平安保险股份有限公司 911101081449279991 发票专用章	

收款人：　　复核：　　开票人：尹惠敏　　销售方：（章）

第二联：抵扣联 购买方扣税凭证

图表 2—143

1101161140

北京增值税专用发票

发票联

No 71949628

1101161140
71949628

开票日期：20×× 年 12 月 21 日

税总函【××××】×××号 ××××××××公司

购买方	名　　称：华阳家电有限公司 纳税人识别号：911101088067030533 地 址、电 话：北京市海淀区刘永街贯立路 24 号 010–51981157 开户行及账号：中国工商银行北京市海淀区支行 41721921687942				密码区	53*3187<4/+0005<+95–59+7<578 2015<0-->>–6>525<738862–>7*7 87*3187<4/+8490<+49843002820 1+<712/<1+9016>2862++>84>449	
货物或应税劳务、服务名称	规格型号	单位	数量	单价	金额	税率	税额
财产保险费		年	1	24 000.00	24 000.00	6%	1 440.00
合计					￥24 000.00		￥1 440.00
价税合计（大写）	⊗ 贰万伍仟肆佰肆拾元整				（小写）￥25 440.00		
销售方	名　　称：北京平安保险股份有限公司 纳税人识别号：911101081449279991 地 址、电 话：北京市海淀区李博街王军路 37 号 010–829234561 开户行及账号：中国建设银行北京市海淀区支行 41671222228041				备注	20××–01–01 至 20××–12–31 北京平安保险股份有限公司 911101081449279991 发票专用章	

收款人：　　复核：　　开票人：尹惠敏　　销售方：（章）

第三联：发票联 购买方记账凭证

图表 2—144

中国工商银行客户专用回单

币别：人民币　　20×× 年 12 月 21 日　　流水号 110120027J0500810019

付款人	全称	华阳家电有限公司	收款人	全称	北京平安保险股份有限公司
	账号	41721921687942		账号	41671222228041
	开户行	中国工商银行北京市海淀区支行		开户行	中国建设银行北京市海淀区支行
金额		（大写）人民币　贰万伍仟肆佰肆拾元整　（小写）¥25 440.00			
凭证种类		网银	凭证号码		
结算方式		转账	用途		预付财产保险费
汇划日期：20××-12-21　汇划款项编号：00407720 报文顺序号：56763238　汇出行行号：102392206160890 汇出行行名：中国工商银行北京市海淀区支行 业务类型：0043　原凭证金额：25 440.00 原凭证种类：0702　原凭证号码： 附言：			打印柜员：110125584257 打印机构：中国工商银行北京市海淀区支行 打印卡号：41721921687942		

第一联　借方（回单）

（印章：中国工商银行 电子回单 专用章）

打印时间：20××-12-21　交易柜员：110125584268　交易机构：110110258

（43）支付银行借款利息（图表 2—145 至图表 2—149）

图表 2—145

中国建设银行股份有限公司贷款还息凭证

打印日期 20×× 年 12 月 21 日

客户号：53687548 借款单位：华阳家电有限公司		机构代码：102	
产生利息账号	还息金额	Osp 现有余额	备注
	3 000.00 元		合同号：00562
金额合计	（大写）人民币　叁仟元整 （小写）CNY****3 000.00		
付款账号：41622124278562			
合同编号：00562			
交易业务号：102LAA110089008			

（印章：中国建设银行北京市海淀区支行 20××-12-21 转讫（01））

开票：贾秀军　　记账：　　复核：　　（盖章）

图表 2—146

1101165120　　**北京增值税普通发票**　　№ 04694882　　1101165120 04694882

发票联

校验码 45649 21480 64077 26339　　开票日期：20×× 年 12 月 21 日

税总函【××××】×××号 ××××××××公司

购买方	名　　称：华阳家电有限公司 纳税人识别号：911101088067030533 地 址、电 话：北京市海淀区刘永街贾立路 24 号 010-51981157 开户行及账号：中国工商银行北京市海淀区支行 41721921687942				密码区	51*3187<4/+8802<+95-59+7<332 7118<0-->>-6>525<595804->7*7 87*3187<4/+8490<+62079798742 1+<712/<1+9016>5617++>84>298	
货物或应税劳务、服务名称	规格型号	单位	数量	单价	金额	税率	税额
贷款服务			1	2 830.19	28 30.19	6%	169.81
合计					¥ 2 830.19		¥ 169.81
价税合计（大写）	⊗ 叁仟元整					（小写）¥ 3 000.00	
销售方	名　　称：中国建设银行股份有限公司北京市分行 纳税人识别号：911101088554830878 地 址、电 话：北京市海淀区彭怀街孟立路 29 号 010-57904319 开户行及账号：中国建设银行股份有限公司北京市营业部 11010878583802164856				备注	中国建设银行股份有限公司北京市分行 911101088554830878 发票专用章	

收款人：　　复核：　　开票人：黄光程　　销售方：（章）

第二联：发票联　购买方记账凭证

图表 2—147

中国建设银行股份有限公司贷款还息凭证

打印日期 20×× 年 12 月 21 日

客户号：53687548 借款单位：华阳家电有限公司		机构代码：102	
产生利息账号	还息金额	Osp 现有余额	备注
	15 000.00 元		合同号：55315
金额合计	（大写）人民币　壹万伍仟元整 （小写）CNY****15 000.00		
付款账号：41622124278562			
合同编号：55315			
交易业务号：102LAA110089008			

中国建设银行北京市海淀区支行 20××-12-21 转讫（01）

开票：张弘　　记账：　　复核：　　（盖章）

图表 2—148

中国建设银行股份有限公司贷款还息凭证

打印日期 20×× 年 12 月 21 日

客户号：53687548 借款单位：华阳家电有限公司		机构代码：102	
产生利息账号	还息金额	Osp 现有余额	备注
	12 500.00 元		合同号：000341
金额合计	（大写）人民币　壹万贰仟伍佰元整 （小写）CNY****12 500.00		
付款账号：41622124278562			
合同编号：000341			
交易业务号：102LAA110089008			

（印章：中国建设银行 北京市海淀区支行 20××-12-21 转讫（01））

开票：杨军　　记账：　　复核：　　（盖章）

图表 2—149

北京增值税普通发票

发票联

1101164120　　№ 00175471　　1101164120 00175471

校验码 45967 26956 95791 31741　　开票日期：20×× 年 12 月 21 日

税总函【××××】×××号 ××××××××公司

购买方	名　　称：华阳家电有限公司 纳税人识别号：911101088067030533 地 址、电 话：北京市海淀区刘永街贯立路 24 号 010-51981157 开户行及账号：中国工商银行北京市海淀区支行 41721921687942			密码区	03*3187<4/+1095<+95-59+7<634 5712<0-->>-6>525<328296-->7*7 87*3187<4/+8490<+53750079813 3+<712/<1+9016>1961++>84>688		
货物或应税劳务、服务名称	规格型号	单位	数量	单价	金额	税率	税额
贷款服务			1	25 943.39	25 943.39	6%	1 556.61
合计					¥25 943.39		¥1 556.61
价税合计（大写）	⊗ 贰万柒仟伍佰元整				（小写）¥27 500.00		
销售方	名　　称：中国建设银行股份有限公司北京市分行 纳税人识别号：911101088554830878 地 址、电 话：北京市海淀区彭怀街孟立路 29 号 010-57904319 开户行及账号：中国建设银行股份有限公司北京市营业部 11010878583802164856			备注	（印章：中国建设银行股份有限公司北京市分行 911101088554830878 发票专用章）		

第二联：发票联　购买方记账凭证

收款人：　　复核：　　开票人：王卫华　　销售方：（章）

（44）收到银行存款利息（图表 2—150、图表 2—151）。

图表 2—150

中国工商银行客户专用回单

币别：人民币　　20×× 年 12 月 21 日　　流水号：110120027J05008100

户名：华阳家电有限公司			账号：41721921687942		
计息项目	起息日	结息日	本金 / 积数	利率（%）	利息金额
	20××-09-21	20××-12-21	*** ***	0.385%	2 335.00
合计金额	（大写）贰仟叁佰叁拾伍元整			¥2 335.00	
上列存款利息，已照收你单位 41721921687942 账户			打印柜员：110125584257 打印机构：中国工商银行北京市海淀区支行 打印卡号：41721921687942		

打印时间：20××-12-21　交易柜员：110125584268　　交易机构：110110253

图表 2—151

中国工商银行客户专用回单

币别：人民币　　20×× 年 12 月 21 日　　流水号：110120027J05004578

户名：华阳家电有限公司			账号：2503582055		
计息项目	起息日	结息日	本金 / 积数	利率（%）	利息金额
	20××-09-21	20××-12-20	*** ***	0.385%	120.80
合计金额	（大写）壹佰贰拾元捌角整			¥120.80	
上列存款利息，已照收你单位 2503582055 账户			打印柜员：110125582345 打印机构：中国工商银行北京市海淀区支行 打印卡号：2503582055		

打印时间：20××-12-21　交易柜员：110125583460　　交易机构：110110269

（45）收回已确认的坏账损失（图表 2—152、图表 2—153）。

图表 2—152

特殊事项处理说明

日期：20×× 年 12 月 22 日

说明事项	本公司应收乐凯销售有限公司的应收账款 54 600.00 元于 20×× 年 12 月 22 日已确认坏账损失。20×× 年 12 月 22 日（次年）本公司收到乐凯销售有限公司返还的款项 54 600.00 元，经批准，冲销已确认的坏账损失。

批准：简丹　　　　审核：李咏　　　　说明人：陈超然

图表 2—153

中国工商银行客户专用回单

币别：人民币　　　　20×× 年 12 月 22 日　　　　流水号：110120027J0500810004

付款人	全称	乐凯销售有限公司	收款人	全称	华阳家电有限公司
	账号	41622124002357		账号	41721921687942
	开户行	中国建设银行安阳市文峰区支行		开户行	中国工商银行北京市海淀区支行
金额	（大写）人民币　伍万肆仟陆佰元整			（小写）¥ 54 600.00	
凭证种类	网银		凭证号码		
结算方式	转账		用途	货款	
汇划日期：20××-12-22　汇划款项编号：33233603 报文顺序号：4170028　汇出行行号：105005411093 汇出行行名：中国建设银行安阳市文峰区支行 业务类型：3398　原凭证金额：54 600.00 原凭证种类：0899　原凭证号码： 附言：			打印柜员：110125584257 打印机构：中国工商银行北京市海淀区支行 打印卡号：41721921687942 中国工商银行 电子回单 专用章		

第二联 贷方（回单）

打印时间：20××-12-22　交易柜员：110125584268　　交易机构：110128848

（46）预缴车辆保险费（图表 1—154 至图表 2—158）。

图表 2—154

1101161140　　**北京增值税专用发票**　　№ 78943612　　1101161140 78943612

抵扣联

开票日期：20×× 年 12 月 22 日

购买方	名　　称：华阳家电有限公司 纳税人识别号：911101088067030533 地 址、电 话：北京市海淀区刘永街贯立路 24 号 010-51981157 开户行及账号：中国工商银行北京市海淀区支行 41721921687942				密码区	81*3187<4/+1396<+95-59+7<643 2112<0-->>-6>525<333537->7*7 87*3187<4/+8490<+93359109350 4+<712/<1+9016>6631++>84>638	
货物或应税劳务、服务名称	规格型号	单位	数量	单价	金额	税率	税额
交强险		年	1	960.00	960.00	6%	57.60
合计					¥960.00		¥57.60
价税合计（大写）	⊗ 壹仟零壹拾柒元陆角整				（小写）¥1 017.60		
销售方	名　　称：北京平安保险股份有限公司 纳税人识别号：911101081449279991 地 址、电 话：北京市海淀区李博街王军路 37 号 010-829234561 开户行及账号：中国建设银行北京市海淀区支行 41671222228041				备注	保单号：31450795903512016637 67 车牌号：京 A88626　车船税：360 受益期限：20×× 年 01 月 01 日至 20×× 年 12 月 31 日	

收款人：　　复核：　　开票人：李培华　　销售方：（章）

税总函【××××】×××号 ××××××××公司

第二联：抵扣联 购买方扣税凭证

北京平安保险股份有限公司 911101081449279991 发票专用章

图表 2—155

1101161140　　**北京增值税专用发票**　　№ 78943612　　1101161140 78943612

发票联

开票日期：20×× 年 12 月 22 日

购买方	名　　称：华阳家电有限公司 纳税人识别号：911101088067030533 地 址、电 话：北京市海淀区刘永街贯立路 24 号 010-51981157 开户行及账号：中国工商银行北京市海淀区支行 41721921687942				密码区	81*3187<4/+1396<+95-59+7<643 2112<0-->>-6>525<333537->7*7 87*3187<4/+8490<+93359109350 4+<712/<1+9016>6631++>84>638	
货物或应税劳务、服务名称	规格型号	单位	数量	单价	金额	税率	税额
交强险		年	1	960.00	960.00	6%	57.60
合计					¥960.00		¥57.60
价税合计（大写）	⊗ 壹仟零壹拾柒元陆角整				（小写）¥1 017.60		
销售方	名　　称：北京平安保险股份有限公司 纳税人识别号：911101081449279991 地 址、电 话：北京市海淀区李博街王军路 37 号 010-829234561 开户行及账号：中国建设银行北京市海淀区支行 41671222228041				备注	保单号：31450795903512016637 67 车牌号：京 A88626　车船税：360 受益期限：20×× 年 01 月 01 日至 20×× 年 12 月 31 日	

收款人：　　复核：　　开票人：李培华　　销售方：（章）

税总函【××××】×××号 ××××××××公司

第三联：发票联 购买方记账凭证

北京平安保险股份有限公司 911101081449279991 发票专用章

图表 2—156

1101161140　　**北京增值税专用发票**　　No 78943613　　1101161140 78943613

抵　扣　联

开票日期：20×× 年 12 月 22 日

税总函【××××】×××号 ××××××××公司

购买方	名　　称：华阳家电有限公司 纳税人识别号：911101088067030533 地　址、电　话：北京市海淀区刘永街贯立路 24 号 010–51981157 开户行及账号：中国工商银行北京市海淀区支行 41721921687942				密码区	46*3187<4/+1337<+95–59+7<143 2893<0-->>-6>525<286090->7*7 87*3187<4/+8490<+73180970957 8+<712/<1+9016>2959++>84>349	
货物或应税劳务、服务名称	规格型号	单位	数量	单价	金额	税率	税额
机动车辆综合险		年	1	3 500.00	3 500.00	6%	210.00
合计					¥3 500.00		¥210.00
价税合计（大写）	⊗ 叁仟柒佰壹拾元整				（小写）¥3 710.00		
销售方	名　　称：北京平安保险股份有限公司 纳税人识别号：911101081449279991 地　址、电　话：北京市海淀区李博街王军路 37 号 010–829234561 开户行及账号：中国建设银行北京市海淀区支行 41671222228041				备注	北京平安保险股份有限公司 911101081449279991 发票专用章	

收款人：　　复核：　　开票人：张源　　销售方：（章）

第二联：抵扣联　购买方扣税凭证

图表 2—157

1101161140　　**北京增值税专用发票**　　No 78943613　　1101161140 78943613

发　票　联

开票日期：20×× 年 12 月 22 日

税总函【××××】×××号 ××××××××公司

购买方	名　　称：华阳家电有限公司 纳税人识别号：911101088067030533 地　址、电　话：北京市海淀区刘永街贯立路 24 号 010–51981157 开户行及账号：中国工商银行北京市海淀区支行 41721921687942				密码区	46*3187<4/+1337<+95–59+7<143 2893<0-->>-6>525<286090->7*7 87*3187<4/+8490<+73180970957 8+<712/<1+9016>2959++>84>349	
货物或应税劳务、服务名称	规格型号	单位	数量	单价	金额	税率	税额
机动车辆综合险		年	1	3 500.00	3 500.00	6%	210.00
合计					¥3 500.00		¥210.00
价税合计（大写）	⊗ 叁仟柒佰壹拾元整				（小写）¥3 710.00		
销售方	名　　称：北京平安保险股份有限公司 纳税人识别号：911101081449279991 地　址、电　话：北京市海淀区李博街王军路 37 号 010–829234561 开户行及账号：中国建设银行北京市海淀区支行 41671222228041				备注	北京平安保险股份有限公司 911101081449279991 发票专用章	

收款人：　　复核：　　开票人：张源　　销售方：（章）

第三联：发票联　购买方记账凭证

图表 2—158

中国工商银行客户专用回单

币别：人民币　　　　20×× 年 12 月 22 日　　　　流水号 110120027J0500810007

付款人	全称	华阳家电有限公司	收款人	全称	北京平安保险股份有限公司
	账号	41721921687942		账号	41671222228041
	开户行	中国工商银行北京市海淀区支行		开户行	中国建设银行北京市海淀区支行
金额		（大写）人民币　伍仟零捌拾柒元陆角整			（小写）¥5 087.60
凭证种类		网银	凭证号码		
结算方式		转账	用途		预付交强险、机动车辆综合险

汇划日期：20××-12-22　汇划款项编号：00401023
报文顺序号：56763220　汇出行行号：102392206160890
汇出行行名：中国工商银行北京市海淀区支行
业务类型：0077　原凭证金额：5 087.60
原凭证种类：0704　原凭证号码：
附言：

打印柜员：110125584257
打印机构：中国工商银行北京市海淀区支行
打印卡号：41721921687942

中国工商银行 电子回单 专用章

打印时间：20××-12-22　交易柜员：110125584268　交易机构：110110215

第一联 借方（回单）

（47）收到欠款（图表 2—159）。

图表 2—159

中国工商银行客户专用回单

币别：人民币　　　　20×× 年 12 月 22 日　　　　流水号 110120027J0500810035

付款人	全称	易宁销售有限公司	收款人	全称	华阳家电有限公司
	账号	41622124736815		账号	41721921687942
	开户行	中国建设银行济南市天桥区支行		开户行	中国工商银行北京市海淀区支行
金额		（大写）人民币　贰拾叁万肆仟元整			（小写）¥234 000.00
凭证种类		电汇凭证	凭证号码		
结算方式		电子划汇汇入	用途		货款

汇划日期：20××-12-22　汇划款项编号：00401023
报文顺序号：48359269　汇出行行号：105005411714
汇出行行名：中国建设银行济南市天桥区支行
业务类型：5333　原凭证金额：234 000.00
原始凭证种类：5388　原凭证号码：
附言：

打印柜员：110125584257
打印机构：中国工商银行北京市海淀区支行
打印卡号：41721921687942

中国工商银行 电子回单 专用章

打印时间：20××-12-22　交易柜员：110125584268　交易机构：110185480

第二联 贷方（回单）

（48）销售产品（图表 2—160 至图表 2—163）。

图表 2—160

销　售　单

购货单位：苏润销售有限公司　　地址和电话：江苏省徐州市泉山区杨春街王志路 37 号 0516-86665021　　单据编号：X5051

纳税识别号：913203115095748018　　开户行及账号：中国建设银行徐州市泉山区支行 41622124024412　　制单日期：20××-12-23

编号	产品名称	规格	单位	单价	数量	金额	备注
001	燃气灶		台	754.00	500	377 000.00	
002	燃气热水器		台	928.00	450	417 600.00	
合计	人民币（大写）：柒拾玖万肆仟陆佰元整				—	¥794 600.00	

会计联

销售经理：洪涛　　经手人：刘馨　　会计：陈超然　　签收人：赵立杰

图表 2—161

北京增值税专用发票

№ 02539777　　02539777

此联不作报销扣税凭证使用

开票日期：20×× 年 12 月 23 日

税总函【××××】×××号　××××××××公司

购买方		密码区	
	名　　　称：苏润销售有限公司 纳税人识别号：913203115095748018 地 址、电 话：江苏省徐州市泉山区杨春街王志路 37 号 0516–86665021 开户行及账号：中国建设银行徐州市泉山区支行 41622124024412		63*3187<4/+6054<+95-59+7<560 8607<0-->>-6>525<485882->7*7 87*3187<4/+8490<+34325699122 6+<712/<1+9016>0867++>84>111

货物或应税劳务、服务名称	规格型号	单位	数量	单价	金额	税率	税额
燃气灶		台	500	650.00	325 000.00	16%	52 000.00
燃气热水器		台	450	800.00	360 000.00	16%	57 600.00
合计					¥685 000.00		¥109 600.00
价税合计（大写）	⊗ 柒拾玖万肆仟陆佰元整				（小写）¥794 600.00		

销售方		备注	
	名　　　称：华阳家电有限公司 纳税人识别号：911101088067030533 地 址、电 话：北京市海淀区刘永街贯立路 24 号 010–51981157 开户行及账号：中国工商银行北京市海淀区支行 41721921687942		

第一联：记账联　销售方记账凭证

收款人：　　复核：　　开票人：陈超然　　销售方：（章）

图表 2—162

101161140　　北京增值税专用发票　　№ 39435778　　1101161140 39435778

发票联

开票日期：20×× 年 12 月 23 日

购买方	名　　称：苏润销售有限公司 纳税人识别号：913203115095748018 地址、电话：江苏省徐州市泉山区杨春街王志路 37 号 0516-86665021 开户行及账号：中国建设银行徐州市泉山区支行 41622124024412				密码区	03*3187<4/+8490<+95-59+7<243 4987<0-->>-6>525<693719->7*7 87*3187<4/+8490<+95708681380 9<712/<1+9016>6906++>84>93/-	
货物或应税劳务、服务名称	规格型号	单位	数量	单价	金额	税率	税额
运费 复印件			1	2 800.00	2 800.00	10%	280.00
合计					¥ 2 800.00		¥ 280.00
价税合计（大写）	⊗ 叁仟零捌拾元整				（小写）¥ 3 080.00		
销售方	名　　称：通畅物流有限公司 纳税人识别号：911101057801655177 地址、电话：北京市朝阳区吴江街王福路 68 号 010-85733175 开户行及账号：中国建设银行北京市朝阳区支行 41622124834774				备注	车种车号：京 A01458　货物名称：燃气灶、燃气热水器	

收款人：　　复核：　　开票人：张长越　　销售方：（章）

第三联：发票联 购买方记账凭证

税总函【××××】×××号 ××××××××公司

图表 2—163

中国工商银行

转账支票存根

102

00004019

附加信息　付款行账号：

41721921687942

出票日期：20×× 年 12 月 23 日

收款人：	通畅物流有限公司
金　额：	¥ 3 080.00
用　途：	支付代垫运费

单位主管　　会计

×××××××公司·××××年印制

（49）发生坏账（图表 2—164、图表 2—165）。

图表 2—164

经理办公会议纪要

根据 ×× 市中级人民法院关于北京利多有限公司破产终结公告，应收北京利多有限公司款项 35 100.00 元（人民币：叁万伍仟壹佰元整），已无法收回。

参加人员：简丹　李咏　罗燕文　罗燕文

华阳家电有限公司（印章：华阳家电有限公司）

20×× 年 12 月 23 日

图表 2—165

×× 市中级人民法院破产终结公告

本院根据债务人北京利多有限公司的申请，已于 20×× 年 06 月 06 日依法宣告上述单位破产还债。经破产清算组清算，北京利多有限公司的破产财产在优先拨付破产费用和职工安置费用后，已无资金清偿二、三顺序破产债权，其他债权人的清偿率为零。现破产财产已分配完毕，本院根据清算组的申请，已于 20×× 年 12 月 18 日依法裁定终结本案的破产还债程序，未得到清偿的债权不再清偿。

特此公告。

×× 中级人民法院（印章：×× 市中级人民法院）

20×× 年 12 月 18 日

（50）发放职工福利（图表 2—166、图表 2—167）。

图表 2—166

北京增值税专用发票　No 02539787　02539787

此联不作报销扣税凭证使用

开票日期：20×× 年 12 月 24 日

税总函【××××】×××号 ××××××××公司

购买方	名　　称：华阳家电有限公司 纳税人识别号：911101088067030533 地 址、电 话：北京市海淀区刘永街贯立路 24 号 010-51981157 开户行及账号：中国工商银行北京市海淀区支行 41721921687942				密码区	46*3187<4/+5507<+95-59+7<347 3499<0-->>-6>525<665718->7*7 87*3187<4/+8490<+59745503637 2+<712/<1+9016>0973++>84>531	
货物或应税劳务、服务名称	规格型号	单位	数量	单价	金额	税率	税额
燃气灶		台	42	650.00	27 300.00	16%	4 368.00
合计					¥27 300.00		¥4 368.00
价税合计（大写）	⊗ 叁万壹仟陆佰陆拾捌元整					（小写）¥31 668.00	
销售方	名　　称：华阳家电有限公司 纳税人识别号：911101088067030533 地 址、电 话：北京市海淀区刘永街贯立路 24 号 010-51981157 开户行及账号：中国工商银行北京市海淀区支行 41721921687942				备注		

第一联：记账联　销售方记账凭证

收款人：　　复核：　　开票人：陈超然　　销售方：（章）

图表 2—167

产品费用分配表

20××-12-24　　　　单位：元

领用部门	产品名称	数量	单价	分摊金额（元）	领用人
办公室	燃气灶	5		3 770.00	张秀军
财务部	燃气灶	4		3 016.00	李咏
采购部	燃气灶	2		1 508.00	罗燕文
销售门市部	燃气灶	3		2 262.00	洪涛
基本生产车间管理人员	燃气灶	22		16 588.00	李佳颖
基本生产车间工人	燃气灶	3		2 262.00	
机修车间	燃气灶	3		2 262.00	蔡森
合计		42	754.00	31 668.00	

制表：陈超然　　　　审核：李咏

（51）处置固定资产（图表 2—168 至图表 2—172）。

图表 2—168

固定资产处置申请单

20××年 12 月 24 日

固定资产名称	生产线	单位	条	型号		数量	1
资产编号	GDZC011	停用时间	20××-12-24	投入使用时间	17 年前	使用部门	生产车间
已提折旧月数	92	原值	160 000.00	累计折旧		116 288.00	
有效使用年限	10	月折旧额	1 264.00	净值		43 712.00	
处置原因：毁损报废							
财务部门意见： 同意报废　李咏 20××年 12 月 24 日				公司领导意见： 同意报废固定资产　简丹 20××年 12 月 24 日			

编制人：陈杰涛　　　　使用部门负责人：李佳颖

图表 2—169

1101161140　　**北京增值税专用发票**　　№ 27657881　　1101161140 27657881

抵扣联

[印章：全国统一发票监制章 北京 国家税务总局监制]

开票日期：20×× 年 12 月 24 日

税总函【××××】×××号 ××××××××公司

购买方	名　　称：华阳家电有限公司 纳税人识别号：911101088067030533 地 址、电 话：北京市海淀区刘永街贯立路 24 号 010-51981157 开户行及账号：中国工商银行北京市海淀区支行 41721921687942				密码区	79*3187<4/+2209<+95-59+7<521 0219<0-->>-6>525<386990->7*7 87*3187<4/+8490<+24796025984 4+<712/<1+9016>1655++>84>259	
货物或应税劳务、服务名称	规格型号	单位	数量	单价	金额	税率	税额
生产线装卸、搬运费		次	1	800.00	800.00	6%	48.00
合计					¥800.00		¥48.00
价税合计（大写）	⊗ 捌佰肆拾捌元整					（小写）¥848.00	
销售方	名　　称：捷诺达物流有限公司 纳税人识别号：91110105761510447 地 址、电 话：北京市朝阳区 85 街 07 路 61 号 010-51399955 开户行及账号：中国建设银行北京市朝阳区支行 41622124870600				备注	[印章：捷诺达物流有限公司 91110105761510447 发票专用章]	

收款人：　　复核：　　开票人：张玮　　销售方：（章）

第二联：抵扣联 购买方扣税凭证

图表 2—170

1101161140　　**北京增值税专用发票**　　№ 27657881　　1101161140 27657881

发票联

[印章：全国统一发票监制章 北京 国家税务总局监制]

开票日期：20×× 年 12 月 24 日

税总函【××××】×××号 ××××××××公司

购买方	名　　称：华阳家电有限公司 纳税人识别号：911101088067030533 地 址、电 话：北京市海淀区刘永街贯立路 24 号 010-51981157 开户行及账号：中国工商银行北京市海淀区支行 41721921687942				密码区	79*3187<4/+2209<+95-59+7<521 0219<0-->>-6>525<386990->7*7 87*3187<4/+8490<+24796025984 4+<712/<1+9016>1655++>84>259	
货物或应税劳务、服务名称	规格型号	单位	数量	单价	金额	税率	税额
生产线装卸、搬运费	[印章：现金付讫]	次	1	800.00	800.00	6%	48.00
合计					¥800.00		¥48.00
价税合计（大写）	⊗ 捌佰肆拾捌元整					（小写）¥848.00	
销售方	名　　称：捷诺达物流有限公司 纳税人识别号：91110105761510447 地 址、电 话：北京市朝阳区 85 街 07 路 61 号 010-51399955 开户行及账号：中国建设银行北京市朝阳区支行 41622124870600				备注	[印章：捷诺达物流有限公司 91110105761510447 发票专用章]	

收款人：　　复核：　　开票人：张玮　　销售方：（章）

第三联：发票联 购买方记账凭证

图表 2—171

北京增值税专用发票

№ 02539788　　02539788

此联不作报销扣税凭证使用

开票日期：20×× 年 12 月 24 日

税总函【××××】×××号　××××××××公司

购买方	名　　称：北京市物资回收有限公司 纳税人识别号：911101088067030534 地 址、电 话：北京市海淀区伊翔街刘占路 73 号 010-78194835 开户行及账号：中国工商银行北京市海淀区支行 41721939034696	密码区	12*3187<4/+8762<+95-59+7<388 6248<0-->>-6>525<492137->7*7 87*3187<4/+8490<+75149354574 7+<712/<1+9016>5638++>84>549

货物或应税劳务、服务名称	规格型号	单位	数量	单价	金额	税率	税额
生产线		条	1	23 000.00	23 000.00	16%	3 680.00
合计					¥ 23 000.00		¥ 3 680.00
价税合计（大写）	⊗ 贰万陆仟陆佰捌拾元整				（小写）¥ 26 680.00		

现金收讫

销售方	名　　称：华阳家电有限公司 纳税人识别号：911101088067030533 地 址、电 话：北京市海淀区刘永街贯立路 24 号 010-51981157 开户行及账号：中国工商银行北京市海淀区支行 41721921687942	备注	

收款人：　　复核：　　开票人：陈超然　　销售方：（章）

第一联：记账联　销售方记账凭证

图表 2—172

固定资产处置结果表

20×× 年 12 月 24 日

固定资产名称	生产线	原价	160 000.00	已提折旧	116 288.00
净值	43 712.00	出售价格（不含税）	23 000.00	清理费用	800.00
出售净损益					
财务部门意见： 净损益按《企业会计准则》处理　李咏 20×× 年 12 月 24 日			公司领导意见： 同意　简丹 20×× 年 12 月 24 日		

（52）存现（图表 2—173）。

图表 2—173

ICBC

中国工商银行现金存款凭条

20×× 年 12 月 24 日

存款人	全称	华阳家电有限公司		
	账号	41721921687942	款项来源	固定资产残料款
	开户行	中国工商银行北京市海淀区支行	交款人	华阳家电有限公司

金额（人民币大写）贰万陆仟陆佰捌拾元整	亿	千	百	十	万	千	百	十	元	角	分
				¥	2	6	6	8	0	0	0

票面	张数	十	万	千	百	十	元	票面	张数	千	百	十	元	角	分	备注
壹佰元								伍角								中国工商银行 北京市海淀区支行 20××-12-24 办讫 (01)
伍拾元								贰角								
贰拾元								壹角								
拾元								伍分								
伍元								贰分								
贰元								壹分								
壹元								其他								

190mm × 100mm

第二联　客户核对联

（53）长江生物科技有限公司宣告分派股利（图表 2—174）。

图表 2—174

股东会决议

时间：20×× 年 12 月 24 日

应到会股东人数：3 人　实际到会股东人数：3 人

经全体股东审议，一致通过如下决议：本公司截至 20×× 年 12 月 31 日（去年）未分配利润 7 500 000.00 元（人民币柒佰伍拾万元整），现向全体股东分配现金利润 3 000 000.00 元，按出资比例分配，其中：华阳家电有限公司出资 10.00%，吴意帆出资 25.00%，赵沐沐出资 65.00%。

股东签名：简丹　吴意帆　赵沐沐

长江生物科技有限公司

20×× 年 12 月 24 日

（54）支付前欠货款（图表 2—175）。

图表 2—175

中国工商银行客户专用回单

币别：人民币　　20××年 12 月 24 日　　流水号 110120027J0500810059

付款人	全称	华阳家电有限公司	收款人	全称	山西林辰钢铁有限公司
	账号	41721921687942		账号	41622124593749
	开户行	中国工商银行北京市海淀区支行		开户行	中国建设银行朔州市平鲁区支行
金额		（大写）人民币　壹拾叁万陆仟贰佰元整　　（小写）¥136 200.00			
凭证种类		网银	凭证号码		
结算方式		转账	用途		支付货款
汇划日期：20××-12-24 汇划款项编号：01475193 报文顺序号：51503148　汇出行行号：102392206160890 汇出行行名：中国工商银行北京市海淀区支行 业务类型：9946　原凭证金额：136 200.00 原凭证种类：5699　原凭证号码： 附言：			打印柜员：110125584257 打印机构：中国工商银行北京市海淀区支行 打印卡号：41721921687942 （中国工商银行 电子回单 专用章）		

第二联 贷方（回单）

打印时间：20××-12-24　交易柜员：110125584268　　交易机构：1101102392206160890 76

（55）支付广告费（图表 2—176 至图表 2—178）。

图表 2—176

1101151140　　**北京增值税专用发票**　　№ 13760742　　1101151140 13760742

抵扣联

开票日期：20××年 12 月 24 日

购买方	名称：华阳家电有限公司 纳税人识别号：911101088067030533 地址、电话：北京市海淀区刘永街贯立路 24 号 010-51981157 开户行及账号：中国工商银行北京市海淀区支行 41721921687942				密码区	66*3187<4/+2730<+95-59+7<440 7627<0-->>-6>525<898308->7*7 87*3187<4/+8490<+38528225944 2+<712/<1+9016>0270++>84>262	
货物或应税劳务、服务名称	规格型号	单位	数量	单价	金额	税率	税额
电视广告发布费		笔	1	50 000.00	50 000.00	6%	3 000.00
合计					¥50 000.00		¥3 000.00
价税合计（大写）	⊗伍万叁仟元整						（小写）¥53 000.00
销售方	名称：华信传媒服务有限公司 纳税人识别号：911101016667168638 地址、电话：北京市东城区 20 街 08 路 05 号 010-15329966 开户行及账号：中国建设银行北京市东城区支行 41622124216061				备注	（华信传媒服务有限公司 911101016667168638 发票专用章）	

收款人：　　复核：　　开票人：赵凯　　销售方：（章）

税总函【××××】×××号 ×××××××××公司

第二联：抵扣联 购买方扣税凭证

图表 2—177

1101151140

北京增值税专用发票

发票联

№ 13760742

1101151140
13760742

开票日期：20×× 年 12 月 24 日

购买方	名称：华阳家电有限公司 纳税人识别号：911101088067030533 地址、电话：北京市海淀区刘永街贯立路 24 号 010–51981157 开户行及账号：中国工商银行北京市海淀区支行 41721921687942				密码区	66*3187<4/+2730<+95–59+7<440 7627<0––>>–6>525<898308–>7*7 87*3187<4/+8490<+38528225944 2+<712/<1+9016>0270++>84>262	
货物或应税劳务、服务名称	规格型号	单位	数量	单价	金额	税率	税额
电视广告发布费		笔	1	50 000.00	50 000.00	6%	3 000.00
合计					¥ 50 000.00		¥ 3 000.00
价税合计（大写）	⊗ 伍万叁仟元整				（小写）¥ 53 000.00		
销售方	名称：华信传媒服务有限公司 纳税人识别号：911101016667168638 地址、电话：北京市东城区 20 街 08 路 05 号 010–15329966 开户行及账号：中国建设银行北京市东城区支行 41622124216061				备注	华信传媒服务有限公司 911101016667168638 发票专用章	

收款人： 复核： 开票人：赵凯 销售方：（章）

第三联：发票联 购买方记账凭证

税总函【××××】×××号 ×××××××××公司

图表 2—178

中国工商银行客户专用回单

币别：人民币 20×× 年 12 月 26 日 流水号 110120027J0500810051

付款人	全称	华阳家电有限公司	收款人	全称	华信传媒服务有限公司
	账号	41721921687942		账号	41622124216061
	开户行	中国工商银行北京市海淀区支行		开户行	中国建设银行北京市东城区支行
金额		（大写）人民币 伍万叁仟元整		（小写）¥ 53 000.00	
凭证种类		网银	凭证号码		
结算方式		转账	用途		广告宣传费
汇划日期：20××–12–26 汇划款项编号：00408343 报文顺序号：56763206 汇出行行号：102392206160890 汇出行行名：中国工商银行北京市海淀区支行 业务类型：0037 原凭证金额：53 000.00 原凭证种类：0705 原凭证号码： 附言：			打印柜员：110125584257 打印机构：中国工商银行北京市海淀区支行 打印卡号：41721921687942 中国工商银行 电子回单 专用章		

打印时间：20××–12–26 交易柜员：110125584268 交易机构：110110208

第一联 借方（回单）

（56）外购生产线（图表 2—179 至图表 2—189）。

图表 2—179

3201161140 **江苏增值税专用发票** №72930368 3201161140 72930368

抵扣联

开票日期：20×× 年 12 月 28 日

购买方	名 称：华阳家电有限公司 纳税人识别号：911101088067030533 地 址、电 话：北京市海淀区刘永街贯立路 24 号 010-51981157 开户行及账号：中国工商银行北京市海淀区支行 41721921687942	密码区	02*3187<4/+0457<+95-59+7<048 1544<0-->>-6>525<146464->7*7 87*3187<4/+8490<+42523172852 9+<712/<1+9016>4009++>84>150

货物或应税劳务、服务名称	规格型号	单位	数量	单价	金额	税率	税额
生产线		条	1	160 000.00	160 000.00	16%	25 600.00
合计					¥160 000.00		¥25 600.00
价税合计（大写）	⊗壹拾捌万伍仟陆佰元整				（小写）¥185 600.00		

销售方	名 称：南京通联有限公司 纳税人识别号：913201049304885771 地 址、电 话：江苏省南京市秦淮区郭淑街何彦路 72 号 025-66051137 开户行及账号：中国建设银行南京市秦淮区支行 41622124899244	备注	南京通联有限公司 913201049304885771 发票专用章

收款人： 复核： 开票人：马肖 销售方：（章）

税总函【××××】×××号 ××××××××公司

第二联：抵扣联 购买方扣税凭证

图表 2—180

3201161140 **江苏增值税专用发票** №72930368 3201161140 72930368

发票联

开票日期：20×× 年 12 月 28 日

购买方	名 称：华阳家电有限公司 纳税人识别号：911101088067030533 地 址、电 话：北京市海淀区刘永街贯立路 24 号 010-51981157 开户行及账号：中国工商银行北京市海淀区支行 41721921687942	密码区	02*3187<4/+0457<+95-59+7<048 1544<0-->>-6>525<146464->7*7 87*3187<4/+8490<+42523172852 9+<712/<1+9016>4009++>84>150

货物或应税劳务、服务名称	规格型号	单位	数量	单价	金额	税率	税额
生产线		条	1	160 000.00	160 000.00	16%	25 600.00
合计					¥160 000.00		¥25 600.00
价税合计（大写）	⊗壹拾捌万伍仟陆佰元整				（小写）¥185 600.00		

销售方	名 称：南京通联有限公司 纳税人识别号：913201049304885771 地 址、电 话：江苏省南京市秦淮区郭淑街何彦路 72 号 025-66051137 开户行及账号：中国建设银行南京市秦淮区支行 41622124899244	备注	南京通联有限公司 913201049304885771 发票专用章

收款人： 复核： 开票人：马肖 销售方：（章）

税总函【××××】×××号 ××××××××公司

第三联：发票联 购买方记账凭证

图表 2—181

待安装设备入库单

20×× 年 12 月 28 日

供应单位：南京通联有限公司　　　　编号：KK109

设备编号	名称	规格	数量		实际成本			
			应收	实收	单价	总价	运杂费	合计
GOZC009	生产线		1	1	160 000.00	160 000.00		160 000.00
备注：								

收货人：陈杰涛　　　　交货人：胡凤华

图表 2—182

待安装设备出库单

20×× 年 12 月 28 日

领用单位：生产车间　　　　编号：CK110

设备编号	名称	规格	数量		实际成本
			请领	实发	
GOZC009	生产线		1	1	160 000.00
备注：					

收货人：陈杰涛　　　　设备管理员：陈杰涛

图表 2—183

中国工商银行客户专用回单

币别：人民币　　20×× 年 12 月 28 日　　流水号 110120027J0500810073

付款人	全称	华阳家电有限公司	收款人	全称	南京通联有限公司
	账号	41721921687942		账号	41622124899244
	开户行	中国工商银行北京市海淀区支行		开户行	中国建设银行南京市秦淮区支行
金额		（大写）人民币　壹拾捌万伍仟陆佰元整　（小写）￥185 600.00			
凭证种类		网银	凭证号码		
结算方式		转账	用途		转账
汇划日期：20××-12-28　汇划款项编号：43553060 报文顺序号：36696245　汇出行行号：102392206160890 汇出行名：中国工商银行北京市海淀区支行 业务类型：0060　原凭证金额：185 600.00 原凭证种类：0703　原凭证号码： 附言：			打印柜员：110125584257 打印机构：中国工商银行北京市海淀区支行 打印卡号：102420575049 （印章：中国工商银行 电子回单 专用章）		

第一联　借方（回单）

打印时间：20××-12-28　交易柜员：110125584268　　交易机构：110110239220616089035

图表 2—184

1101161140

北京增值税专用发票

抵 扣 联

№ 26756110

1101161140
26756110

开票日期：20×× 年 12 月 28 日

购买方	名　　称：华阳家电有限公司 纳税人识别号：911101088067030533 地 址、电 话：北京市海淀区刘永街贯立路 24 号 010–51981157 开户行及账号：中国工商银行北京市海淀区支行 41721921687942				密码区	28*3187<4/+5579<+95–59+7<328 6622<0-->>-6>525<482950->7*7 87*3187<4/+8490<+64942126996 4+<712/<1+9016>5857++>84>427	
货物或应税劳务、服务名称	规格型号	单位	数量	单价	金额	税率	税额
生产线安装费		次	1	600.00	600.00	10%	60.00
合计					¥600.00		¥60.00
价税合计（大写）	⊗ 陆佰陆拾元整					（小写）¥660.00	
销售方	名　　称：诚杰安装维修有限公司 纳税人识别号：911101012632160683 地 址、电 话：北京市东城区王永街王万路 56 号 010–68167627 开户行及账号：中国建设银行北京市东城区支行 41622124342419				备注	诚杰安装维修有限公司 911101012632160683 发票专用章	

收款人：　　复核：　　开票人：薛文飞　　销售方：（章）

税总函【××××】×××号 ××××××××公司

第二联：抵扣联 购买方扣税凭证

图表 2—185

1101161140

北京增值税专用发票

发 票 联

№ 26756110

1101161140
26756110

开票日期：20×× 年 12 月 28 日

购买方	名　　称：华阳家电有限公司 纳税人识别号：911101088067030533 地 址、电 话：北京市海淀区刘永街贯立路 24 号 010–51981157 开户行及账号：中国工商银行北京市海淀区支行 41721921687942				密码区	28*3187<4/+5579<+95–59+7<328 6622<0-->>-6>525<482950->7*7 87*3187<4/+8490<+64942126996 4+<712/<1+9016>5857++>84>427	
货物或应税劳务、服务名称	规格型号	单位	数量	单价	金额	税率	税额
生产线安装费		次	1	600.00	600.00	10%	60.00
合计					¥600.00		¥60.00
价税合计（大写）	⊗ 陆佰陆拾元整					（小写）¥660.00	
销售方	名　　称：诚杰安装维修有限公司 纳税人识别号：911101012632160683 地 址、电 话：北京市东城区王永街王万路 56 号 010–68167627 开户行及账号：中国建设银行北京市东城区支行 41622124342419				备注	诚杰安装维修有限公司 911101012632160683 发票专用章	

收款人：　　复核：　　开票人：薛文飞　　销售方：（章）

税总函【××××】×××号 ××××××××公司

第三联：发票联 购买方记账凭证

图表 2—186

中国工商银行客户专用回单

币别：人民币　　20×× 年 12 月 28 日　　流水号 110120027J0500810074

付款人	全称	华阳家电有限公司	收款人	全称	诚杰安装维修有限公司
	账号	41721921687942		账号	41622124342419
	开户行	中国工商银行北京市海淀区支行		开户行	中国建设银行北京市东城区支行
金额		（大写）人民币 陆佰陆拾元整		（小写）¥660.00	
凭证种类		网银	凭证号码		
结算方式		转账	用途		安装费
汇划日期：20××-12-28 汇划款项编号：41348274 报文顺序号：58337192 汇出行行号：102392206160890 汇出行行名：中国工商银行北京市海淀区支行 业务类型：0060 原凭证金额：660.00 原凭证种类：0703 原凭证号码： 附言：			打印柜员：110125584257 打印机构：中国工商银行北京市海淀区支行 打印卡号：0608845034441864		

（印章：中国工商银行 电子回单专用章）

第一联 借方（回单）

打印时间：20××-12-28　交易柜员：110125584268　交易机构：110110239220616089014

图表 2—187

江苏增值税专用发票

抵扣联

3201161140　　No 47862480　　3201161140 47862480

开票日期：20×× 年 12 月 28 日

购买方	名称：华阳家电有限公司 纳税人识别号：911101088067030533 地址、电话：北京市海淀区刘永街贾立路 24 号 010-51981157 开户行及账号：中国工商银行北京市海淀区支行 41721921687942				密码区	81*3187<4/+1831<+95-59+7<913 8338<0-->>-6>525<159002->7*7 87*3187<4/+8490<+89624966925 9+<712/<1+9016>2205++>84>075	
货物或应税劳务、服务名称	规格型号	单位	数量	单价	金额	税率	税额
运费			1	3 500.00	3 500.00	10%	350.00
合计					¥3 500.00		¥350.00
价税合计（大写）	⊗叁仟捌佰伍拾元整					（小写）¥3 850.00	
销售方	名称：京运物流有限公司 纳税人识别号：913201061877337031 地址、电话：江苏省南京市鼓楼区宋春街吴鹏路 01 号 025-28899006 开户行及账号：中国建设银行南京市鼓楼区支行 41622124322674				备注	（印章：京运物流有限公司 913201061877337031 发票专用章）	

收款人：　复核：　开票人：环唯一　销售方：（章）

税总函【××××】×××号 ××××××××公司

第二联：抵扣联 购买方扣税凭证

图表 2—188

3201161140

江苏增值税专用发票

发 票 联

№ 47862480

3201161140
47862480

开票日期：20×× 年 12 月 28 日

购买方	名　　称：华阳家电有限公司 纳税人识别号：911101088067030533 地 址、电 话：北京市海淀区刘永街贯立路 24 号 010-51981157 开户行及账号：中国工商银行北京市海淀区支行 41721921687942				密码区	81*3187<4/+1831<+95-59+7<913 8338<0-->>-6>525<159002->7*7 87*3187<4/+8490<+89624966925 9+<712/<1+9016>2205++>84>075	
货物或应税劳务、服务名称	规格型号	单位	数量	单价	金额	税率	税额
运费			1	3 500.00	3 500.00	10%	350.00
合计					¥3 500.00		¥350.00
价税合计（大写）	⊗叁仟捌佰伍拾元整				（小写）¥3 850.00		
销售方	名　　称：京运物流有限公司 纳税人识别号：913201061877337031 地 址、电 话：江苏省南京市鼓楼区宋春街吴鹏路 01 号 025-28899006 开户行及账号：中国建设银行南京市鼓楼区支行 41622124322674				备注	京运物流有限公司 913201061877337031 发票专用章	

收款人：　　复核：　　开票人：环唯一　　销售方：（章）

税总函【××××】×××号 ××××××××公司

第三联：发票联 购买方记账凭证

图表 2—189

中国工商银行 转账支票存根 102 00004023
附加信息　付款行账号： 41721921687942
出票日期：20×× 年 12 月 28 日
收款人：京运物流有限公司
金　额：¥3 850.00
用　途：支付运费
单位主管　　会计

××××××××公司·××××年印制

（57）销售商品（图表 2—190 至图表 2—192）。

图表 2—190

销 售 单

购货单位：江苏恒益家电有限公司　地址和电话：江苏省南通市通州区刘维街毕顺路 76 号 0513-67500932　单据编号：X5053

纳税识别号：913206126193393295　开户行及账号：中国建设银行南通市通州区支行 41622124224957　制单日期：20××-12-30

编号	产品名称	规格	单位	单价	数量	金额	备注
001	燃气灶		台	754.00	400	301 600.00	含税
002	燃气热水器		台	928.00	520	482 560.00	含税
合计	人民币（大写）：柒拾捌万肆仟壹佰陆拾元整				—	¥784 160.00	

会计联

销售经理：洪涛　经手人：刘馨　会计：陈超然　签收人：崔海鹏

图表 2—191

北京增值税专用发票

No 02539807　02539807

此联不作报销扣税凭证使用

开票日期：20××年 12 月 30 日

税总函【××××】×××号 ×××××××公司

购买方	名称：江苏恒益家电有限公司 纳税人识别号：913206126193393295 地址、电话：江苏省南通市通州区刘维街毕顺路 76 号 0513-67500932 开户行及账号：中国建设银行南通市通州区支行 41622124224957	密码区	10*3187<4/+0079<+95-59+7<420 75410<0-->>-6>525<090868->7*7 87*3187<4/+8490<+68660810122 2+<712/<1+9016>4711++>84>503

货物或应税劳务、服务名称	规格型号	单位	数量	单价	金额	税率	税额
燃气灶		台	400	650.00	260 000.00	16%	41 600.00
燃气热水器		台	520	800.00	416 000.00	16%	66 560.00
合计					¥676 000.00		¥108 160.00
价税合计（大写）	⊗ 柒拾捌万肆仟壹佰陆拾元整				（小写）¥784 160.00		

销售方	名称：华阳家电有限公司 纳税人识别号：911101088067030533 地址、电话：北京市海淀区刘永街贯立路 24 号 010-51981157 开户行及账号：中国工商银行北京市海淀区支行 41721921687942	备注	

第一联：记账联 销售方记账凭证

收款人：　复核：　开票人：陈超然　销售方：（章）

图表 2—192

复印件

银行承兑汇票 2

10503251
40427878

出票日期（大写） 贰零××年 壹拾贰月 零叁拾日

出票人全称	江苏恒益家电有限公司	收款人	全称	华阳家电有限公司
出票人账号	41622124224957		账号	41721921687942
付款行名称	中国建设银行南通市通州区支行		开户银行	中国工商银行北京市海淀区支行
出票金额	人民币（大写）拾捌万肆仟壹佰陆拾元整		亿千百十万千百十元角分	¥ 7 9 0 9 2 0 0 0
汇票到期日（大写）	贰零××年陆月零叁拾日	付款行	行号	105005411415
承兑协议编号	41614960		地址	江苏省南通市通州区彭怀街孟立路29号

本汇票请你行承兑，到期无条件付款。

江苏恒益家电有限公司 财务专用章 李秋

出票人签章

本汇票已经承兑，到期日由本行付款。 105005411415 赵惠

承兑行签章 承兑日期 20××年12月30日

备注： 密押 复核 记账

此联收款人开户行随托收凭证寄付款行作借方凭证附件

（58）生产线安装完毕，交付使用（图表 2—193、图表 2—194）。

图表 2—193

固定资产竣工决算表

20××年12月30日

名称	买价	安装成本	决算总金额
生产线	163 500.00	600.00	164 100.00
财务部门意见： 同意　　李咏 20××年12月30日		公司领导意见： 同意　　简丹 20××年12月30日	

编制人：陈杰涛　　　　使用部门负责人：李佳颖

图表 2—194

新增固定资产登记表

20××年12月30日

资产名称	种类	单位	数量	购入日期	投入使用日期	使用部门
生产线	生产设备	条	1	20××-12-30	20××-12-30	生产车间

制表人：陈超然　　　　复核人：李咏

（59）销售商品（图表2—195至图表2—197）。

图表2—195

销 售 单

购货单位：久益家电有限公司　地址和电话：北京市石景山区20街65路42号010-83876721　单据编号：IS052

纳税识别号：911101078389238134　开户行及账号：中国建设银行北京市石景山区支行41622124283693　制单日期：20××-12-31

编号	产品名称	规格	单位	单价	数量	金额	备注
002	燃气热水器		台	928.00	450	417 600.00	
合计	人民币（大写）：肆拾壹万柒仟陆佰元整				—	¥417 600.00	

会计联

销售经理：洪涛　经手人：刘馨　会计：陈超然　签收人：王艳霞

图表2—196

1101161140　**北京增值税专用发票**　No 02539812　1101161140 02539812

此联不作报销扣税凭证使用

开票日期：20××年12月31日

购买方	名称：久益家电有限公司 纳税人识别号：911101078389238134 地址、电话：北京市石景山区20街65路42号 010-83876721 开户行及账号：中国建设银行北京市景山区支行 41622124283693				密码区	33*3187<4/+1502<+95-59+7<06 95976<0-->>-6>525<706040->7*7 *787*3187<4/+8490<+20530527 6709+<712/<1+9016>3912++>84	
货物或应税劳务、服务名称	规格型号	单位	数量	单价	金额	税率	税额
燃气热水器		台	450	800.00	360 000.00	16%	57 600.00
合计					¥360 000.00		¥57 600.00
价税合计（大写）	⊗肆拾壹万柒仟陆佰元整					（小写）¥417 600.00	
销售方	名称：华阳家电有限公司 纳税人识别号：911101088067030533 地址、电话：北京市海淀区刘永街贯立路24号 010-51981157 开户行及账号：中国工商银行北京市海淀区支行 41721921687942				备注		

第一联：记账联 销售方记账凭证

税总函【××××】×××号 ××××××××公司

收款人：　复核：　开票人：陈超然　销售方：（章）

图表 2—197

ICBC 中国工商银行 （收账通知）

20×× 年 12 月 31 日 No 40851515

出票人	全称	久益家电有限公司	收款人	全称	华阳家电有限公司
	账号	41622124283693		账号	41721921687942
	开户银行	中国建设银行北京市石景山区支行		开户银行	中国工商银行北京市海淀区支行
金额	人民币（大写）	肆拾壹万柒仟陆佰元整		亿千百十万千百十元角分	¥41760000
票据种类	转账支票	票据张数	1		
票据号码	1050112606308439				
复核：	记账：			开户银行鉴章	

中国工商银行 北京市海淀区支行 20××-12-31 收讫（01）

此联是收款人开户银行交给收款人的收账通知

（60）完成折旧计算表的填制，并计提折旧费用（图表 2—198）。

图表 2—198

固定资产折旧计算表

20××-12-31　　单位：元

使用部门	固定资产类别	使用年限	残值率	固定资产原值	月折旧率	月折旧额
行政管理部门	房屋及建筑物	30	5%	3 000 000.00		
	电子设备	5	5%	44 000.00		
	家具及工具	5	5%	32 000.00		
	运输工具	6	5%	700 000.00		
销售门市部	电子设备	5	5%	12 000.00		
	运输工具	6	5%	250 000.00		
基本生产车间	房屋及建筑物	30	5%	2 400 000.00		
	生产设备	10	5%	1 120 000.00		
机修车间	房屋及建筑物	30	5%	200 000.00		
	生产设备	10	5%	130 000.00		
合计				7 888 000.00		

制表：陈超然　　审核：李咏

（61）摊销无形资产价值（图表 2—199）。

图表 2—199

无形资产摊销计算表

20××-12-31　　　　单位：元

使用部门	资产名称	月初账面价值	摊销期	月摊销额
生产车间	非专利技术	240 000.00	10	2 000.00
办公室	“华阳”商标	300 000.00	10	2 500.00
合计		540 000.00		4 500.00

制表：陈超然　　　　审核：李咏

（62）支付业务咨询费（图表 2—200 至图表 2—202）。

图表 2—200

1101161140　　**北京增值税专用发票**　　No 74952546　　1101161140 74952546

抵 扣 联

（印章：全国统一发票监制章 北京 国家税务总局监制）

开票日期：20×× 年 12 月 29 日

税总函【××××】×××号 ××××××××公司

购买方	
名称	华阳家电有限公司
纳税人识别号	911101088067030533
地址、电话	北京市海淀区刘永街贯立路 24 号 010-51981157
开户行及账号	中国工商银行北京市海淀区支行 41721921687942

密码区：
53*3187<4/+5675<+95-59+7<92
64094<0-->>-6>525<559834->7
*787*3187<4/+8490<+95820803
6480+<712/<1+9016>5490++>84

货物或应税劳务、服务名称	规格型号	单位	数量	单价	金额	税率	税额
咨询服务费		次	5	2 000.00	10 000.00	6%	600.00
合计					¥10 000.00		¥600.00
价税合计（大写）	⊗壹万零陆佰元整				（小写）¥10 600.00		

销售方	
名称	天健会计师事务所有限公司
纳税人识别号	911101114118981354
地址、电话	北京市房山区 32 街 65 路 41 号 010-51629457
开户行及账号	中国建设银行北京市房山区支行 41622124568247

备注：（印章：天健会计师事务所有限公司 911101114118981354 发票专用章）

第二联：抵扣联 购买方扣税凭证

收款人：　　复核：　　开票人：张莉　　销售方：（章）

图表 2—201

1101161140　　**北京增值税专用发票**　　№ 74952546　　1101161140 74952546

发　票　联

开票日期：20×× 年 12 月 29 日

税总函【××××】×××号 ××××××××公司

购买方	名　　称：华阳家电有限公司 纳税人识别号：911101088067030533 地　址、电　话：北京市海淀区刘永街贯立路 24 号 010-51981157 开户行及账号：中国工商银行北京市海淀区支行 41721921687942			密码区	53*3187<4/+5675<+95-59+7<92 64094<0-->>-6>525<559834->7 *787*3187<4/+8490<+95820803 6480+<712/<1+9016>5490++>84		
货物或应税劳务、服务名称	规格型号	单位	数量	单价	金额	税率	税额
咨询服务费		次	5	2 000.00	10 000.00	6%	600.00
合计					¥ 10 000.00		¥ 600.00
价税合计（大写）	⊗ 壹万零陆佰元整				（小写）¥ 10 600.00		
销售方	名　　称：天健会计师事务所有限公司 纳税人识别号：911101114118981354 地　址、电　话：北京市房山区 32 街 65 路 41 号 010-51629457 开户行及账号：中国建设银行北京市房山区支行 41622124568247			备注	天健会计师事务所有限公司 911101114118981354 发票专用章		

第三联：发票联 购买方记账凭证

收款人：　　复核：　　开票人：张莉　　销售方：（章）

图表 2—202

中国工商银行

转账支票存根

10201128

00004031

××××××××公司·××××年印制

附加信息　付款银行账号：

41721921687942

出票日期：20×× 年 12 月 31 日

收款人：	天健会计师事务所有限公司
金　额：	¥ 10 600.00
用　途：	支付咨询服务费

单位主管　　会计

(63)摊销保险费用(图表 2—203)。

图表 2—203

费用摊销表

20××-12-31　　　　单位：元

费用项目	分摊部门	实际发生额	受益起始日期	受益截止日期	受益期限(月)	月分摊额
财产保险费	办公室	24 000.00	20××-01	20××-12	12	2 000.00
汽车保险费	办公室	8 460.00	20××-01	20××-12	12	720.00
汽车保险费	销售门市部	5 460.00	20××-01	20××-12	12	455.00
合计		37 920.00				3 175.00

制表：陈超然　　　　审核：李咏

(64)完成利息计算表的填制，计提利息费用(图表 2—204)。

图表 2—204

银行借款利息计算表

20××-12-31　　　　单位：元

借款种类	借款金额	年贷款利率	月利息额	备注
合计				

制表：陈超然　　　　审核：李咏

提示：一年按 360 天算，按实际天数计算利息。

(65)支付欠款(图表 2—205)。

图表 2—205

中国工商银行

转账支票存根

10201126

00004032

××××××××公司·××××年印制

附加信息　付款行账号：

41721921687942

出票日期：20××年 12 月 31 日

收款人：安徽光明销售有限公司

金　额：¥51 350.00

用　途：支付货款

单位主管　　　　会计

（66）期末对金融资产按公允价值进行计量（图表 2—206）。

图表 2—206

公允价值变动表

20××-12-31　　　　单位：元

证券代码	证券名称	持有数量	账面价值	收盘价	市值	公允价值变动
600162	南林化工	60 000	300 000.00	6.2	372 000.00	72 000.00
600521	华鑫科技	20 000	290 000.00	14.8	296 000.00	6 000.00
合计			590 000.00		668 000.00	78 000.00

制表：陈超然　　　　审核：李咏

（67）结转入库材料的成本差异，计算出材料成本差异率，材料成本差异率按综合差异计算（图表 2—207）。

图表 2—207

入库材料成本差异计算表

20××-12-31　　　　单位：元

材料名称	期初		本期入库			合计		
	计划成本	材料成本差异	实际成本	计划成本	材料成本差异	计划成本	材料成本差异	材料成本差异率
不锈钢								
铝								
铜								
玻璃板								
塑料配件								
合计								

制表：陈超然　　　　审核：李咏

（68）结转发出材料成本，并按成本差异率将计划成本调整为实际成本（图表 2—208）。

图表 2—208

材料发出汇总表

20×× -12-31 单位：元

材料名称	燃气灶					燃气热水器				
	领用数量	计划成本	材料成本差异率	材料成本差异	实际成本	领用数量	计划成本	材料成本差异率	材料成本差异	实际成本
不锈钢										
铝										
铜										
玻璃板										
塑料配件										
合计										

制表：陈超然 审核：李咏

要求：根据前面的领料单完成材料发出汇总表的填制。

（69）完成工资费用分配表的填制，并分摊工资费用（图表 2—209、图表 2—210）。

图表 2—209

工资费用分配表

20×× -12-31 单位：元

部门车间			直接计入	分配计入			合计
				生产工时（小时）	分配率	分配额	
企业管理部门							
销售门市部							
基本生产车间	管理人员						
	生产工人	燃气灶		3 400			
		燃气热水器		3 600			
		小计		7 000			
机修车间							
合计							

制表：陈超然 审核：李咏

图表 2—210

工资明细表

20××-12-31　　　　单位：元

姓名	部门	岗位	基本工资	津贴及补助	加班费	奖金	缺勤扣款	应付工资
张秀军	办公室	法定代表人	7 000.00	700.00		800.00		8 500.00
简丹	办公室	总经理	6 500.00	500.00	200.00	600.00		7 800.00
杨一健	办公室	办公室主任	5 200.00	300.00	300.00	400.00		6 200.00
陈飞洋	办公室	办公室职员	3 500.00	200.00		200.00		3 900.00
姚小倩	办公室	物资管理员	3 200.00	200.00		200.00		3 600.00
李咏	财务部	财务经理	5 200.00	300.00		300.00		5 800.00
陈超然	财务部	会计	3 800.00	200.00		200.00	100.00	4 100.00
鲁小欣	财务部	出纳	3 200.00	200.00		100.00		3 500.00
罗洁雯	财务部	材料核算会计	3 000.00	100.00		100.00		3 200.00
罗燕文	采购部	采购经理	5 100.00	300.00		200.00		5 600.00
张小凡	采购部	采购员	3 400.00	150.00		250.00		3 800.00
洪涛	销售部	销售经理	5 350.00	350.00		300.00		6 000.00
刘馨	销售部	销售员	3 700.00	200.00		200.00		4 100.00
李慧芝	销售部	销售员	3 300.00	150.00		150.00		3 600.00
李佳颖	生产车间	管理人员—车间主任	4 600.00	300.00	200.00	200.00		5 300.00
陈玫	生产车间	管理人员—质检员	4 200.00	200.00	50.00	150.00		4 600.00
陈燕	生产车间	管理人员—核算员	3 600.00	180.00		120.00		3 900.00
陈杰涛	生产车间	车间工人	3 400.00	100.00	350.00	150.00		4 000.00
王小芳	生产车间	车间工人	3 000.00	120.00	280.00	300.00		3 700.00
吕晓蕴	生产车间	车间工人	2 900.00	100.00	260.00	340.00		3 600.00
陈洁	生产车间	车间工人	2 900.00	100.00	280.00	280.00	160.00	3 400.00
汪明轩	生产车间	车间工人	3 000.00	120.00	260.00	220.00		3 600.00
何艺	生产车间	车间工人	2 900.00	100.00		200.00		3 200.00
陈晨雨	生产车间	车间工人	3 000.00	120.00	130.00	250.00		3 500.00
吕梓佳	生产车间	车间工人	3 000.00	120.00	180.00	100.00		3 400.00
黄璐	生产车间	车间工人	3 100.00	120.00	200.00	260.00	80.00	3 600.00

续表

姓名	部门	岗位	基本工资	津贴及补助	加班费	奖金	缺勤扣款	应付工资
李宏杰	生产车间	车间工人	3 300.00	200.00		300.00		3 800.00
陈紫艺	生产车间	车间工人	3 100.00	120.00	280.00	200.00		3 700.00
洪振声	生产车间	车间工人	3 500.00	160.00	200.00	140.00		4 000.00
潘阳	生产车间	车间工人	3 300.00	140.00	260.00	200.00		3 900.00
李晓巧	生产车间	车间工人	3 100.00	130.00	250.00	220.00		3 700.00
王正瑞	生产车间	车间工人	3 200.00	140.00	300.00	260.00		3 900.00
黄艳华	生产车间	车间工人	3 000.00	100.00	200.00	200.00		3 500.00
朱桂章	生产车间	车间工人	3 100.00	160.00	100.00	100.00	60.00	3 400.00
魏然	生产车间	车间工人	3 200.00	140.00	280.00	180.00		3 800.00
李敏	生产车间	车间工人	3 300.00	150.00	270.00	180.00		3 900.00
朱小菁	生产车间	车间工人	3 200.00	100.00	200.00	200.00		3 700.00
张顺达	生产车间	车间工人	2 800.00	50.00	190.00	160.00		3 200.00
李秀红	生产车间	车间工人	2 900.00	80.00	200.00	120.00		3 300.00
蔡森	机修车间	车间管理人员	3 800.00	300.00	200.00	200.00		4 500.00
黄梓良	机修车间	维修人员	2 900.00	80.00	260.00	160.00		3 400.00
任青	机修车间	维修人员	3 000.00	120.00	300.00	180.00		3 600.00
合计			151 750.00	7 700.00	6 180.00	9 570.00	400.00	174 800.00

（70）根据工资总额计提五险一金（图表 2—211）。

图表 2—211

五险一金计提表

20××-12-31　　单位：元

部门车间			工资总额	五险						住房公积金	合计
				养老保险	医疗保险	失业保险	生育保险	工伤保险	小计		
企业管理部门											
销售门市部											
基本生产车间	管理人员										
	生产工人	燃气灶									
		燃气热水器									
		小计									
机修车间											
合计											

制表：陈超然　　审核：李咏

（71）根据工资总额计提工会经费（图表 2—212）。

图表 2—212

工会经费计提表

20××-12-31　　　　单位：元

<table>
<tr><td colspan="3">部门车间</td><td>工资总额</td><td>工会经费</td></tr>
<tr><td colspan="3">企业管理部门</td><td></td><td></td></tr>
<tr><td colspan="3">销售门市部</td><td></td><td></td></tr>
<tr><td rowspan="4">基本生产车间</td><td colspan="2">管理人员</td><td></td><td></td></tr>
<tr><td rowspan="3">生产工人</td><td>燃气灶</td><td></td><td></td></tr>
<tr><td>燃气热水器</td><td></td><td></td></tr>
<tr><td>小计</td><td></td><td></td></tr>
<tr><td colspan="3">机修车间</td><td></td><td></td></tr>
<tr><td colspan="3">合计</td><td></td><td></td></tr>
</table>

制表：陈超然　　　　审核：李咏

（72）汇总分配本月机修车间生产费用（图表 2—213、图表 2—214）。

图表 2—213

机修车间提供劳务量汇总表

20×× 年 12 月

受益对象	劳务供应量（小时）
管理部门	60
销售门市部	120
基本生产车间	1 320
合计	1 500

制表：陈超然　　　　审核：李咏

图表 2—214

辅助生产费用分配表

20×× 年 12 月

应借账户	修理工时（小时）	分配金额（元）
待分配劳务量与金额		
分配率		
管理部门		
销售门市部		
基本生产车间		

制表：陈超然　　　　审核：李咏

（73）分配生产车间制造费用（图表 2—215）。

图表 2—215

生产车间制造费用分配表

车间：基本生产车间 20×× 年 12 月

产品	生产工时（小时）	分配率	分配金额（元）
燃气灶	3 400		
燃气热水器	3 600		
合计	7 000		

制表：陈超然 审核：李咏

（74）计算并结转完工产成品成本（图表 2—216 至图表 2—220）。

图表 2—216

产量记录

项目	燃气灶	燃气热水器
月初在产品（件）	800	600
本月投产（件）	2 000	2 000
本月完工（件）	2 200	1 800
月末在产品（件）	600	800
月末在产品完工程度	50%	50%

图表 2—217

期初在产品成本资料

项目	数量（件）	成本费用			
		直接材料	直接人工	制造费用	合计
燃气灶	800	143 200.00	12 000.00	8 000.00	163 200.00
燃气热水器	600	123 000.00	10 500.00	7 500.00	141 000.00
合计		266 200.00	22 500.00	15 500.00	304 200.00

图表 2—218

产成品成本计算表

20×× 年 12 月

产品名称：燃气灶 单位：元

项目		直接材料	直接人工	制造费用	合计
月初在产品成本					
本月发生成本					
生产费用合计					
产量	完工产成品数量				
	在产品约当产量				
	产量合计				
单位成本					
完工产成品成本					
月末在产品成本					

制表：陈超然 审核：李咏

图表 2—219

产成品成本计算表

20××年12月

产品名称：燃气热水器　　　　单位：元

项目		直接材料	直接人工	制造费用	合计
月初在产品成本					
本月发生成本					
生产费用合计					
产量	完工产成品数量				
	在产品约当产量				
	产量合计				
单位成本					
完工产成品成本					
月末在产品成本					

制表：陈超然　　　　审核：李咏

提示：根据生产成本明细账，编制生产成本计算表，计算出完工产成品成本和在产品成本。

图表 2—220

产成品入库汇总表

20××年12月

产品名称	计量单位	入库数量

制表：陈超然　　　　审核：李咏

（75）计算出单位产品成本，并结转已销售产品成本（图表 2—221、图表 2—222）。

图表 2—221

完工产成品单位成本计算单

20××-12-31　　　　单位：元

产品名称	期初结存		本期入库		单位成本
	数量	金额	数量	金额	
燃气灶					
燃气热水器					
合计					

制表：陈超然　　　　审核：李咏

图表 2—222

销售产品成本计算单

20××-12-31　　　　单位：元

领用部门	产品名称	用途	销售领用数量	单位成本	销售成本金额
合计					

制表：陈超然　　　　审核：李咏

提示：销售产品数量根据销售单进行填制。

（76）计算并提取坏账准备（图表 2—223）。

图表 2—223

坏账准备计算表

20××-12-31　　　　单位：元

项　目	应收款项期末余额	计提比例	本期应提坏账准备	本期确认坏账损失	已确认坏账损失本期收回	应补提金额	应冲减金额
合计							

制表：陈超然　　　　审核：李咏

（77）存货盘点（图表 2—224、图表 2—225）。

图表 2—224

存货盘盈盘亏报告表

20××年 12 月 31 日　　　　单位：元

编号	品名	单位	账面数量	实存数量	盘盈		盘亏				原因
					数量	金额	数量	金额	转出的进项税额	合计金额	
003	铜	千克	1 000	980			20	1 044	167.04	1 211.04	管理不善损失
006	玻璃板	平方米	2 200	2 160			40	3 480	556.80	4 036.80	管理不善损失
合计										5 247.84	

制表：陈超然　　　　审核：李咏

图表 2—225

存货盘盈盘亏核销报告表

20×× 年 12 月 31 日　　　　单位：元

编号	品名	单位	账面数量	实存数量	盘盈		盘亏				原因
					数量	金额	数量	金额	转出的进项税额	合计金额	
003	铜	千克	1 000	980			20	1 044	167.04	1 211.04	管理不善损失
006	玻璃板	平方米	2 200	2 160			40	3 480	556.80	4 036.80	管理不善损失
合计											

财务部门意见：	保管部门意见：	公司领导意见：
盘亏由保管员赔偿 60%，其余按企业会计准则规定处理。 李咏 20×× 年 12 月 31 日	同意 罗洁雯 20×× 年 12 月 31 日	同意 简丹 20×× 年 12 月 31 日

（78）结转税控设备维护费的减免增值税额。（无需原始单据）

（79）计算本月应交增值税，并计提城建税及教育费附加（图表 2—226、图表 2—227）。

图表 2—226

应交增值税计算表

20××-12-31　　　　单位：元

项目	金额
销项税额	
出售金融资产应交增值税	
进项税额	
进项税额转出	
上期留抵税额	
应纳税额	
期末留抵税额	
简易征收办法计算的应纳税额	
应纳税额减征额	
应纳税额合计	

制表：陈超然　　　　审核：李咏

图表 2—227

城建税、教育费附加、地方教育费附加计算表

20××-12-31 单位：元

税（费）种	增值税	税率（征收率）	本期应纳税费	本期已缴税费	本期应补（退）税费
城市维护建设税		7%			
教育费附加		3%			
地方教育费附加		2%			
合计					

制表：陈超然 审核：李咏

（80）将本期损益类账户余额填入下表，并完成结转的账务处理（图表 2—228）。

图表 2—228

损益类账户本期发生额汇总表

20××-12-31 单位：元

科目名称	借方发生额	贷方发生额	合　计
主营业务收入			
其他业务收入			
公允价值变动损益			
投资收益			
营业外收入			
主营业务成本			
其他业务成本			
税金及附加			
销售费用			
管理费用			
财务费用			
资产减值损失			
营业外支出			
合计			

制表：陈超然 审核：李咏

（81）计算并提取应交所得税费用（图表 2—229）。

图表 2—229

所得税费用计算表

20××-12-31 单位：元

项目	金额
营业收入	
营业成本	
利润总额	
加：特定业务计算的应纳税所得额	

续表

项目	金额
减：不征税收入和税基减免应纳税所得额	
固定资产加速折旧（扣除）调减额	
弥补以前年度亏损	
实际利润额	
税率	
应纳所得税额	
减：减免所得税额	
实际已预缴所得税额	
特定业务预缴（征）所得税额	
应补（退）所得税额	
减：以前年度多缴在本期抵缴所得税额	
本月（季）实际应补（退）所得税额	

制表：陈超然　　　　审核：李咏

（82）结转所得税费用。（无需原始单据）

（83）结转全年净利。（无需原始单据）

（84）对全年净利进行分配，按 10% 提取法定盈余公积金，将可供分配利润的 30% 分配给投资者（图表 2—230）。

图表 2—230

利润分配明细计算表

20××-12-31　　　　单位：元

年初未分配利润			
本年净利			
分配项目	分配基数	分配比例	分配金额
提取法定盈余公积金		10%	
向投资者分配股利		30%	
其中：			
分配合计			
年末未分配利润			

制表：陈超然　　　　审核：李咏

（85）结转已分配利润。（无需原始单据）

（86）根据华阳家电有限公司 12 月 31 日银行存款对账单（图表 2—231），将基本户银行存款日记账余额与银行存款对账单进行核对，确定未达账项；并编制银行存款余额调节表（图表 2—232）。

图表 2—231

中国银行活期存款对账单

20××-12-31

单位：华阳家电有限公司　　账号：41721921687942　　单位：元

日期	凭证种类	凭证号	摘要	对方户名	借方发生额	贷方发生额	余额	交易流水号
20××-12-1	转支	00004008	支付货款	正兴润滑油有限公司	11 700.00		2 101 049.32	
20××-12-2	电汇		退回投标保证金	中祥销售有限公司		50 000.00	2 151 049.32	110120027J0500810056
20××-12-2	网银		支付保洁费	宝洁家政有限公司	2 120.00		2 148 929.32	110120027J0500810049
20××-12-4	网银		退货款	镇江华泰金属制造有限公司		10 530.00	2 159 459.32	110120027J0500810059
20××-12-5	转支	00004009	支付运费	韵达物流有限公司	2 220.00		2 157 239.32	
20××-12-5	网银		补付货款	上海旭阳金属制造有限公司	23 710.00		2 133 529.32	110120027J0500810038
20××-12-6	网银		支付货款	山东鑫诚金属制造有限公司	168 000.00		1 965 529.32	110120027J0500810008
20××-12-7	转支	00004010	支付运费	安徽运诚物流有限公司	2 220.00		1 963 309.32	
20××-12-8	网银		收到货款	北京华润销售有限公司		945 371.70	2 908 681.02	110120027J0500810083
20××-12-8	网银		支付货款	安瑞金属制造有限公司	85 572.00		2 823 109.02	110120027J0500810056
20××-12-9	转支	00004026	支付工资		136 792.22		2 686 316.80	
20××-12-10	电汇		收到货款	北京润华销售有限公司		306 240.00	2 992 556.80	110120027J0500810003
20××-12-10	贴现	9405	收到贴现款	建行大连市中山区支行		231 956.40	3 224 513.20	
20××-12-11	借款借据	000352	借款	建行北京市海淀区支行		6 000 000.00	9 224 513.20	53687548
20××-12-12	网银		支付厂房价款	长鸿房地产开发有限公司	5 328 000.00		3 896 513.20	110120027J0500810058
20××-12-12	网银		支付购房税费	北京市昌平区地方税务局	146 400.00		3 750 113.20	110120027J0500810012
20××-12-12	网银		支付购房税费	北京市政府非税收入专户	650.00		3 749 463.20	110120027J0500810039
20××-12-12	网银		支付交易手续费	北京市政府非税收入专户	1 200.00		3 748 263.20	110120027J0500810050
20××-12-12	网银		支付货款	楠村塑料制品有限公司	22 464.00		3 725 799.20	110120027J0500810053
20××-12-13	现支	00071731	提现备用		5 000.00		3 720 799.20	
20××-12-14	网银		聘请中介费	诚信乐会计师事务所有限公司	60 000.00		3660 799.20	110120027J0500810080

续表

日期	凭证种类	凭证号	摘要	对方户名	借方发生额	贷方发生额	余额	交易流水号
20××-12-14	特转	2016121396804173	支付社保费	北京市海淀区社保中心	72 450.00		3 588 349.20	201612144975265
20××-12-14	转账		支付住房公积金	北京市住房公积金管理中心	42 336.00		3 546 013.20	110120027J0500810053
20××-12-15	特转	2016121535023048	支付企业所得税	国家金库北京市海淀支库	76 715.50		3 469 297.70	201612157449213
20××-12-15	特转	2016121535023032	支付增值税	国家金库北京市海淀支库	165 000.00		3 304 297.70	201612155008802
20××-12-15	特转	2016121535023000	支付个人所得税	国家金库北京市海淀支库	320.98		3 303 976.72	201612159343040
20××-12-15	特转	2016121535023062	支付附加税费	国家金库北京市海淀支库	19 800.00		3 284 176.72	201612159075630
20××-12-15	网银		上缴工会经费	北京市海淀区工会委员会	1 411.20		3 282 765.52	110120027J0500810029
20××-12-16	转支	00004025	支付代垫运费	通畅物流有限公司	2 442.00		3 280 323.52	
20××-12-17	网银		预付房屋租赁费	家佳租赁有限公司	66 600.00		3 213 723.52	110120027J0500810041
20××-12-17	转支	00004017	划拨款项		200 000.00		3 013 723.52	
20××-12-18	转支	00004020	支付运费	畅通物流有限公司	3 330.00		3 010 393.52	
2016-12-18	电汇		支付货款	宝银金属制造有限公司	229 554.00		2 780 839.52	110120027J0500810067
2016-12-19	网银		支付税控维护费	联辉信息技术服务有限公司	530.00		2 780 309.52	110120027J0500810090
2016-12-19	转支	00004018	支付修理费	北京洋阳维修服务有限公司	20 000.00		2 760 309.52	
20××-12-20	网银		支付水费	北京水务股份有限公司	8 136.00		2 752 173.52	110120027J0500810053
2016-12-20	网银		支付电费	北京市电力股份有限公司	15 444.00		2 736 729.52	110120027J0500810012
20××-12-21	网银		预付财产保险费	北京平安保险股份有限公司	25 440.00		2 711 289.52	110120027J0500810019
20××-12-21	特转		偿还银行利息		3 000.00		2 708 289.52	
20××-12-21	特转		还银行利息		16 666.67		2 691 622.85	
20××-12-21	特转		收到存款利息			2 330.65	2 693 953.50	110120027J05008100
20××-12-22	网银		收到货款	乐凯销售有限公司		54 600.00	2 748 553.50	110120027J0500810004
20××-12-22	网银		预付车险	北京平安保险股份有限公司	5 087.60		2 743 465.90	110120027J0500810007
20××-12-22	电汇		收到货款	易宁销售有限公司		234 000.00	2 977 465.90	110120027J0500810035
20××-12-23	转支	00004019	支付代垫运费	通畅物流有限公司	3 108.00		2 974 357.90	

续表

日期	凭证种类	凭证号	摘要	对方户名	借方发生额	贷方发生额	余额	交易流水号
20××-12-24	解款单		存现			26 910.00	3 001 267.90	
20××-12-24	网银		支付货款	山西林辰钢铁有限公司	136 200.00		2 865 067.90	110120027J0500810059
20××-12-26	网银		支付广告费	华信传媒服务有限公司	50 000.00		2 815 067.90	110120027J0500810051
20××-12-28	网银		支付生产线款项	南京通联有限公司	187 200.00		2 627 867.90	110120027J0500810073
20××-12-28	网银		支付安装费	诚杰安装维修有限公司	600.00		2 627 267.90	110120027J0500810074
20××-12-28	转支	00004023	支付运费	京运物流有限公司	3 885.00		2 623 382.90	
20××-12-31	网银		转账手续费	工行北京市海淀区支行	980.00		2 622 402.90	110120027J0500810071
20××-12-31	电汇		收到欠款	天津万佳销售有限公司		15 200.00	2 637 602.9	110120027J0500810085
20××-12-31	电汇		收到欠款	北京利多有限公司		35 100.00	2 672 702.90	110120027J0500810092

打印时间：20××-12-31 02:34:36　　打印机构：41721921687942

打印柜员：1166810323　　打印卡号：269780887415478

图表 2—232

银行存款余额调节表

20××-12-31

单位：华阳家电有限公司　　账号：41721921687942　　单位：元

企业银行存款日记账调节前余额	金额	银行存款对账单调节前余额	金额
加：银行已收企业未收款项		加：企业已收银行未收款项	
减：银行已付企业未付款项		减：企业已付银行未付款项	
企业银行存款日记账调节后余额		银行存款对账单调节后余额	